高等教育安全科学与工程类系列教材
消防工程专业系列教材

消防法规

主　编　陈俊敏
副主编　李耀庄　姜学鹏
参　编　陈龙飞　李东颖　王秋红
　　　　白国强　裴　蓓　汪　鹏
　　　　刘　静　陈艳秋　王　群
　　　　江曙东
主　审　徐志胜

机械工业出版社

本书共分九章，主要内容包括法学基础、消防法规的基础知识、《中华人民共和国消防法》释义、与消防安全相关的其他法律、消防行政管理常用的法规、社会单位消防安全管理常用的法规、施工现场消防安全管理常用的法规、消防宣传与教育培训常用的法规、与消防相关的犯罪及案例解读。本书在编写过程中，主要参考了目前多所高校"消防法规"课程的讲义，并借鉴以往同类专著、教材的优点，在内容上以法学理论基础知识为切入点，坚持理论与案例相结合，同时融入了国家注册消防工程师执业资格考试法律法规部分的内容，突出体现实用性、时效性、系统性和可读性。

本书既可以作为普通高等学校消防工程及相关专业的本科教材，也可以作为消防行政管理部门的职工培训教材和国家注册消防工程师执业资格考试的应试参考书。

图书在版编目（CIP）数据

消防法规/陈俊敏主编. —北京：机械工业出版社，2018.10
（2025.6重印）
高等教育安全科学与工程类系列教材
ISBN 978-7-111-61137-0

Ⅰ.①消… Ⅱ.①陈… Ⅲ.①消防法-中国—高等教育-自学考试—教材 Ⅳ.①D922.14

中国版本图书馆 CIP 数据核字（2018）第 234423 号

机械工业出版社（北京市百万庄大街22号 邮政编码100037）
策划编辑：冷　彬　　　责任编辑：冷　彬　何　洋　商红云
责任校对：梁　静　刘雅娜　封面设计：张　静
责任印制：任维东
天津嘉恒印务有限公司印刷
2025年6月第1版第17次印刷
169mm×239mm・14.75印张・284千字
标准书号：ISBN 978-7-111-61137-0
定价：38.00元

电话服务　　　　　　　　　　网络服务
客服电话：010-88361066　　　机　工　官　网：www.cmpbook.com
　　　　　010-88379833　　　机　工　官　博：weibo.com/cmp1952
　　　　　010-68326294　　　金　书　网：www.golden-book.com
封底无防伪标均为盗版　　　机工教育服务网：www.cmpedu.com

前　言

现代社会空前发展，积累了巨大的社会财富。特别是在城市区域，人口相对集中，建筑设施鳞次栉比，一旦发生火灾，会严重危害人们的生命财产安全，造成惨重的损失。因此，我国政府高度重视消防安全工作。

火灾作为重大灾害之一，给人们的生命财产安全造成了巨大的损失和威胁。随着我国经济的快速发展，火灾危害将有增大的趋势，在今后的一段时间内，我国火灾总体形势依旧比较严峻。火灾发生的频繁性以及火灾损失的严重性，将严重影响我国社会和经济的持续健康发展。在这种形势下，消防工程专业必将因其专业的防灾减灾能力而受到社会的广泛重视。

社会对公共安全的重视和要求的日益增长，对消防工程人才的素质提出了更高的要求，培养高素质的消防工程专业人才已经成为保障社会经济持续、稳定、健康发展的一个重要课题，而消防工程专业教育是培养消防专业高级人才的主要途径。

目前，与大好的专业发展形势不协调的是，我国开设消防工程专业的普通高等院校大多没有一套系统、成熟的专业系列教材，不少院校是采用相近专业的教材。但由于各专业的培养目标不尽相同及教学重点各有侧重，借用其他专业的教材来培养消防工程专业人才存在不实用等诸多弊端。因此，编写和出版专业教材成为我国消防工程专业教育面临的亟待解决的问题之一。由于各院校消防工程专业普遍带有行业特点，对教材内容的需求也不完全相同，因此，教材与教辅体系的建设是一项紧迫而艰巨的任务。西南交通大学消防工程系本着高起点、新内容、少学时的原则，在机械工业出版社的支持帮助下和各校教师的共同参与下，牵头组织编写了高等教育安全科学与工程类系列教材之一——《消防法规》。

"消防法规"是消防工程专业本科生的专业基础课，因此，本书以法学理论为基础，结合丰富的案例，深入浅出地介绍了我国消防法规建设的发展历程，重点介绍了《中华人民共和国消防法》和与消防相关的其他法律法规、消防行政管理法规和部门规章，社会单位和施工现场消防管理、消防宣传与培训工作常用的法规,以及与消防相关的犯罪及其案例解读。

  本书由陈俊敏任主编,李耀庄、姜学鹏任副主编,并有幸邀请到徐志胜教授担任主审。本书的第1、2、3、4章由西南交通大学陈俊敏、陈龙飞、汪鹏、刘静、陈艳秋、江曙东共同编写;第5、6章由华北水利水电大学李东颖和武汉科技大学姜学鹏共同编写;第7章由西安科技大学王秋红编写;第8章由中南大学李耀庄和河南理工大学裴蓓共同编写;第9章由陈俊敏、西南交通大学王群和华北水利水电大学白国强共同编写。此外,北京盈科律师事务所、成都公安消防支队等单位同仁为本书的编写提供了丰富的资料和案例;西南交通大学地球科学与环境工程学院消防工程系刘翔、文秋萍等同学承担本书的校对和排版等工作。

  由于编者水平有限,写作时间仓促,书中不足之处在所难免,敬请读者批评指正,以便以后修订。

编 者

目 录

前 言
第1章　法学基础 …………………………………………………… 1
　　1.1　法的概述 …………………………………………………… 1
　　1.2　法的分类 …………………………………………………… 3
　　复习题 …………………………………………………………… 6
　　参考法律法规及文件 …………………………………………… 6
第2章　消防法规的基础知识 ……………………………………… 7
　　2.1　消防法规的概念及作用 …………………………………… 7
　　2.2　消防法规的产生与发展 …………………………………… 9
　　2.3　我国消防法律法规的基本框架 …………………………… 11
　　复习题 …………………………………………………………… 14
　　参考法律法规及文件 …………………………………………… 14
第3章　《中华人民共和国消防法》释义 ………………………… 15
　　3.1　《中华人民共和国消防法》简释 ………………………… 15
　　3.2　火灾预防的规定 …………………………………………… 19
　　3.3　消防组织的规定 …………………………………………… 42
　　3.4　灭火救援的规定 …………………………………………… 46
　　3.5　监督检查的规定 …………………………………………… 52
　　3.6　法律责任的规定 …………………………………………… 57
　　复习题 …………………………………………………………… 63
　　参考法律法规及文件 …………………………………………… 63
第4章　与消防安全相关的其他法律 ……………………………… 64
　　4.1　《中华人民共和国宪法》 ………………………………… 64
　　4.2　《中华人民共和国立法法》 ……………………………… 65
　　4.3　《中华人民共和国建筑法》 ……………………………… 66
　　4.4　《中华人民共和国草原法》 ……………………………… 68
　　4.5　《中华人民共和国森林法》 ……………………………… 69

  4.6 《中华人民共和国安全生产法》 …………………………………… 70
  4.7 《中华人民共和国行政许可法》 …………………………………… 72
  4.8 《中华人民共和国保险法》 ………………………………………… 73
  4.9 《中华人民共和国治安管理处罚法》 ……………………………… 74
  复习题 ……………………………………………………………………… 76
  参考法律法规及文件 ……………………………………………………… 76

第 5 章 消防行政管理常用的法规 ……………………………………………… 77
  5.1 建设工程消防监督管理的法规 …………………………………… 77
  5.2 消防监督检查的法规 ……………………………………………… 88
  5.3 火灾事故调查的法规 ……………………………………………… 95
  5.4 消防产品监督管理的法规 ………………………………………… 105
  复习题 ……………………………………………………………………… 111
  参考法律法规及文件 ……………………………………………………… 112

第 6 章 社会单位消防安全管理常用的法规 ……………………………………… 113
  6.1 社会单位消防安全管理的法规 …………………………………… 113
  6.2 大型群众性活动消防安全管理的法规 …………………………… 128
  6.3 公共娱乐场所消防安全管理的法规 ……………………………… 138
  6.4 火灾隐患的判定及整改 …………………………………………… 141
  复习题 ……………………………………………………………………… 151
  参考法律法规及文件 ……………………………………………………… 151

第 7 章 施工现场消防安全管理常用的法规 ……………………………………… 152
  7.1 建设工程施工现场消防安全管理的基本要求 …………………… 152
  7.2 施工现场总平面布局 ……………………………………………… 154
  7.3 施工现场建筑防火 ………………………………………………… 156
  7.4 施工现场临时消防设施 …………………………………………… 159
  7.5 施工现场防火管理 ………………………………………………… 162
  复习题 ……………………………………………………………………… 168
  参考法律法规及文件 ……………………………………………………… 168

第 8 章 消防宣传与教育培训常用的法规 ………………………………………… 169
  8.1 消防宣传与教育培训概述 ………………………………………… 169
  8.2 社会消防安全教育培训的要求 …………………………………… 171
  复习题 ……………………………………………………………………… 180
  参考法律法规及文件 ……………………………………………………… 180

第 9 章 与消防相关的犯罪及案例解读 …………………………………………… 181
  9.1 放火罪 ……………………………………………………………… 181

9.2 失火罪 …………………………………………………………… 183
9.3 消防责任事故罪 ………………………………………………… 185
9.4 重大责任事故罪 ………………………………………………… 188
9.5 重大劳动安全事故罪 …………………………………………… 189
9.6 大型群众性活动重大安全事故罪 ……………………………… 191
9.7 生产、销售伪劣产品罪 ………………………………………… 193
9.8 生产、销售不符合安全标准的产品罪 ………………………… 194
9.9 贪污罪和受贿罪 ………………………………………………… 196
9.10 滥用职权罪和玩忽职守罪 …………………………………… 201

附录 《中华人民共和国消防法》1998 年版与 2008 年版对照表 ………… 206
参考文献 …………………………………………………………………… 225

第1章 法学基础

1.1 法的概述

1.1.1 法的概念

法学理论首要回答的问题就是法是什么。现在世界上关于法的定义五花八门，有几十种之多。对法是什么的回答既体现了不同的价值观，也体现了不同的认识论。马克思主义法学理论把法定义为：法是由国家制定和认可的、体现国家意志的、以权利和义务为主要内容的、由国家强制力保证实施的社会行为规范。

1.1.2 法的特征

从上述法的定义可以看出，法有以下几个基本特征：

1. 法是调整人的社会行为的规范

一个社会存在很多行为规范，如宗教规范、伦理规范、道德规范等。和其他规范相比，法律规范的调整范围是限定的，即它只调整人的社会行为。人要在一定的社会中生活，和其他人发生关系，因而一个社会必然要面对权威与服从、社会秩序与个人行为之间的矛盾，而有效调控社会矛盾就是法律产生的最初需要。

2. 法是调整社会利益关系的规范

这里所说的社会利益关系是广义上的，马克思称之为"社会物质生活条件"，它包括地理环境、人口、资源、生产方式等。通过调整社会利益关系，创造和维持统治阶级需要的社会秩序，是任何社会法的一个基本目标。我国宋代王安石曾经写道:"夫合天下之众者财,理天下之财者法,守天下之法者吏也。吏不良,则有法而莫守,法不善,则有财而莫理。"这段话阐明了法调整社会经济利益、法的"理财"功能与严明吏治、凝聚民心的关系。法律通过调整社会利益关系来解放生产力。设计科学的、符合社会发展规律的法律虽然不直接创造物质财富,但可以促进生产力发展。我国改革开放以来,法律改革对经济发展的促进作用也证明,良好的法律制度是社会生产力发展的前提条件。

3. 法是由国家制定或者认可的行为规范

法的一个重要特征是它的意志性。立法是为了实现一定目标的有意识的活动,如何对复杂的利益关系进行调整,取决于立法者的意愿。但是,意愿不是随心所欲的,而是要受到诸多条件制约的,立法者不仅要表达自己的意志,也要兼顾其他利益集团的意志。公共领域的立法要特别考虑社会公共意识。马克思曾经指出,立法者"通过法律形式来实现自己的意志,同时使其不受他们之中任何一个单个人的任性所左右,这一点之不取决于他们的意志,如同他们的体重不取决于他们唯心主义的意志或任性一样"。此外,立法还必须符合事物发展的客观规律,违背客观规律的立法必然受到法律的惩罚。

4. 法是以权利和义务为主要内容的行为规范

在国家机构和社会之间、社会成员之间分配权利和义务,是法的一项重要任务。第一个分配要实现权力和责任的平衡、权力和权利的平衡;第二个分配要实现权利和义务的平衡。通过合理分配权利和义务,影响人们的行为动机和行为方式,塑造人们的行为模式,维护正常的社会秩序。

5. 法是由国家强制力保证实施的行为规范

与其他社会规范不同,法律是通过国家强制力保证实施的。法律实施有三种基本形态:一是法的执行,即国家机关执行和适用法律;二是法的遵守,即要求国家机构、公职人员、社会团体、公民个人严格按照法律的要求作为,任何组织和个人都不得超越法律的特权;三是法的适用,即行使国家司法权的国家机关及其工作人员依照法律赋予的职权和程序适用法律。

道德也是一种行为规范,它是人们基于一定物质条件而形成的对善与恶、光荣与耻辱、正当与不正当等标准来评价人们行为的观念,其依靠社会舆论和内心的信念来维持。对立法者来说,搞清楚哪些事情属于道德调整范畴、哪些事情属于法律调整范畴,对提高立法质量非常重要。例如,有时候社会反应强烈、要求立法机关立法的事情,恰恰不属于法律调整范畴;而在有些问题上,法律和道德互相渗透,法律中也会包含一些统治阶级认可的道德要求。

法律的生命在于实行。尊重法律、维护法律的权威应该是对我国公民的基本道德要求。我国已经初步形成以宪法为核心的中国特色社会主义法律体系,但法律的实施还存在各种各样的问题。现实生活中大量存在的有法不依、执法不严的现象，不仅损害了法的尊严，也损害了国家的尊严。

1.2 法的分类

法的分类的意义在于确定法律的不同性质与功能。目前，中国法理学上的法的分类，大体上是从形式的或技术的角度，涉及两方面问题：一是法的一般分类；二是法的特殊分类。法的种类相当多，了解这些不同种类的法各自有怎样的特征，不仅有助于从不同侧面了解法的各有关方面，而且对从整体上、大局上把握一般的法的概念有积极意义。

1.2.1 法的一般分类

法的一般分类，是指适合世界各国的分类。通常可从以下五个角度划分：

1. 国内法与国际法

这主要是以法的创制和适用范围为标准对法所做的分类。

国内法是指由国内有立法权的主体制定的、其效力范围一般不超出本国主权范围的法律、法规和其他规范性法律文件。国内法的适用范围往往为人们所误解，如一些法理学著述认为国内法是适用于本国主权所及范围内的法。实际上，有的国内法，如大多数国家级法律，是适用于本国主权所及范围内的法；有的国内法，如地方性法规、州法律，只适用于本省、本州，而并不适用于本国主权所及全部范围；还有一些国内法，如某些民事法或民事法的规则，还可以有条件地超出国家主权范围，而在国外有关方面也适用。所以，本书采用上限表述法，即一般不超出本国主权范围。国内法律关系的主体主要是个人和组织，国家仅在诸如国有财产所有权这样的少量法律关系中成为主体。

国际法是由参与国际关系的两个或两个以上国家或国际组织之间制定、认可或缔结的确定其相互关系中权利和义务的，并适用于它们之间的法。其主要表现形式是国际条约。国际法律关系的主体主要是国家。

2. 成文法与不成文法

这主要是以法的创制方式和表现形式为标准对法所做的分类。

成文法又称制定法，是指由有立法权或立法性职权的国家机关制定或认可的以规范化的成文形式出现的规范性法律文件。不成文法是指由有权国家机关认可的、不具有文字形式或虽有文字形式但不具有规范化成文形式的法，一般指习惯法。

理解不成文法的表现形式应注意：这里所谓不成文法只具有相对意义，即相对于规范化成文形式而言。不成文法不仅包括习惯法，也包括判例法、不成文宪法等。判例法属于不成文范畴，但判例法是有文字表现形式的，它是法院通过判决所创制的法；英国宪法也被称为不成文宪法，但英国宪法也有文字表现形式，如自由大宪章、人身保护法等。法学上的成文法与不成文法的区分，不应完全看法是否有文字表现形式，而要看法是否有规范化的成文形式。判例法有文字形式（判决）而被列为不成文法范畴，原因在于它没有一般制定法的规范化成文形式；如英国宪法被列为不成文宪法，原因也在于它不是以规范化的，即集中的成文宪法典的形式表现出来的。

3. 根本法与普通法

这是以法的地位、效力、内容和制定程序为标准对法所做的分类，这种分类主要适用于成文宪法制国家。

根本法是指在整个法的渊源体系中一般居于最高地位的一种规范性法律文件。在中国，根本法即宪法的别称。在中央和地方都有立宪权的联邦制国家，根本法是宪法的一种，即联邦宪法。无论何种国家，作为宪法典的宪法，都是国家的总章程，是国家最高立法机关经由特殊严格程序制定和修改的，综合地规定国家、社会和公民生活的根本问题的，具有最高法的效力的一种法的形式或法的渊源。

普通法是宪法以外的所有法的统称。普通法中所包括的法的种类繁多，它们各自的地位、效力、内容和程序也有差别。但无论何种普通法，一般说来，其地位和效力低于宪法，其内容涉及的是某类社会关系而不是综合调整多种社会关系，其制定程序也不及根本法那样严格和复杂。

4. 一般法与特别法

这是以法的适用范围为标准对法所做的分类。

一般法是指对一般人、一般事项、一般时间、一般空间范围有效的法，如刑法、民法、婚姻法。特别法是指对特定的人、特定事项有效，或在特定区域、特定时间有效的法，如战争时期的法。

一般法与特别法的分类，其相对性比之其他法的分类更为明显。有些法，无论从对人、对事、对时间、对空间哪个角度看，都属于一般法，如刑法、民法、刑事诉讼法、民事诉讼法；有些法则不然，如《中华人民共和国戒严法》，就属于典型的特别法。更多的法则兼有一般法与特别法两重性，在这种意义上属于一般法，在别种意义上又属于特别法。例如，《中华人民共和国高等教育法》对《中华人民共和国教育法》是特别法，对具体规定高等教育领域各有关方面或有关具体问题的法律、法规和规章则又是一般法；《中华人民共和国香港特别行政区基本法》对《中华人民共和国宪法》是特别法，对特区其他法律、法规则又是一般法。

5. 实体法与程序法

这是以法所规定的内容不同为标准对法所做的分类。

实体法一般是指以规定主体的权利、义务关系或职权、职责关系为主要内容的法，如民法、刑法、行政法等。程序法通常是指以保证主体的权利和义务得以实现或保证主体的职权和职责得以履行所需程序或手续为主要内容的法，如民事诉讼法、刑事诉讼法、行政诉讼法等。

实体法与程序法这种分类是基于它们的主要内容而成立的，这种分类并不意味着两者互不涉及对方的内容。事实上，实体法中也有某些程序方面的内容，程序法方面更有权利和义务或职权和职责的内容。如果简单地认为实体法是只规定权利和义务的，程序法是只规定实现权利和义务程序的，就误解了实体法与程序法这种分类。

1.2.2 法的特殊分类

法的特殊分类是相对于法的一般分类而言的，仅适用于部分国家和地区而不适合所有国家和地区的分类。国内目前对法的特殊分类主要涉及以下诸方面：

1. 公法与私法

公法与私法的划分主要存在于民法法系，是民法法系划分部门法的基础。普通法法系国家过去没有划分公法与私法的传统，但后来这些国家的法学著述认同公法与私法划分的日益增多。

公法与私法的划分源自古罗马。划分的标准按率先提出公法与私法划分学说的罗马法学家乌尔比安的观点，在于法所保护的利益是国家公益还是私人利益。凡保护国家公益的法为公法，保护私人利益的法为私法。乌尔比安的这一划分标准在民法法系被作为传统继承下来。当然也有人不同意这种划分标准，而主张以其他标准来划分公法与私法。有人认为应以法的关系的主体为标准来划分，凡规定国家之间、国家机关之间或国家机关与私人之间关系的法为公法，规定私人之间关系的法为私法。

公法一般包括宪法、行政法、刑法、程序法。私法在民法法系国家一般划分为民法和商法两类。在民法法系中，婚姻家庭方面的法也属于民法。这种划分法在西方法学中称为"民商分立"。后来又出现"民商合一"的趋向。在普通法法系国家，由于私法是在普通法的基础上发展起来的，而这种普通法又与法院诉讼的分类相联系，因而它们的私法中没有称为民法的一个独立的部门法，调整私人财产关系的有其他一些名称的部门法，如财产法、契约法、侵权行为法、继承法、家庭法、婚姻法。

公法与私法的划分有着悠久的历史传统，迄今采用这种划分法的范围或受这种划分法影响的国家和地区仍非常广泛。当然，这种划分无论是过去或现在都有明显的局限性,或至少需要以其他的划分法作为补充。目前,中国法学界主张公法与私法的划分者比过去要多,这一方面是因为中国与民法法系传统颇有相通之处,另一方面也是近年来经济发展以及与之相伴随的整个社会发展的需求所致。

2. 普通法与衡平法

普通法与衡平法的划分存在于普通法法系国家。

这里的普通法不是法的一般分类中与根本法相对应的普通法,而是指11世纪诺曼底人入侵英国后所逐步形成的普遍适用于英格兰的一种判例法。这是产生于司法判决、由法官所创造的法。在11世纪前,英国通行盎格鲁-撒克逊人的日耳曼习惯法,教会法和罗马法在当时也有一定影响。1066年,诺曼底人入侵英国,建立了中央政权。在王权得到加强的情况下,英王派员到全国各地巡回审理案件,并逐渐建立了一批王室法院(后来通称普通法法院)。这些官员和法院根据英王敕令、诺曼底人习惯,并参照当地习惯进行判决,在此基础上逐步形成了一套全国适用的判例法。由于它是全国普遍适用的,故称普通法。普通法是普通法法系的一个主要渊源。

衡平法是普通法法系又一重要渊源,是英国法传统中与普通法相对称的一种法。它是14世纪后在英国产生和发展起来的,作为对普通法的修正和补充形式而存在并与普通法平行发展的一种判例法。14世纪后,由于资本主义经济的萌生和发展,出现了许多前所未有的案件。原来那些判例法即普通法以及普通法法院的程式已不能处理这些新案件。在这种情况下,根据英国封建传统,案件在没有先例遵循、得不到普通法法院公平处理时,可以向国王提出申诉,由王室顾问和大法官根据公平原则加以处理。这种由大法官判决的案件所形成的判例法,逐渐发展为一种与普通法并行的衡平法,并建立了与普通法法院并行的衡平法法院,又称大法官法院。

复 习 题

1. 简述法的概念以及法的特征,并说明法与道德的区别。
2. 简述国内法与国际法的区别。
3. 简述成文法与不成文法的区别。
4. 简述公法与私法的区别。

参考法律法规及文件

《中华人民共和国宪法》(2018年)
《中华人民共和国香港特别行政区基本法》(1997年)

第 2 章　消防法规的基础知识

2.1　消防法规的概念及作用

2.1.1　消防法规的概念

消防法规是指国家机关制定的，依靠国家强制力执行的，规定消防部门、国家机关、团体、企事业单位和公民有关消防的权利和义务的法规的总和。

消防法规是应急管理法规的重要组成部分，也是公安业务中重要的业务工作——消防工作的有关法律、法令、条例、规则和章程的总和。

随着社会的发展、科技的进步，当今世界各国的消防法规更加趋于完善、科学、精细，消防法规也在不断增加新的内容、新的门类和新的形式。

2.1.2　消防法规的作用

随着社会经济、科技等的进步和发展，消防法规的作用也越来越明显。其主要作用表现在以下几个方面：

1. 消防法规的规范作用

（1）指引作用。消防法规规定人们可以怎样行为、应该怎样行为和不应该怎样行为，所以，消防法规的指引作用就是指人们必须根据消防法规的规定而采取行为。这种指引作用的对象是本人的行为。

（2）评价作用。消防法规具有判断和衡量他人的行为是安全或不安全、合法或不合法的评价作用。评价作用的对象是他人的行为。评价他人的消防行为要有一定的客观评价准则，消防法规的条款内容就是评价他人消防行为普遍适用的准则。

（3）教育作用。这种教育作用主要体现在三个方面：一是通过对消防法规的宣传,可以教育广大群众增强法制观念,做到知法、守法;二是通过对违反消防法规的行为的处罚,既可以对违法者本人起到惩戒的教育作用,又可以对其他人起到警告、预防的教育作用;三是通过对模范遵守消防法规的事迹的表彰,可以对人们起到示范的教育作用。

（4）预测作用。消防法规还有对人们行为的预测作用。人们可以根据消防法规,预先估计自己或他人的行为是合法的或是不合法的,从而起到自我控制和互相监督的作用;同样,作为执法机关,通过实施消防法规,根据社会客观情况的发展,可以预测各种违反法规行为的可能性和发展趋势,以便采取预防性的、管理性的或控制性的措施。

（5）强制作用。消防法规也有不同程度、不同形式的强制作用。这种强制作用在于对违反法规的行为给予不同的制裁,如行政纪律处分、治安管理处罚和刑罚处罚等。我国消防法规以广大群众的自觉遵守为基础,但强制作用仍然是维护法规尊严的一个必不可少的条件。

2. 消防法规的社会作用

我国消防法规的社会作用集中体现在"保卫人身财产安全,维护公共安全"。具体地说,消防法规的社会作用有如下三个方面：

（1）维护和稳定社会公共秩序的作用。火灾危害社会安全,严重破坏人们的生产秩序、工作秩序和生活秩序。因此,我国的消防法规明确提出,机关、企事业单位要实行逐级防火责任制和岗位防火责任制,建立健全防火制度和安全操作规程,严格值班、巡逻制度;居民、村民要制定防火公约,严格用火防火制度等。并规定了社会各单位和每一个公民在消防活动中的权利和义务。对违反消防法规的行为,根据造成的不同后果,分别给予相应的处分、处罚和刑罚。这些都直接或间接地起着维护和稳定社会秩序的作用。

（2）保障和促进社会主义经济发展的作用。消防法规是为经济建设服务的,是保护生产力发展的。因此,在我国消防法规中,对如何保护森林、草原等资源,生产、使用、储存和运输易燃易爆化学品,研制和采用有火灾危险的新材料、新工艺、新设备,新建、改建、扩建工程的设计和施工,飞机、船舶、列车的运营等,都提出了明确的消防要求。这些规定和要求,对社会主义经济建设都直接或间接地起到了保障和促进作用。

（3）保障和促进社会主义精神文明建设的作用。火灾可以毁灭精神文明建设的成果。火灾的形成除自然因素外,都是人们不文明行为乃至犯罪行为的结果。为了保护社会主义精神文明建设的成果免遭火灾的危害,我国的消防法规对文物古建筑、影剧院、博物馆、图书馆、文化馆等文化场所的消防工作都做了明确规定。此外,消防法规还在防火宣传教育方面大力倡导遵纪守法、遵守社会公德、营造良好的社会风尚等;对在消防工作中有贡献者、成绩突出者给予奖励，对违法乱纪甚至犯罪者给予惩罚等。这些都发挥了其保障和促进社会主义精神文明建设的作用。

3. 消防法规的管理作用

消防工作中大量的工作业务是进行消防方面的行政管理和监督。消防法规在管理中的作用主要有：

（1）保证必要的秩序。管理的关键在于信息、人、财、物的合理沟通，而运用消防法规进行管理，则要把沟通的方式以法律形式进行规定，由此建立起法律秩序。它可以使消防管理系统中的各个子系统明确自己的职责、权利和义务，使它们之间的沟通渠道畅通，并正常地发挥各自的职能，使整个管理系统自动、高效地运转。

（2）使管理系统具有稳定性。由于依法管理具有概括性和稳定性的特点，它能把现有的各种管理关系固定下来，使管理系统具有一定的稳定性。这种稳定性是各种事物存在和进行有规律运动的基础，有利于消防管理系统的发展。

（3）调解各种管理因素之间的关系。这是消防法规在管理中的主要作用。法律规范调节各种组织纵横关系。消防法规可以根据应予调节的对象的特点和所提出的任务的性质，规定在实现管理活动中使用不同的方法（如服从、协商、建议等），并通过不断地改变其约束力的程度和范围来调节各种管理对象。

（4）对管理系统的发展有促进或阻碍作用。由于合理的消防法规能够抑制某些不合理的沟通，而保护合理的沟通，建立一种稳定的秩序，这样就能提高管理效率，使各个系统的功效增长，所以，它能对管理系统起促进作用，从而促进消防事业的发展。但是，也应当看到各种法规一定要符合各种事物的发展规律，应随着客观情况的变化而发展和完善，否则，不但不能起促进作用，反而会起阻碍作用。

2.2 消防法规的产生与发展

2.2.1 消防法规的产生

据考古发现，我国用火最早的是元谋人，距今 170 万年前。学会用火是人类跨入文明世界的一个重要标志。火既可以服从人们的意志，造福人类，也会违反人类的意志，造成灾害。古人说过："火善用之则为福，不善用之则为祸。"火失去控制会给人们的生命和财产带来灾难。所以，在人类社会的发展过程中，要保障生产、生活以及人类自身的安全，必须加强对火的控制，有效地同火灾做斗争。

消防管理工作在我国古代称为"火政"，经历了先秦时代的初创阶段、汉代至隋唐五代的发展阶段、宋代和明代的高度发展阶段,直至清代鸦片战争为止,有2000多年的历史。"火政"的中心内容概括起来就是设火官、立火禁和修火宪。设火官,即设置掌管火政的官员和专司救火的兵丁,相当于现在的消防局、消防支队等;立火禁,禁指禁令,即发布防火政令和建立御火制度,相当于现在的消防制度、措施,如寒食节禁火;修火宪,宪者法也,即制定法律,依法治火。

2.2.2 消防法规的发展

1. 古代及近代消防法规

《史记·五帝本纪》记载,我国"人之初祖"黄帝在安排国民生计时就曾提出"节用水火材物"的要求,这里对火的要求是按时令有节制地放火烧荒,以防火灾,并设置了专门管理用火的官员。

我国从夏朝起,就出现了涉及消防的法律,到了商朝,已初具规模。商朝的法律对防火问题也有规定,如《殷王法》规定:"弃灰于公道者断其手。"从现有史料来看,这是我国最早制定的一条消防法规。

周朝的法制较商代完备。设有"宫正""司爟""司烜"等火官,并颁布"火禁",即防火的政令。"宫正"掌管宫室火禁等事宜;"司爟"掌行火之政令;"司烜"的任务是"仲春,以木铎修火禁于国中"。

秦朝的法律日臻完善,其中防火内容的法令也得到加强和发展。例如,《秦律》中规定储藏谷物的仓库要加高墙;在储藏麦草的仓库和用茅草覆盖的粮仓附近不准住人,夜间要加强巡逻,闲杂人员不准进入仓储区;关门时必须灭掉附近的火种等。

在汉代至南北朝时期,火政制度没有多大的突破,只是制定了一些防火规章制度,如《后汉书·礼仪志》记载:"日夏至,禁举大火,止炭鼓铸,消石冶皆绝止。"

至隋唐五代,有关火灾方面比较系统的成文法规是唐代永徽二年(公元651年)颁布的唐律,即《永徽律》,这是我国古代最完整也是最典型的一部法典。唐律中有关火灾的条款,包括了违反防火与救火法令以及失火、放火等各种违法行为的处理规定;在量刑上,根据其性质、情节及危害程度而区别对待;对放火者的刑罚重于失火者,对一般违法以致失火的人予以一定的法律制裁。

明朝的《大明律》是封建社会晚期比较成熟的法典,其中消防条款主要收录于《刑律》。除《刑律》之外,在其他律例中也有关于消防方面的条款。例如,《户律》中就有规定:"……失火延烧,或盗贼劫夺,事出不测而有损失者,委官保勘覆实,显迹明白,免罪不赔。""乘其水火、盗贼……以监守自盗论。"还有《放火故烧人房屋条例》规定:"凡放火烧自己房屋,因而延烧官民房屋及积聚之物,与故烧人空闲房屋及田场积聚之物者,俱发边充军。"

清朝的《大清律例》有关消防的条款对失火、纵火罪的刑罚更加具体明了,在当时对火政管理确实起了重要的作用。

光绪三十三年（1907年）的《刑律草案》中有关消防条款增加了对近代工业、化学危险物品、用电用气设备等失火、放火罪的刑罚的新内容，后来又颁布了《违警律草案》，列出六项有关消防违警罪的处罚规定。

民国时期，国民党政府先后颁布的《中华民国刑法》和《违警罪法》，都有关于消防的条款，扩大了刑罚面，加重了罚金和有期徒刑。为了加强城镇防火管理，针对当时煤油、汽油、鞭炮、火柴生产和使用越来越多的情况，各地还制定了一些专业性防火法规，如《青岛市取缔煤油业规则》《首都警察厅取缔制造花爆业规则》《上海市公安局火柴营业取缔规则》等。

2. 中华人民共和国成立后的消防法规

中华人民共和国成立以来，中国共产党和人民政府对消防工作历来十分重视。我国消防法制随着社会主义民主与法制建设的发展不断健全和完善。早在1957年11月，全国人民代表大会常务委员会第86次会议就批准实行了中华人民共和国第一部消防法律《消防监督条例》；1984年5月，第六届全国人民代表大会常务委员会第五次会议批准实行了《中华人民共和国消防条例》。这两部法律在不同的历史时期，为加强我国的消防工作，保卫我国社会主义现代化建设的顺利进行，保护公共财产和公民生命财产安全，都发挥了重要作用。随着我国改革开放的深入，社会主义现代化建设进入了一个新的历史时期，计划经济体制逐步被社会主义市场经济体制所代替，消防工作遇到了许多亟待解决的新问题，《消防条例》的许多内容已经不适应变化了的客观情况。为了适应形势发展的需要，国务院于1995年4月批准发布了全面指导新时期消防工作的《消防改革与发展纲要》，同时要求抓紧起草消防法。

《中华人民共和国消防法》（以下简称《消防法》）于1998年颁布施行，在1998—2009年的十余年间，对推动我国消防法制建设、提高社会化消防管理水平等起到了积极的作用。随着我国经济社会的发展和政府职能的转变，1998年的《消防法》已难以适应新时期消防工作的需要。根据全国人大常委会审议意见，《消防法》修订草案于2008年10月28日经十一届全国人大常委会第五次会议审议通过，并于2009年5月1日正式施行。到目前为止，《消防法》（2008版）颁布执行也已经十年了，我国正在进行《消防法》的第二次修订工作，修订征求意见稿也已经发布。

2.3 我国消防法律法规的基本框架

2.3.1 消防法律法规的结构

消防法律法规的结构通常包括适用条件部分、行为模式部分和法律后果部分。

1. 适用条件部分

消防法律法规的适用条件部分是指消防法律法规中规定的适用该法律法规条件的内容。例如,《北京市消防条例》第二条规定:"本市行政区域内的机关、团体、企业、事业单位和其他组织以及个人,应当遵守本条例。"第九十二条规定:"本条例自 2011 年 9 月 1 日起施行。"这两个条款规定了适用《北京市消防条例》的地域、人员以及时间方面的条件、内容。

2. 行为模式部分

消防法律法规的行为模式部分是指消防法规中规定的人们的行为准则或标准等方面的内容。其中包括:

(1) 义务行为,即主体应做的行为。例如,《消防法》第五条规定:"任何单位和个人都有维护消防安全、保护消防设施、预防火灾、报告火警的义务。任何单位和成年人都有参加有组织的灭火工作的义务。"

(2) 禁止行为,即主体不应做的行为。例如,《消防法》第二十四条规定:"消防产品必须符合国家标准;没有国家标准的,必须符合行业标准。禁止生产、销售或者使用不合格的消防产品以及国家明令淘汰的消防产品。"

(3) 授权行为,即主体可以做的行为或可以不做的行为。例如,《消防法》第三十四条规定:"消防产品质量认证、消防设施检测、消防安全监测等消防技术服务机构和执业人员,应当依法获得相应的资质、资格;依照法律、行政法规、国家标准、行业标准和执业准则,接受委托提供消防技术服务,并对服务质量负责。"

3. 法律后果部分

消防法律法规的法律后果部分是指消防法律法规中规定的人们的行为符合或违反该法规的要求时,将产生某种可以预见的结果方面的内容。其中包括:

(1) 肯定性法律后果,即对义务行为作为,得到允许或奖励的后果。例如,《消防法》第七条规定:"国家鼓励、支持消防科学研究和技术创新,推广使用先进的消防和应急救援技术、设备;鼓励、支持社会力量开展消防公益活动。对在消防工作中有突出贡献的单位和个人,应当按照国家有关规定给予表彰和奖励。"

(2) 否定性法律后果,即对义务行为不作为、对禁止行为作为,得到批评或惩罚的后果。例如,《消防法》第六十一条规定:"生产、储存、经营易燃易爆危险品的场所与居住场所设置在同一建筑物内,或者未与居住场所保持安全距离的,责令停产停业,并处五千元以上五万元以下罚款。生产、储存、经营其他物品的场所与居住场所设置在同一建筑物内,不符合消防技术标准的,依照前款规定处罚。"

2.3.2 消防法律法规体系

消防法律法规是指由国家各级有立法权的机关制定的,规定公安机关、消防监督机构代表国家行使监督管理权,由社会各成员普遍遵守,用以维护我国消防安全和社会秩序的法律规范的总和。从法律关系来看,消防法律法规主要调整的是我国消防监督管理中的各种社会关系,是由公安机关、消防监督机构执行的,具有相对独立性,独自形成了一个有机的法律法规体系,即消防法律法规体系。

消防法律法规体系作为社会主义法律体系的重要组成部分,就必须既要考虑其在整个法律体系中的地位和作用,又要考虑与其他法律部门的协调和衔接问题。消防法律法规必须与其他部门法规体系保持和谐一致,不互相冲突。在消防法律法规的体系内部,又要求每个消防法律规范和谐一致,各法律法规之间要紧密联系,以便形成一个互有分工、互相配合、互相制约的有机统一整体。

从消防法律法规体系的内部构成来研究其内部关系最为清楚。我国消防法律法规体系是以《中华人民共和国宪法》(以下简称《宪法》)为根本大法,以《消防法》为依据,由行政法规、地方法规、自治条例和单行条例、部门规章和地方政府规章以及有关消防的各种规范性文件共同组成的。根据我国法律规范的立法权限及效力层次,消防法律法规体系也可根据立法权限及效力的不等分成不同的等级层次。各等级层次既有分工,又互相制约、互相配合,协调有机地构成一个系统。消防法律法规体系,首先要求各种消防法律规范的原则、宗旨、任务、目的等不得与我国《宪法》相抵触。我国《宪法》第五条规定:"国家维护社会主义法治的统一和尊严""一切法律、行政法规和地方性法规都不得同宪法相抵触"。这也是消防法律规范的指导原则。其次,在消防法律法规体系内,下一等级层次的消防法律法规不得同上一等级层次的消防法律法规相抵触。

消防法律法规的范围非常广泛,其具体表现形式主要是消防法律、消防行政法规、地方性消防法规、消防规章和消防技术法规等。

1. 宪法

宪法是国家的根本大法,由国家最高权力机关即全国人民代表大会制定。宪法是制定其他一切法律的依据,具有最高的法律地位,其他法律、法规和规章都不得与宪法相抵触。许多法律、法规的规定就是宪法条文的具体化。宪法精神和宪法原则是消防行政执法的重要依据。许多宪法条文就是消防行政执法的基本依据。宪法所包含的消防行政执法依据主要是:关于国家行政机关活动基本原则的规范;关于国家行政机关组织和职权的规范;关于公民在行政法律关系中享有的权利和相应的义务的规范等。

2. 消防法律

消防法律是由国家最高权力机关即全国人民代表大会制定的关于消防工作的规范性文件。《消防法》全面、科学、准确地规定了社会各方面的消防工作,是我国消防法规体系中的"根本大法",具有最高的法律效力,不仅对全国消防工作的开展具有普遍的指导意义,也是制定其他消防法规的主要依据。

3. 消防行政法规

消防行政法规是国务院制定颁布的有关消防管理工作的各种规范性文件，如《森林防火条例》《草原防火条例》等。消防行政法规是消防法律体系的重要内容，在全国范围内适用，其法律效力仅次于消防法律。

4. 地方性消防法规

地方性消防法规是地方国家权力机关根据消防法律和行政法规，结合本地区消防工作的实际需要而制定的地方性规范性文件，是由省、自治区、直辖市或省、自治区人民政府所在地或经国务院批准的较大的市的人民代表大会及其常务委员会制定，适用范围限于本行政区域之内，如《江西省消防条例》。

5. 消防规章

消防规章分为部门规章和地方规章。部门规章是由国务院所属主管行政部门（如公安部）在本部门权限范围内，根据国家法律法规制定的适用于某行业或某系统之内的规范文件，如目前实施的《消防监督检查规定》（公安部令第107号）等。地方规章是由省、自治区、直辖市或省、自治区人民政府所在地或经国务院批准的较大的市的人民政府制定的规范文件，适用于本行政区域内，如江苏省政府颁布的《江苏省农村消防管理办法》、无锡市政府颁布的《无锡市建设工程施工现场消防安全管理办法》等。

6. 消防技术法规

消防技术法规是规定社会生产、生活中保障消防安全的技术要求和安全极限的各类技术规范和标准的总和。它分为两大体系：①消防产品的标准体系，如《钢质防火门通用技术条件》等；②工程建筑消防技术规范，如《建筑设计防火规范》等。消防技术规范和标准按照等级的高低，可分为国家、行业和地方技术规范和标准。

复 习 题

1. 简述消防法规的概念及作用。
2. 简要说明消防法律法规的结构构成。
3. 消防法律法规的具体表现形式有哪些？
4. 简要说明消防法规和消防规章的区别。
5. 简要说明消防技术法规的构成体系。

参考法律法规及文件

《中华人民共和国消防法》（2008年）
《北京市消防条例》（2011年）
《消防监督检查规定》（公安部120号令）

第3章 《中华人民共和国消防法》释义

3.1 《中华人民共和国消防法》简释

3.1.1 发展历程

1957年11月29日，全国人民代表大会常务委员会第八十六次会议批准，由国务院总理周恩来签署《消防监督条例》；1984年5月13日，经第六届全国人民代表大会常务委员会第五次会议审议批准、国务院公布了《中华人民共和国消防条例》；1998年4月29日，第九届全国人民代表大会常务委员会第二次会议通过《中华人民共和国消防法》，自1998年9月1日起施行；2008年10月28日，第十一届全国人民代表大会常务委员会第五次会议修订通过《中华人民共和国消防法》，公布后自2009年5月1日起施行。本法在2019年4月23日根据第十三届全国人民代表大会常务委员会第十次会议《关于修改〈中华人民共和国建筑法〉等八部法律的决定》进行了修正[一]。

3.1.2 立法目的和宗旨

《消防法》第一条规定了制定本法的目的和宗旨，即为了预防火灾和减少火灾危害，加强应急救援工作，保护人身、财产安全，维护公共安全。

1. 预防火灾和减少火灾危害

关于火灾，在我国古代人们就总结出"防为上，救次之，戒为下"的经验。

[一] 因与2019年修正后的《消防法》相关、配套的其他消防法律法规尚未修改到位，为保持本书内容的前后衔接，故本书所介绍《消防法》及相关消防法律法规还沿用2008年版本，请读者及时关注相关法律法规的变化。

"预防火灾和减少火灾危害"是对消防立法意义的总体概括，包括两层含义：一是要积极预防，防止火灾发生。火灾是可以预防的，因此，消防工作的主要目的就是做好预防火灾的各项工作，防止火灾发生。二是要积极减少火灾危害。绝对不发生火灾是不可能的，但火灾危害是可以通过人类积极的行为而减少的。因此，一旦发生火灾，就应当及时、有效地进行扑救，最大限度地减少火灾危害。

2. 加强应急救援工作

公安消防队伍作为维护公共安全的重要力量，承担着许多应急救援工作，这是世界各国的通行做法和国际社会的发展趋势。公安消防队伍已成为我国重大灾害事故应急救援的一支主力和突击队。根据经济社会发展对完善政府公共服务职能、保障和改善民生、加强灾害事故应急救援机制建设的需要，按照世界各国通行做法，充分考虑消防队伍在体制、器材装备、训练管理等方面的优势，以及近年来公安消防队伍开展应急救援工作取得的成效，《消防法》加强了应急救援方面的规定，进一步明确了：各级人民政府应当加强消防组织建设，根据经济和社会发展的需要，建立多种形式的消防组织，加强消防技术人才培养，增强火灾预防、扑救和应急救援的能力；县级以上地方人民政府应当组织有关部门针对本行政区域内的火灾特点制定应急预案，建立应急反应和处置机制，为火灾扑救和应急救援工作提供人员、装备等保障；对因参加应急救援受伤、致残或者死亡的人员，按照国家有关规定给予医疗、抚恤；同时规定，赶赴火灾现场或者应急救援现场的消防人员和调集的消防装备、物资，需要铁路、水路或者航空运输的，有关单位应当优先运输。

3. 保护人身、财产安全

所谓人身安全，是指公民的生命健康安全。所谓财产安全，是指国家、集体以及公民的财产安全。人身安全和财产安全是受火灾直接危害的两个方面，会由此造成无法弥补和不可估量的巨大损失。所以，保护人身、财产安全，是消防立法的主要目的。应当引起注意的是，立法宗旨在表述上，将"人身"写在了第一位，以法律的形式体现了人的生命健康安全第一宝贵。在消防工作中，应践行"以人为本"的思想，在火灾预防上要把保护公民人身安全放在第一位，在火灾扑救中要坚持救人第一的指导思想，切实实现好、维护好、发展好最广大人民的根本利益。

4. 维护公共安全

所谓公共安全，是指不特定多数人生命、健康的安全和重大公私财产的安全。其基本要求是社会公众享有安全和谐的生活和工作环境以及良好的社会秩序，公众的生命财产、身心健康、民主权利和自我发展有安全保障，并最大限度地避免各种灾难的伤害。消防安全是公共安全的重要组成部分，维护公共安全是消防立法的重要目的。做好消防工作，维护公共安全，是政府及政府有关部门履行社会管理和公共服务职能、提高公共消防安全水平的重要内容。

总之，切实做好消防工作，预防火灾和减少火灾危害，加强应急救援工作，保护人身、财产安全，维护公共安全，是《消防法》的立法宗旨，也是坚持立党为公、执政为民，实现好、维护好、发展好最广大人民的根本利益，构建社会主义和谐社会的必然要求。

【案例解读3-1　消防安全意识与消防安全知识的重要性】

2009年1月31日晚11时55分左右，一群年轻人在福建省某市区的某酒吧举行生日聚会。为增加气氛，他们当中有人在酒吧的桌面上燃放烟花，烟花四处飞蹿，引燃了天花板，酿成重大火灾。火灾发生地的建筑面积为198m^2，火势较大，而且缺乏消防设施。火灾于1日零时20分才被扑灭，消防人员最终救出35人，该火灾致17人死亡。事后经当地公安消防部门初步查明，该酒吧房屋产权属福建省某市房地产公司，于1999年出租给某火锅店，该火锅店于2008年4月又转租给郑××经营酒吧。更为关键的是，该酒吧从开始营业到事发之前，并没有通过消防部门的审查验收。

消防意识薄弱、群众普遍缺乏消防安全知识，是酿成这起重大火灾悲剧的根源。因燃放烟花爆竹而引发的安全事故在现实生活中时有发生。在责任划分上，在这起重大火灾事故中肇事的几位年轻人肯定难辞其咎；然而，除此之外，该酒吧的经营管理者也应承担相应的法律责任。作为娱乐场所的经营管理者，应该严格遵守我国的消防法律法规。其经营场所的消防设施一定要安全合格，对国家规定的火灾危险物品要进行明示，以提醒消费者。当消费者做出危害自己和他人安全的行为时，相关人员要及时制止。因此，加强消防宣传、提高群众的消防安全意识十分重要。

3.1.3　消防工作的方针与原则

《消防法》规定，消防工作贯彻预防为主、防消结合的方针，按照政府统一领导、部门依法监管、单位全面负责、公民积极参与的原则，实行消防安全责任制，建立健全社会化的消防工作网络。

"预防为主、防消结合"，就是要把同火灾做斗争的两个基本手段——预防火灾和扑救火灾结合起来。在消防工作中，要把火灾预防放在首位，积极贯彻落实各项防火措施，力求防止火灾的发生。无数事实证明，只要人们具有较强的消防安全意识，自觉遵守、执行消防法律、法规和规章以及国家消防技术标准，大多数火灾是可以预防的。但是，要完全避免火灾发生也是不可能、不现实的。所以，在千方百计预防火灾的同时，也要切实做好扑救火灾的各项准备工作，一旦发生火灾，能够及时发现、有效扑救，最大限度地减少人员伤亡和财产损失。防火和灭火是一个问题的两个方面，是辩证统一、相辅相成、有机结合的整体。"防"与"消"是达到消防安全的两种必要手段，两者互相联系、互相渗透、相辅相成、缺一不可。在消防工作中，必须坚持"防""消"并举、"防""消"并重的思想，将火灾预防和火灾扑救有机地结合起来，最大限度地保护人身、财产安全，维护公共安全，促进社会和谐。

"政府统一领导、部门依法监管、单位全面负责、公民积极参与"的原则，是消防工作实践经验的总结和客观规律的反映。"政府统一领导"，是指政府组织开展消防工作，统筹协调、研究解决消防工作中的重大问题，统一领导各个部门、各个单位的消防工作，各个部门、各个单位都要接受政府的统一领导，不得各自为政。"部门依法监管"，是指依法负有消防监督管理工作职责的部门，在法定的职责范围内，依照法定的程序，对消防安全实施监督管理。"单位全面负责"，是指各单位对本单位消防安全的各个方面、各个环节都要承担责任，以确保本单位的消防安全。"公民积极参与"，是指中华人民共和国的所有公民都应积极参与到消防工作中。本条确立的消防工作的这一原则，对发挥社会各方面的作用，调动公民的积极性，从而有效预防火灾和减少火灾危害，有着十分重要的意义。

"消防安全责任制"，是指通过一系列措施和制度来督促机关、团体、企业、事业等单位履行消防安全责任的制度。根据《消防法》的规定，单位的主要负责人是本单位的消防安全责任人，对本单位的消防安全负责。实行消防安全责任制，是贯彻预防为主方针的主要措施之一，从多年的消防工作实践来看，这也是一项预防火灾、确保本单位消防安全的十分有效的制度。

在政府的统一领导下，动员社会各方面的力量参与消防工作，能够更好地维护消防安全。因此，建立健全社会化的消防工作网络对切实提高全社会防控火灾的意识和能力，有效预防和减少火灾事故发生，具有十分重要的作用。

3.1.4 适用范围

《消防法》是我国消防工作中最根本的行政法律，是制定消防法规、规章和其他规范性文件的重要依据，也是全社会在消防安全方面必须共同遵守的行为规范。同时，考虑到森林、草原的消防工作有其自身特点，《消防法》第四条指出："法律、行政法规对森林、草原的消防工作另有规定的，从其规定。"这里的"法律、行政法规"，主要是指《森林法》《草原法》《森林防火条例》和《草原防火条例》。这些法律、行政法规针对森林、草原消防工作的特殊性，分别对森林、草原火灾的预防、扑救、防火组织等做了具体规定。《消防法》是一般法，而《森林法》《草原法》《森林防火条例》和《草原防火条例》等有关消防工作的规定属于特别法。根据特别法优于一般法的原则，森林、草原的消防工作应当优先适用《森林法》《草原法》《森林防火条例》和《草原防火条例》，所以应"从其规定"。

3.2 火灾预防的规定

《消防法》在火灾预防方面的规定充分体现了"政府统一领导、部门依法监管、单位全面负责、公民积极参与"的原则,符合建立健全社会化的消防工作网络的要求,对火灾预防工作做了较为详细的规定。

其内容上涵盖了城乡消防规划和建设的要求,建设工程消防设计、施工质量要求和建设工程消防监督管理制度,公众聚集场所投入使用、营业前消防安全检查许可制度,机关、团体、企业、事业等单位应当履行的消防安全职责,生产、储存、运输、销售、使用、销毁易燃易爆危险品的要求,消防产品的质量要求和监督管理制度,建筑构件和有关材料的防火性能以及电器产品、燃气用具的消防安全要求,地方各级人民政府对农村消防工作的职责和在重点季节、时期的防火职责,乡镇人民政府、城市街道办事处和村民委员会、居民委员会的防火职责,鼓励火灾公众责任保险的政策,消防技术服务机构和执业人员的从业、执业要求等。

3.2.1 政府的消防工作职责

1. 关于地方各级人民政府组织实施城乡消防规划、建设职责的规定

《消防法》第八条规定,地方各级人民政府应当将包括消防安全布局、消防站、消防供水、消防通信、消防车通道、消防装备等内容的消防规划纳入城乡规划,并负责组织实施。城乡消防安全布局不符合消防安全要求的,应当调整、完善;公共消防设施、消防装备不足或者不适应实际需要的,应当增建、改建、配置或者进行技术改造。

所谓消防规划,是指统筹确定消防安全布局、综合安排各种消防设施、设备的全面、长远的计划和部署。城乡消防规划是城乡消防建设和管理的依据,对提高城乡消防管理水平,增强城乡防火、灭火能力,防止和减少火灾的危害,具有重要作用。所谓城乡规划,是指为了确定城市性质、规模和发展方向,合理利用城市土地、协调城市空间布局和各项建设所做的综合部署。消防工作关系城乡经济社会发展全局,消防工作做得不好,一旦发生火灾事故,不仅会造成经济损失,而且会给人民群众的生命和财产造成损害。因此,法律要求消防规划应当纳入城乡规划,做到消防规划与城乡规划同步编制、相互衔接,城乡规划要充分考虑消防工作要求,消防规划也要符合当地经济和社会发展实际需要。消防规划由城乡人民政府组织实施。

值得一提的是,本条中将"城市规划"修改为"城乡规划",一字之差,"城""乡"并重,体现了统筹城乡发展、城市与农村消防工作并重的立法思路,体现了国家对农村消防工作的高度重视。农村公共消防安全事关广大农民群众的生命权、财产权等基本权益,事关农村经济发展和社会稳定,是加快推进社会主义新农村建设的重要保障。

2. 关于易燃易爆危险品场所设置不符合要求的规定

《消防法》第二十二条规定,已经设置的生产、储存、装卸易燃易爆危险品的工厂、仓库和专用车站、码头,易燃易爆气体和液体的充装站、供应站、调压站,不再符合相关安全规定的,地方人民政府应当组织、协调有关部门、单位限期解决,消除安全隐患。

已经设置的生产、储存、装卸易燃易爆危险品的工厂、仓库和专用车站、码头,易燃易爆气体和液体的充装站、供应站、调压站,不再符合相关安全规定的情况比较多样:有的是生产、储存易燃易爆危险物品的工厂、仓库原来建在城市的边缘,但随着城市的发展,现在处于城市中心;有的易燃易爆液体供应站原来符合消防安全要求,但随着道路拓宽等,现在不符合要求了;有的则是在原来设置的时候就不符合消防安全要求和防火防爆要求。这些不符合消防安全要求和防火防爆要求的生产、储存、装卸易燃易爆危险品的工厂、仓库和专用车站、码头,易燃易爆气体和液体的充装站、供应站、调压站,已经危及人民群众的生命和财产安全,必须采取措施加以解决。为了加大处理力度和尽快解决问题,本条明确规定了由地方人民政府组织、协调有关部门、单位限期解决,解决的措施包括整顿、转产、停产、搬迁、关闭等。

3. 关于地方人民政府应当加强消防工作职责的规定

《消防法》第三十条规定,地方各级人民政府应当加强对农村消防工作的领导,采取措施加强公共消防设施建设,组织建立和督促落实消防安全责任制。

消防工作是政府履行社会管理和公共服务职能的重要内容,地方各级人民政府要加强领导,认真履行消防工作职责。主要应当做好以下工作:

(1) 加强对农村消防工作的领导。我国农村地域广袤、人口众多,群众防火意识相对淡薄,随着经济社会的发展,各种家用电器、燃气灶具等大量进入农村家庭的生产、生活中,当前农村防火形势较为严峻。因此,地方各级人民政府在做好城镇消防工作的同时,必须坚持城乡统筹,加强农村消防工作,全面提高全社会消防安全意识和防控火灾能力,以确保农村群众的生命和财产安全。

(2) 采取措施切实加强公共消防设施建设。城市公共消防设施、建筑消防设施和消防装备建设滞后于城市建设和经济发展,是造成特大恶性火灾的重要原因。近些年,尽管各地在公共消防设施建设上加大了投入,但各地城镇公共消防设施、消防装备滞后于经济建设的状况仍十分严重,城镇处置重特大火灾事故的整体能力仍然较低。因此,地方各级人民政府要采取措施切实加强公共消防设施建设。

(3) 组织建立和督促落实消防安全责任制。地方各级人民政府组织建立和督促落实消防安全责任制,主要应当建立健全考评机制,严格责任追究制度。

要把消防工作作为政府目标责任考核和领导干部政绩考评的重要内容，纳入社会治安综合治理、创建文明城市（乡镇、村、社区）和平安地区等考评范围，建立科学的考核评价机制，定期检查考评。公安消防部门要会同有关方面，对各地区消防工作进行督促检查。地方各级人民政府和公安消防部门、其他有关部门不履行或不认真履行消防工作职责，对涉及消防安全的事项未依照法律法规和规章制度实施审批、监督检查的，或者对重大火灾隐患整改不力的，要依法依纪追究有关责任人员和负责人的责任；地方各级人民政府和公安消防部门、其他有关部门及其工作人员因工作不力、失职、渎职，导致重大火灾事故发生的，或者造成重大人员伤亡和经济损失，社会影响恶劣的，要依法追究主要负责人的法律责任。

4. 关于地方人民政府在特定季节和时期特定消防义务的规定

《消防法》第三十一条规定，在农业收获季节、森林和草原防火期间、重大节假日期间以及火灾多发季节，地方各级人民政府应当组织开展有针对性的消防宣传教育，采取防火措施，进行消防安全检查。

在农业收获季节，做好防火工作极为重要。在这一时期，庄稼上场、粮食入仓、秸秆堆垛，要确保农民辛辛苦苦获得的丰收果实不受火灾损毁。森林、草原是构成人类生存环境的基本要素，是国家宝贵的自然资源，在我国经济社会发展中具有十分重要的作用。森林、草原火灾是造成资源损毁的一大灾害，会在短时期内使大面积的植被遭到破坏，造成极为严重的财产损失和人身伤亡。"森林和草原防火期间"是指一年内最容易发生森林、草原火灾的季节。通常把一年内降水量少、空气干燥、风大的季节定为森林草原防火期。

随着社会经济的发展，我国人民的法定节假日日益增多。如春节、五一劳动节、清明节、国庆节等节假日期间，人流、物流集中，群众聚会、外出活动频繁，旅游风景区、名胜古迹人员密集，引发火灾的因素明显增多。尤其是清明节期间，民间扫墓烧香、焚纸祭祀等野外用火大量增加，极易引起山林火灾。因此，节假日期间已成为消防安全工作的重点时段。

从历年来我国火灾的特点来看，冬季、春季风干物燥，用火、用电、用油、用气大量增加，是火灾多发期和重特大火灾的高发期。在每年重大节假日前和春季、冬季火灾多发季节到来之前，地方各级人民政府要认真分析本地区消防安全工作的薄弱环节和突出问题，采取有针对性的火灾防控措施。

5. 关于村民委员会、居民委员会的消防义务的规定

《消防法》第三十二条规定，乡镇人民政府、城市街道办事处应当指导、支持和帮助村民委员会、居民委员会开展群众性的消防工作。村民委员会、居民委员会应当确定消防安全管理人，组织制定防火安全公约，进行防火安全检查。

根据本条规定，乡镇人民政府、城市街道办事处要从政策、法律、业务工作角度对村民委员会、居民委员会开展消防工作提出指导意见,支持和帮助村民委员会、居民委员会建立健全消防工作组织和工作制度,加强城镇社区和村庄公共消防基础设施建设,发展志愿消防队等多种形式的消防组织,开展消防宣传教育培训,协调落实消防工作经费,帮助村民委员会、居民委员会解决工作中遇到的问题和困难。

村民委员会、居民委员会作为最基层的群众性自治组织,与群众的日常生活最为接近,是我国消防工作的最基层组织。工作实践证明,积极发挥基层群众性自治组织的作用,通过宣传、教育、动员、组织广大居民、村民开展群众性消防安全工作,既是消防工作实行政府统一领导、部门依法监管、单位全面负责、公民积极参与的原则的具体体现,也是提高群众自防自救能力、增强全民消防安全素质的有效途径。

"消防安全管理人"一般由村民委员会、居民委员会负责人或治安保卫委员会的负责人担任,主要职责是组织制定防火安全公约,建立消防安全多户联防制度,组建志愿消防队等群众性消防组织,开展消防宣传教育,组织消防安全检查、巡查,及时消除火灾隐患,提高群众自防自救能力。"防火安全公约"是人民群众基于共同利益和愿望,规定共同遵守的消防安全行为规范,是村民、居民在消防安全工作中进行自我管理、自我教育、自我约束的一种有效方式。公约一般由村民委员会、居民委员会组织群众酝酿、讨论,并在村民、居民会议讨论通过后形成,由村民委员会、居民委员会监督执行。防火安全公约的内容不得与宪法、法律、法规和国家政策相抵触,一般包括遵守消防法律法规、掌握防火灭火基本知识、管好生活用火、安全使用电器、教育儿童不要玩火等。村民委员会、居民委员会组织进行的防火安全检查不同于公安机关消防机构进行的消防监督检查,属于群众性的自我管理活动,可以由村民委员会、居民委员会定期组织进行专门检查,也可以发动村庄、社区单位和家庭开展自查,还可以鼓励群众举报投诉火灾隐患和消防违法行为并及时核查。

3.2.2 政府职能部门的消防工作职责

1. 关于建设工程消防设计违法的禁止性规定

《消防法》第十二条规定,依法应当经公安机关消防机构进行消防设计审核的建设工程,未经依法审核或者审核不合格的,负责审批该工程施工许可的部门不得给予施工许可,建设单位、施工单位不得施工;其他建设工程取得施工许可后经依法抽查不合格的,应当停止施工。

建设工程消防设计是建筑消防安全的源头,公安机关消防机构依法对建设工程进行消防设计审核和备案抽查,是保证建筑消防安全的重要措施。建设工程的消防设计包括建筑的总平面布局和平面布置、建筑构造的耐火性能、建筑内部的安全疏散、各类固定消防设施等，是编制施工预算、安排材料、设备订货、非标准设备制作和进行施工、安装、工程验收等工作的依据。消防设计一经完成，建设工程最终能够达到的消防安全水平就有了明确的定性定量要求。因此，消防设计的质量直接影响建设工程的消防安全质量。未经依法审核或者审核不合格或者经依法抽查不合格的建设工程，大多存在着不同程度的不符合消防法律法规和国家工程建设消防技术标准的问题，如果不对设计文件进行及时改正，直接进行施工，极易形成难以整改的先天性火灾隐患。因此，本条区分了两类建设工程，分别规定了未经审核和消防设计不合格的法律后果。

【案例解读 3-2　未经消防设计审核同意而擅自施工，如何处罚？】

某房地产开发有限公司开发的某广场建筑工程未经消防设计审核同意擅自施工，经公安机关消防机构责令限期改正后，仍在违法施工。

该公司的行为违反了《消防法》第十二条规定，未经公安机关消防机构审核即开始施工，公安消防机构可以对该公司处以责令×××广场建筑工程建设单位停止施工的处罚，并可以对该公司及其法定代表人分别处以罚款，情况严重的可以对法定代表人予以拘留。

2. 关于授权制定建设工程消防设计审核、验收等具体办法的规定

《消防法》第十四条规定，建设工程消防设计审核、消防验收、备案和抽查的具体办法，由国务院公安部门规定。

根据本条授权，国务院公安部门负责制定建设工程消防设计审核、消防验收、备案和抽查的具体办法。目前公安部尚未制定统一的具体办法，有些规定也在不断完善中。如 2009 年 4 月 30 日中华人民共和国公安部令第 106 号发布《建设工程消防监督管理规定》；2012 年 7 月 17 日公安部令第 119 号发布《公安部关于修改〈建设工程消防监督管理规定〉的决定》，修订后的《建设工程消防监督管理规定》于 2012 年 11 月 1 日起施行。

3. 关于消防产品质量监督主体的规定

《消防法》第二十五条规定，产品质量监督部门、工商行政管理部门、公安机关消防机构应当按照各自职责加强对消防产品质量的监督检查。

消防产品质量监督主体包括产品质量监督部门、工商行政管理部门和公安机关消防机构三个部门。根据《中华人民共和国产品质量法》以及本法第六十五条的规定，产品质量监督部门、工商行政管理部门、公安机关消防机构对消防产品的质量监督实施分段监管，即产品质量监督部门和工商行政管理部门负责消防产品生产、流通领域的监管，公安机关消防机构负责消防产品使用领域的监管，各部门应当按照各自职责，采取有效措施，加强对消防产品质量的监督检查。本法还规定了消防产品监督管理中的部门协作制度。规定公安机关消防机构对于人员密集场所违法使用消防产品的情形,除依法对使用者给予处罚外,应当将发现不合格的消防产品和国家明令淘汰的消防产品的情况通报产品质量监督部门、工商行政管理部门。产品质量监督部门和工商行政管理部门应当对生产者、销售者依法及时查处。通过三部门联合协作,既分工明确,又形成合力,整顿和规范消防产品市场环境。

3.2.3 单位与个人的消防安全责任

1. 关于公众聚集场所在投入使用、营业前的消防安全检查

《消防法》第十五条规定,公众聚集场所在投入使用、营业前,建设单位或者使用单位应当向场所所在地的县级以上地方人民政府公安机关消防机构申请消防安全检查。

公安机关消防机构应当自受理申请之日起10个工作日内,根据消防技术标准和管理规定,对该场所进行消防安全检查。未经消防安全检查或者经检查不符合消防安全要求的,不得投入使用、营业。

"公众聚集场所",是指宾馆、饭店、商场、集贸市场、客运车站候车室、客运码头候船厅、民用机场航站楼、体育场馆、会堂以及公共娱乐场所等。公众聚集场所的消防安全历来是消防监督管理的重点。这类场所人员众多,而且向社会公众开放,如果消防设施、器材不完善,消防安全责任不落实,一旦发生火灾,容易造成重大人员伤亡和财产损失,影响社会稳定。本法在总结公众聚集场所消防安全管理经验教训的基础上,继续保留了对宾馆、饭店、商场、集贸市场这类火灾多发的场所实行投入使用或者营业前的消防安全检查制度,这对加强公共场所的消防安全管理、预防群死群伤恶性火灾事故的发生具有重要意义。公众聚集场所投入使用、营业前的消防安全检查行政许可的申请、实施程序和要求依照本法、《行政许可法》和公安部有关规定执行。根据本条第二款规定,公安机关消防机构应当自受理申请之日起10个工作日内,根据消防技术标准和管理规定,对该场所进行消防安全检查,未经消防安全检查或者经检查不符合消防安全要求的,不得投入使用、营业。

2. 关于单位的消防安全职责的规定

《消防法》第十六条规定,机关、团体、企业、事业等单位应当履行下列消防安全职责:①落实消防安全责任制,制定本单位的消防安全制度、消防安全操作规程,制定灭火和应急疏散预案;②按照国家标准、行业标准配置消防设施、器材,设置消防安全标志,并定期组织检验、维修,确保完好有效;③对建筑消防设施每年至少进行一次全面检测,确保完好有效,检测记录应当完整准确,存档备查;④保障疏散通道、安全出口、消防车通道畅通,保证防火防烟分区、防火间距符合消防技术标准;⑤组织防火检查,及时消除火灾隐患；⑥组织进行有针对性的消防演练；⑦法律、法规规定的其他消防安全职责。

单位的主要负责人是本单位的消防安全责任人。

单位是组成社会的基本单元，其在消防安全管理工作中的主体地位和作用是政府监管部门无法替代的。明确单位消防安全职责，对于加强单位的消防安全管理、落实单位消防安全责任，对于推进消防工作社会化和规范化、预防和减少火灾危害，对于提高全民的消防安全意识、促进全社会加强消防安全工作，具有重要作用。因此，总结消防工作实践经验，本条对单位的消防安全职责做了7个方面的规定。本条第二款规定单位的主要负责人是本单位的消防安全责任人。"单位的主要负责人"，是指法人单位的法定代表人或者非法人单位的主要负责人，消防安全责任人应对本单位的消防安全工作全面负责。

3. 关于消防安全重点单位的规定

《消防法》第十七条规定，县级以上地方人民政府公安机关消防机构应当将发生火灾可能性较大以及发生火灾可能造成重大的人身伤亡或者财产损失的单位，确定为本行政区域内的消防安全重点单位，并由公安机关报本级人民政府备案。

消防安全重点单位除应当履行本法第十六条规定的职责外，还应当履行下列消防安全职责：①确定消防安全管理人，组织实施本单位的消防安全管理工作；②建立消防档案，确定消防安全重点部位，设置防火标志，实行严格管理；③实行每日防火巡查，并建立巡查记录；④对职工进行岗前消防安全培训，定期组织消防安全培训和消防演练。

消防安全重点单位要根据发生火灾的危险性以及一旦发生火灾可能造成的危害后果来确定，即发生火灾可能性较大以及一旦发生火灾可能造成重大的人身伤亡或者财产损失的单位。通常由省级公安机关消防机构根据当地经济社会发展情况和实际，确定并公布本地区的消防安全重点单位界定标准。

各级公安机关及其消防机构是政府实施消防管理的职能部门。根据本条规定，县级以上地方各级人民政府公安机关消防机构负责确定本行政区域内的消防安全重点单位，并"由公安机关报本级人民政府备案"，使公安机关和本级人民政府对本辖区的消防安全重点单位心中有数，从而更好地履行政府对消防工作的领导职责。

4. 关于共用建筑物和消防设施的管理或使用单位消防安全责任的规定

《消防法》第十八条规定，同一建筑物由两个以上单位管理或者使用的，应当明确各方的消防安全责任，并确定责任人对共用的疏散通道、安全出口、建筑消防设施和消防车通道进行统一管理。

住宅区的物业服务企业应当对管理区域内的共用消防设施进行维护管理，提供消防安全防范服务。

同一建筑物由两个以上单位管理或者使用的情况较为常见，因此，《消防法》增加规定，对有关各方消防安全责任予以明确。加强这类建筑消防的安全管理十分必要。

（1）同一建筑物内消防安全责任的认定。根据本条第一款规定，同一建筑物由两个以上单位管理或者使用的，首先应当明确各方的消防安全责任。具体形式可以由建筑物的管理、使用各方共同协商，签订协议书，明确各自消防安全工作的权利、义务及违约责任。其次，对共用的疏散通道、安全出口、建筑消防设施和消防车通道，要求进行统一管理，并要求确定责任人具体实施管理。这是因为，多主体建筑虽然各个主体有自己独立的管理和使用范围，但根据建筑的使用性质和规范要求，在消防安全上，有些消防设施在建筑设计和建造过程中就是由整个建筑共同使用的，如建筑周围的消防车通道，建筑内部的共用的疏散楼梯、安全出口，以及室内、室外消火栓，自动消防设施等。如果平时的维护管理职责不清、责任不落实，必然会影响到整个建筑物的消防安全。统一管理的具体方法，既可以由各个管理或使用人成立消防安全组织来进行管理，也可以委托一家单位负责管理，或者共同委托物业管理企业进行统一管理。

（2）住宅区的物业服务企业应当履行的消防安全管理职责。在《消防法》中，将住宅区的物业服务企业的消防安全职责明确为法定职责，有利于加强住宅区的消防安全管理。根据本条第二款规定，物业服务企业应当对管理区域内的共用消防设施进行维护管理。同时，物业服务企业提供的消防安全防范服务，除对共用消防设施进行维护管理外，还应当包括对共用部位开展防火检查、巡查，进行消防安全宣传教育等火灾预防工作。

【案例解读3-3　物业服务企业应该承担什么样的消防安全责任？】

石家庄市某小区物业管理单位未履行《消防法》规定的消防安全职责，致使小区内的液化气使用、电气线路等存在火灾隐患，居民住宅区内火灾时有发生。当地公安机关消防机构责令限期改正后，该小区物业管理单位仍未改正。

该小区物业管理单位的行为违反了《消防法》有关居民住宅区的物业服务企业应当经常组织防火检查，及时消除火灾隐患的规定。公安机关消防机构应该依据《消防法》的有关规定，建议主管部门对该小区物业管理单位的主管人员给予相应的处罚。

5. 关于单位和个人不得妨碍消防设施使用的规定

《消防法》第二十八条规定，任何单位、个人不得损坏、挪用或者擅自拆除、停用消防设施、器材，不得埋压、圈占、遮挡消火栓或者占用防火间距，不得占用、堵塞、封闭疏散通道、安全出口、消防车通道。人员密集场所的门窗不得设置影响逃生和灭火救援的障碍物。

本条通过明确规定禁止行为，进一步强调了对消防设施、器材的保护。具体包含以下四层内容：

(1) 任何单位、个人不得损坏、挪用或者擅自拆除、停用消防设施、器材。对于因生产生活原因而需要拆除或临时停用消防设施、器材的，有关单位必须事先通知当地公安机关消防机构，并及时另建消防设施、器材；对临时停用的要及时启动消防设施、器材。"消防设施、器材"，包括固定的消防设施和移动的消防器材。前者是指火灾自动报警系统、自动灭火系统、消火栓系统、防烟排烟系统以及应急广播和应急照明、安全疏散设施等；后者是指各种灭火器、灭火工具等。

(2) 任何单位、个人不得埋压、圈占、遮挡消火栓或者占用防火间距。"消火栓"，是指与供水管网连接，由阀门、出水口和壳体等组成的消防供水（或泡沫溶液）的装置，是扑救火灾时的重要供水装置。"防火间距"，是指建筑物之间或其他物体之间应保留的防止火灾蔓延扩大的间隔距离。

(3) 任何单位、个人不得占用、堵塞、封闭疏散通道、安全出口、消防车通道。"疏散通道、安全出口"，是指供人员安全疏散用的走道、楼梯间、室外楼梯的出入口或直通室内外安全区域的出口。"消防车通道"，是指供消防人员和消防装备到达建筑物进口或建筑物的通道，是消防车顺利、及时到达火场的必要保障。

(4) 不得在人员密集场所的门窗设置影响逃生和灭火救援的障碍物。"人员密集场所"，是指公众聚集场所，医院的门诊楼、病房楼，学校的教学楼、图书馆、食堂和集体宿舍，养老院，福利院，托儿所，幼儿园，公共图书馆的阅览室，公共展览馆、博物馆的展示厅，劳动密集型企业的生产加工车间和员工集体宿舍，旅游、宗教活动场所等。"障碍物"，是指如栅栏、广告牌等。

【案例解读3-4 "蓝极速"网吧特大火灾】

"蓝极速"网吧位于北京市海淀区某粮店二层，建筑面积$220m^2$，分为1个大厅和11个房间。网吧内有联网的计算机92台和服务器等辅助设施。经查，该网吧开业前未向文化、工商、公安等部门申报审批，于2002年3、4月份擅自营业，属于违法经营的黑网吧。同年6月16日凌晨2时43分，该网吧发生火灾。

火灾的起因可以回溯到案发两周前。中国矿业大学附中初二辍学学生宋某（男，14岁）和北京矿院附中初一辍学学生张某（男，13岁）到该网吧上网，因钱不够被网吧的服务员奚落，并不许二人再来玩，二人遂起意报复。6月15日22时许，张某约宋某再次到"蓝极速"网吧玩，宋某说服务员不让咱们进，张某提议去该网吧放火。23时许，二人找了一个雪碧饮料塑料瓶，骑自行车到一加油站，谎称是给摩托车加油，用5元钱买了1.8L 90号汽油，先到"蓝极速"网吧旁边的晓蕾网吧上网，到16日2时30分许二人离开，来到"蓝极速"网吧内。张某拿着汽油瓶到一楼与二楼之间的拐角处，倒退着将汽油由上至下泼到楼梯地面的地毯上。在泼洒汽油过程中，二人听到有人下楼的声音，随即跑到网吧西侧的小卖部门口躲藏。几分钟后，二人捡了一团卫生纸回到网吧，张某拿着捡来的纸，由宋某用打火机点燃后，扔在泼有汽油的楼门口内地面上。看到起火后，二人又返回晓蕾网吧，并看到"蓝极速"网吧玻璃破碎、冒出黑烟，随后二人在晓蕾网吧结账离去。

"蓝极速"网吧的老板未经任何审批私自开业经营，无任何消防措施，建筑物外窗均被安装了防盗护栏并焊死，致使被困人员无法逃生，同时也给消防队员营救被困人员和灭火行动带来了极大困难。而且，该网吧在装饰装修中使用了大量的易燃可燃材料，计算机及桌椅均为易燃物品。网吧的建筑面积只有$220m^2$，而使用空间却被分隔成为1个$39.4m^2$的大厅（内部密集放置了23台计算机）和11个小房间（其中5间机房共放置计算机64台）。不完全燃烧产生了大量高浓度的有毒烟气，浓烟高热在室内蓄积无法向外扩散，迅速充满整个空间，致使多数人员因窒息而死。火灾时，由于现场照明供电中断，加之燃烧过程中产生的大量高浓度烟气积聚室内空间，内部能见度很低，给被困人员逃生和消防队员的灭火救援行动增加了难度。

此次火灾共烧死25人（其中15名学生，北京科技大学学生3人、中国矿业大学和中国矿业大学附中学生各1人、北京中网联教育咨询中心学员10人），烧伤12人，过火面积$95m^2$，烧毁计算机40台、计算机桌椅40套、路由器1个、集成器2个，直接财产损失26.3万余元。

事后，北京市第一中级人民法院4月28日公开宣判，纵火者宋某被判无期徒刑。被告人郑某、张某非法经营网吧，扰乱市场秩序，情节严重，两被告人的行为均构成非法经营罪。故法院以非法经营罪一审判处郑某有期徒刑三年，并处罚金人民币30万元；判处被告人张某有期徒刑一年零六个月，并处罚金人民币20万元。实施纵火参与人张某因不满14周岁，未被追究刑事责任，现已被北京市公安局收容教养。

尽管这起火灾的直接原因是人为放火，但其中暴露出网吧管理的很多问题。消防部门指出，网吧老板郑某违法经营，未按消防法规向当地消防监督机构申报建筑防火审核。该网吧只有一个安全出口，楼梯、走廊狭长且呈反"L"形，唯一的通道被全封闭式防盗门封堵；建筑物南、北、东侧三面外墙的14个外窗均安装了防盗护栏；室内没有设置疏散指示标志和火灾事故应急照明；没有配备任何一种灭火器材；违章搭建可燃木质结构造成重大火灾隐患,导致起火后,火势迅速扩大蔓延,被困人员无法逃生,消防人员扑救困难。而且,该网吧面积不大,但房间较多,而且室内空间相对封闭,不完全燃烧产生了大量高浓度的有毒烟气,致使多数人员窒息死亡;火灾时现场照明供电中断,加之燃烧过程中产生的大量高浓度的烟气,室内能见度很低,导致被困人员逃生和消防队员灭火救人都十分困难,最终酿成惨剧。

6. 关于公共消防设施维护、管理的规定

《消防法》第二十九条规定,负责公共消防设施维护管理的单位,应当保持消防供水、消防通信、消防车通道等公共消防设施的完好有效。在修建道路以及停电、停水、截断通信线路时有可能影响消防队灭火救援的,有关单位必须事先通知当地公安机关消防机构。

公共消防设施属于城乡市政公用设施,主要是指消防供水管道(包括生产、生活和消防合用供水管道)和市政消火栓、消防水鹤等取水设施,消防车通道、消防通信,以及其他灭火救援时需要使用的市政公用设施。

根据有关法律、法规和规章的规定,国务院住房和城乡建设主管部门依法负责全国城乡市政公用设施的监督管理工作,县级以上地方人民政府住房和城乡建设主管部门依法负责本行政区域内城乡市政公用设施的具体管理工作。供水、通信、交通等市公共消防设施的运营、养护单位应当按照《市政公用设施抗灾设防管理规定》,将有关的公共消防设施的维护管理纳入本职工作,定期对公共消防设施进行维护、检查和更新,以确保完好有效;尤其应当加强对重要公共消防设施的关键部位和关键设备的安全监测、健康监测工作,定期对其性能进行评价,并制定相应的技术措施。

3.2.4 建设工程设计、施工的审核及验收

1. 关于消防设计、施工依法执行国家工程建设消防技术标准的规定

《消防法》第九条规定,建设工程的消防设计、施工必须符合国家工程建设消防技术标准。建设、设计、施工、工程监理等单位依法对建设工程的消防设计、施工质量负责。

建设单位作为工程项目建设过程的总负责方,应当承担依法向公安机关消防机构申请建设工程消防设计审核、消防验收或者备案并接受消防监督检查,以合同约定设计、施工、工程监理单位执行消防法律法规和国家工程建设消防技术标准的责任,将实行工程监理的建设工程的消防施工质量一并委托监理,选用符合国家规定资质条件的消防设施设计、施工单位,选用合格的消防产品和建筑材料等责任;不得指使或者强令设计、施工、工程监理等有关单位和人员违反消防法规和国家工程建设消防技术标准,降低建设工程消防设计、施工

质量。设计单位应当对其消防设计质量负责，提交的消防设计文件应当符合国家工程建设消防技术标准。施工单位应当对其消防施工质量负责，保证工程施工的全过程和工程的实物质量符合国家工程建设消防技术标准和消防设计文件的要求。工程监理单位代表建设单位对施工质量实施监理，对施工质量承担监理责任，必须严格依照消防法律法规、国家工程建设消防技术标准、消防设计文件和建设工程承包合同实施工程监理，不得同意使用或者安装不合格的消防产品和建筑材料。

2. 关于建设工程消防设计文件报备和抽查的规定

《消防法》第十条规定，按照国家工程建设消防技术标准需要进行消防设计的建设工程，除本法第十一条另有规定的外，建设单位应当自依法取得施工许可之日起7个工作日内，将消防设计文件报公安机关消防机构备案，公安机关消防机构应当进行抽查。

公安机关消防机构对国务院公安部门规定的大型人员密集场所和特殊建设工程，实行消防设计审核和消防验收制度；对其他建设工程的消防设计和消防验收，实行备案抽查制度。本条主要规定了以下三个方面的内容：

（1）关于适用范围。适用消防设计文件备案与抽查制度的建设工程范围是按照国家工程建设消防技术标准需要进行消防设计的建设工程，但不包括本法第十一条另有规定的建设工程。"国家工程建设消防技术标准"，是指依照标准化法及有关行政法规的规定制定的保证建设工程消防安全的国家标准和行业标准。需要注意的是，这里所讲的按照国家工程建设消防技术标准需要进行消防设计的建设工程，既包括建设工程的整体部分，也包括建设工程的局部；既包括新建的建设工程，也包括改建、扩建、建筑内部装修以及用途变更的建设工程项目。

（2）关于备案。除国务院公安部门规定的大型的人员密集场所和其他特殊建设工程外，按照国家工程建设消防技术标准需要进行消防设计的建设工程，建设单位应当自依法取得施工许可之日起7个工作日内，向公安机关消防机构备案。建设单位向公安机关消防机构进行建设工程消防设计备案，应当按照规定要求提交备案申请材料。公安机关消防机构在受理消防设计备案时，按照规定要求确定被抽查的建设工程。需要注意的是，本条规定只要求建设单位自依法取得施工许可之日起7个工作日内将消防设计文件报公安机关消防机构备案。这里所规定的备案不属于行政许可，不影响建设单位领取施工许可证后的开工。此外，根据本法第五十八条的规定，建设单位未依照本法规定将消防设计文件报公安机关消防机构备案的，责令限期改正，处5000元以下罚款。

（3）关于抽查。这里所规定的抽查，是指消防部门对建设单位报备案的消防设计文件，从中抽取一部分建设工程进行的消防设计审查。对确定消防设计抽查的建设工程，公安机关消防机构应当在受理凭证上告知建设单位在规定时限内，将建设工程消防设计说明和总平面图、建筑平立剖面图、消防系统图等与消防设计相关的施工图设计文件送指定公安机关消防机构接受抽查。公安机关消防机构应当在规定时限内，依据消防法律法规、国家工程建设消防技术标准对消防设计文件进行抽查，并将抽查情况记录在案。公安机关消防机构实施消防设计抽查时，发现有违反消防法律法规和国家工程建设消防技术标准强制性要求情形的，应当依法对建设、设计单位和个人实施行政处罚，并责令建设单位停止施工。建设单位应组织修改消防设计文件，报公安机关消防机构复查，经复查符合国家工程建设消防技术标准强制性要求的，同意恢复施工。

3. 关于建设工程消防设计文件报送审核的规定

《消防法》第十一条规定，国务院公安部门规定的大型的人员密集场所和其他特殊建设工程，建设单位应当将消防设计文件报送公安机关消防机构审核。公安机关消防机构依法对审核的结果负责。

（1）大型人员密集场所和其他特殊建设工程的范围。法律授权国务院公安部门规定的大型人员密集场所和其他特殊建设工程的范围，是公安机关消防机构实施消防设计审核和消防验收两项行政许可的范围。有关大型人员密集场所和其他特殊建设工程的具体规模和内容，由国务院公安部门予以明确。确定大型人员密集场所建设工程范围，主要考虑工程结构设施的复杂程度、使用功能的重要程度、火灾预防和扑救难度、发生火灾造成后果的严重性等因素，当大型人员密集场所设置在某一建设工程之中时，应当对整个建设工程实施消防设计审核。确定特殊工程的范围，主要考虑火灾危险性大、发生火灾会严重危害公共安全、损害公共利益或者造成财产重大损失等因素。

（2）大型人员密集场所和特殊建设工程的建设单位应当依法向公安机关消防机构申报消防设计审核。根据本条规定，纳入消防设计审核范围的大型人员密集场所和特殊建设工程，建设单位应当向消防部门申报消防设计审核，这是建设单位的一项法定责任。申报消防设计审核应当提供以下材料：建设工程消防设计审核申报表，建设单位的合法身份证明文件，新建、扩建工程的建设用地规划许可证明文件，设计单位资质证明文件，消防设计文件等。建设、设计、施工单位不得擅自修改经公安机关消防机构审核同意的建设工程消防设计；确需修改消防设计的，应当由建设单位重新向原审批的公安机关消防机构申请消防设计审核。建设工程都应当依据我国的工程建设消防技术标准进行审核；对于我国消防技术标准尚未规定的消防设计内容和新材料、新技术带来的有关消防安全的新问题，应当由省一级消防部门或者公安部消防局会同同级建设主管部门组织设计、施工、科研等部门的专家论证，提出意见，作为消防设计审核的依据。

（3）公安机关消防机构依法对建设工程消防设计进行审核。对报审的建设工程消防设计文件应审核以下内容：建筑的总平面布局和平面布置、火灾危险性类别和耐火等级、安全疏散、消防设施、有防火性能要求的建筑材料的选用等。消防部门对建设单位申请消防技术专家评审的，应当在规定的期限内组织专家按照专家评审实施办法对建设单位提交的消防技术方案进行评审，评审结论可以作为该项工程消防设计审核的依据。消防部门应当自受理消防设计审核之日起，在规定的时限内做出审核决定，出具《建设工程消防设计审核意见书》。对符合国家工程建设消防技术标准的，应当做出消防设计审核合格的决定；不符合的，应当做出不合格的决定，并责成建设单位组织修改后重新申报。发现有违反国家工程建设消防技术标准强制条文情形的，依法对建设、设计单位实施处罚。

（4）消防部门依法对审核的结果负责。消防部门必须坚持原则，认真负责，严格依照消防法律、法规和消防技术标准进行消防设计审核，并依照本法以及《行政许可法》等法律规定对审核的结果负责。消防部门和工作人员在消防设计审核工作中有失职、渎职行为的，应按照本法第七十一条、第七十二条的规定追究其法律责任。

4. 关于需要进行消防设计的建设工程竣工验收和备案的规定

《消防法》第十三条规定，按照国家工程建设消防技术标准需要进行消防设计的建设工程竣工，依照下列规定进行消防验收、备案：①本法第十一条规定的建设工程，建设单位应当向公安机关消防机构申请消防验收；②其他建设工程，建设单位在验收后应当报公安机关消防机构备案，公安机关消防机构应当进行抽查。

依法应当进行消防验收的建设工程，未经消防验收或者消防验收不合格的，禁止投入使用；其他建设工程经依法抽查不合格的，应当停止使用。

（1）明确了消防验收的范围。凡依法进行消防设计审核的工程，都列入消防验收范围，实现了审验范围、对象的统一。同时，明确规定这些建设工程的建设单位要依法向公安机关消防机构申请消防验收，未经消防验收或者消防验收不合格的，禁止投入使用。

经消防设计审核合格的建设工程，建设单位在组织竣工验收合格后，向公安机关消防机构申请消防验收。申请消防验收应当提供以下材料：建设工程消防验收申报表，与消防验收有关的竣工图及隐蔽工程记录，设计、施工、工程监理等单位竣工验收人员签署的竣工验收原始文件，消防产品质量合格证明文件，有防火性能要求的建筑材料的燃烧性能证明材料，建筑消防设施技术检测合格证明文件，施工、工程监理、检测单位的身份证明文件复印件和资质等级证明文件复印件等。

公安机关消防机构应当自受理验收申请之日起，在规定时限内组织消防收,并出具《建设工程消防验收意见书》。消防验收评定合格的,应当做出消防验收合格的决定;评定不合格的,应当做出消防验收不合格的决定,提出整改意见,并要求建设单位整改完毕后补报消防验收。发现有降低消防工程质量情形的,依法对建设、施工和工程监理单位责令改正或者实施处罚;发现建设工程使用不合格消防产品的,按照有关消防产品监督管理规定处理。对于未经消防验收或者消防验收不合格的建设工程,禁止投入使用。

消防验收是法律赋予公安机关消防机构的一项行政许可事项。公安机关消防机构对消防设计审核的内容,依据消防法律法规、国家工程建设消防技术标准、经审核合格的消防设计文件,按照建设工程消防验收评定标准规定的程序、内容、方法,进行消防验收。消防验收实质上是一种对竣工建设工程的监督性抽查,重在检验建筑消防设施、建筑防火、安全疏散等消防设计的功能实现情况,同时检验建设、设计、施工、工程监理等有关单位遵守消防法律法规、国家工程建设消防技术标准和执行消防设计文件的情况。对大型建设工程实施消防验收时,应当成立由消防验收、消防设计审核、消防监督检查、消防产品监督和灭火救援等部门的专业技术人员参加的验收工作小组,经集体会审做出综合评定结论。

(2)其他建设工程实行竣工备案抽查。竣工备案范围不同于消防设计备案范围,其包括不需要领取施工许可证的小型建设工程。建设单位在依法自行组织竣工验收后,应当报公安机关消防机构备案;公安机关消防机构应当进行抽查,经抽查不合格的,应当停止使用。对于消防设计备案的建设工程,建设单位应当在办理工程竣工验收备案之日起 7 日内向公安机关消防机构进行竣工备案,提供以下竣工备案材料:建设行政主管部门签署文件收讫的工程竣工验收备案表,工程质量监督机构出具的工程质量监督报告,主要消防设计竣工图,消防设施检测技术报告,建设、施工单位出具的建设工程消防施工质量合格承诺书。公安机关消防机构应当在受理竣工备案时,按照规定要求确定被抽查的建设工程。对于被抽查到的建设工程,公安机关消防机构依据消防法律法规、国家工程建设消防技术标准,进行竣工消防监督抽查。对于公安机关消防机构实施竣工消防监督抽查发现有违反消防法律法规、国家工程建设消防技术标准强制性条文的不合格建设工程,建设单位应当停止使用,并组织整改,整改完毕后报公安机关消防机构复查,经复查合格再恢复使用。

3.2.5 生产、储存、运输、销售、使用、销毁易燃易爆危险品的要求

1. 关于生产、储存、经营危险品场所与居住场所保持消防安全距离的规定

《消防法》第十九条规定,生产、储存、经营易燃易爆危险品的场所不得与居住场所设置在同一建筑物内,并应当与居住场所保持安全距离。

生产、储存、经营其他物品的场所与居住场所设置在同一建筑物内的，应当符合国家工程建设消防技术标准。

公安机关消防机构重点监督管理的易燃易爆危险品主要是指以燃烧爆炸为主要危险特性的气体，易燃液体，易燃固体，易于自燃的物质和遇水放出易燃气体的物质，氧化性物质和有机过氧化物，毒性物质和腐蚀性物质中部分易燃易爆化学物品，共六大类15项。这些物品火灾危险性极大，在生产、储存、经营等环节中操作管理稍有不慎，遇火或受到摩擦、撞击、振动、高热或其他因素的影响，即可引起燃烧或爆炸，极易造成人员伤亡和财产损失。因此，本条第一款明确要求，生产、储存、经营易燃易爆危险品的场所不得与居住场所设置在同一建筑物内，并应当与居住场所保持安全距离。

为有效预防"三合一"（生产、储存、经营）场所火灾的发生，明确"三合一"场所应具备的消防安全条件，公安部于2007年颁布公共安全行业标准《住宿与生产储存经营合用场所消防安全技术要求》（GA 703—2007），规定了"三合一"场所的防火分隔措施、疏散设施、消防设施，以及火源控制等消防安全技术要求。本条第二款规定，是指对既有"三合一"场所，应按照公共安全行业标准《住宿与生产储存经营合用场所消防安全技术要求》规定的防火分隔措施、疏散设施、消防设施以及火源控制等消防安全技术要求进行改造，确保消防安全；对新建的"三合一"场所，必须符合国家工程建设消防技术标准的要求，按规定设置消防设施，住宿部分与非住宿部分应完全分隔，分别设置独立的疏散通道、安全出口，坚决杜绝产生新的"三合一"场所火灾隐患。

2. 关于易燃易爆危险品有关场所设置的规定

《消防法》第二十二条规定，生产、储存、装卸易燃易爆危险品的工厂、仓库和专用车站、码头的设置，应当符合消防技术标准。易燃易爆气体和液体的充装站、供应站、调压站，应当设置在符合消防安全要求的位置，并符合防火防爆要求。

生产、储存、装卸易燃易爆危险品的工厂、仓库和专用车站、码头的设置，应当符合《建筑设计防火规范》《石油化工企业设计防火规范》《石油库设计规范》等国家工程建设消防技术标准的要求；易燃易爆气体和液体的充装站、供应站、调压站的位置，与周围建筑物、道路等防火间距要符合《建筑设计防火规范》《汽车加油加气站设计与施工规范》和《城镇燃气设计规范》等国家工程建设消防技术标准的规定；装卸易燃易爆危险品的专用车站、码头，应布置在城市或港区的独立安全地段。特别是装卸易燃易爆危险品的码头，应尽量位于相邻重要桥梁、大型锚地、固定停泊场、造船厂和码头等重要建筑物的下游，并按有关规定保持足够的防火间距。

【案例解读 3-5　易燃易爆危险品的消防特殊要求有哪些?】

　　湖南省某镇鞭炮制造厂违章生产,冒险作业,导致黑火药与塑料袋摩擦形成高温发生爆炸,造成死亡 6 人,重伤 10 人,直接经济损失 20 余万元的严重后果。事后经当地公安消防部门查明,该厂厂长只讲经济效益,忽视消防安全生产,导致该鞭炮制造厂竟然没有一名安全生产管理人员,消防安全工作处于无人过问的状况。而且该厂出产的鞭炮氯酸钾含量高达 50%,每次和药达 20kg,超过规定标准 6 倍多,还存在无证技术人员指导作业,各种工序无操作规程,制引车间没有与其他工序分开,氯酸钾仓库未单独设立,库内存放大量纸张、鞭炮等方面的事故隐患。更为严重的是,该鞭炮制造厂建立在居民生活区附近。终于,2009 年 6 月 24 日,制作黑火药的工人张某在制引车间用瓦钵将小瓷缸中的黑火药掏出装进塑料袋的过程中,因摩擦形成高温,导致黑火药爆炸。

　　该案例中,鞭炮制造厂没有严格依据《消防法》关于"生产、储存、装卸易燃易爆危险品的工厂、仓库和专用车站、码头的设置,应当符合消防技术标准"的规定生产制造鞭炮,并且生产过程中存在违法作业,最终导致了灾难的发生。

3. 关于生产、储存、运输、销售、使用、销毁易燃易爆危险品消防安全的规定

　　《消防法》第二十三条规定,生产、储存、运输、销售、使用、销毁易燃易爆危险品,必须执行消防技术标准和管理规定。

　　进入生产、储存易燃易爆危险品的场所,必须执行消防安全规定。禁止非法携带易燃易爆危险品进入公共场所或者乘坐公共交通工具。

　　储存可燃物资仓库的管理,必须执行消防技术标准和管理规定。

　　(1) 关于生产、储存、运输、销售或者使用、销毁易燃易爆危险物品消防安全的规定。"消防技术标准",是指《建筑设计防火规范》《石油库设计规范》和《石油化工企业设计防火规范》等。"管理规定",是指有关对易燃易爆危险物品管理的法规、规章等,如国务院发布的《民用爆炸物品安全管理条例》《危险化学品安全管理条例》等。

　　(2) 关于进入易燃易爆危险品场所的消防安全管理规定。进入生产、储存易燃易爆危险品场所的所有机动车辆,必须安装防火罩,电瓶车、铲车也必须装有防止火花溅出的安全装置或是防爆型的;进入生产、储存易燃易爆危险品场所的人员必须登记,交出火种,装卸易燃易爆危险品时,操作人员不得穿戴容易产生静电的工作服、帽和使用容易产生火花的工具;对易产生静电的装卸设备要采取消除静电的措施,严格禁止人员携带火种进入上述场所。严格禁止人员携带易燃易爆危险品进入公共场所或者乘坐公共交通工具,以保障公共场所和交通工具的安全。这里所说的"公共场所",主要是指车站、码头、学校、医院、宾馆、饭店、商场、影剧院、歌舞厅、体育馆、会堂、候机、车、船厅等公共场所。"公共交通工具",是指用于旅客运输且正在运营中的车辆、船只、航空器等机动和非机动交通工具。公共交通工具的范围包括火车、长短途公共汽车、无轨电车、机动和非机动船只、民航客机和地铁列车、高架城铁列车、有轨电车、磁悬浮列车等城市轨道交通车辆等。

(3) 关于储存可燃物资仓库的消防安全管理规定。"储存可燃物资仓库",是指储存有易燃、可燃物资的仓库,如储存各种化工原材料、农副产品、日用百货及木材、纺织、造纸、烟草等原材料和成品的仓库。"消防技术标准和管理规定",是指《建筑设计防火规范》、公安部颁布的《仓库防火安全管理规则》等。

3.2.6 消防产品和消防服务机构的要求

1. 关于消防产品质量管理制度的规定

《消防法》第二十四条规定,消防产品必须符合国家标准,没有国家标准的,必须符合行业标准。禁止生产、销售或者使用不合格的消防产品以及国家明令淘汰的消防产品。

依法实行强制性产品认证的消防产品,由具有法定资质的认证机构按照国家标准、行业标准的强制性要求认证合格后,方可生产、销售、使用。实行强制性产品认证的消防产品目录,由国务院产品质量监督部门会同国务院公安部门制定并公布。

新研制的尚未制定国家标准、行业标准的消防产品,应当按照国务院产品质量监督部门会同国务院公安部门规定的办法,经技术鉴定符合消防安全要求的,方可生产、销售、使用。

依照本条规定经强制性产品认证合格或者技术鉴定合格的消防产品,国务院公安部门消防机构应当予以公布。

本条主要规定了消防产品的基本要求、市场准入制度和信息公布三个方面的内容。

(1) 关于消防产品基本要求的规定。为了切实维护公共安全,保障人身和财产的安全,消防产品必须符合国家标准;没有国家标准的,必须符合行业标准。"国家标准",是指国务院标准化主管部门制定的,需要在全国范围内统一的技术要求。"行业标准",是指由国务院有关主管部门制定并报国务院标准化主管部门备案的,没有国家标准而又需要在全国某个行业范围内统一的技术要求。本条第一款所说的行业标准主要是指由公安部制定颁布的标准。

消防产品的生产者、销售者、使用者有保证消防产品质量的义务,即禁止生产、销售、使用不合格的消防产品或者国家明令淘汰的消防产品。"不合格的消防产品",是指产品质量不符合国家有关法律、法规规定的质量要求,或者不符合采用的产品标准、产品说明、实物样品或以其他方式表明的质量状况的产品。"国家明令淘汰的消防产品",是指国家及有关行政管理部门依据其职能,对消耗能源、污染环境、毒副作用大、技术明显落后的产品,按照一定的程序,向社会公布自某时起禁止生产、销售和使用的消防产品。

（2）关于消防产品市场准入制度的规定。对纳入强制性产品认证目录的消防产品,实行强制性产品认证制度。该制度的主要特征:①强制性;②合法性;③公开性。对纳入强制性产品认证范围的消防产品,实行目录管理,由国务院产品质量监督部门会同公安部门制定并向社会公布消防产品目录;未纳入目录的,不需要认证机构进行认证。目前,公安部消防产品合格评定中心是我国唯一依法获得资格的消防产品质量认证机构。消防产品质量认证机构接受委托提供消防安全技术服务,并对服务质量负责。

对新研制的尚未制定国家标准、行业标准的消防产品,实行消防产品技术鉴定制度。新研制的消防产品,当时往往没有国家标准或者行业标准,并尚未纳入强制性产品认证目录,不能对该产品实行强制性产品认证,否则不利于消防新产品的推广应用。为鼓励消防新技术研发和消防新产品的推广应用,规定新研制的尚未制定国家标准、行业标准的消防产品,经技术鉴定符合消防安全要求后,方可生产、销售、使用。这为消防新产品的研制和推广应用创造了条件。

（3）关于公安机关消防机构向社会提供符合消防产品市场准入制度的消防产品信息的规定。经强制性产品认证合格或者技术鉴定合格的消防产品,由国务院公安部门消防机构予以公布。公布消防产品信息,往往采取在专业互联网站或其他公共媒体发布公告等广而告之的方式进行,使社会获得信息的机会均等;同时,也引导用户及时、准确地掌握消防产品信息,正确选用符合要求的消防产品。

2. 关于消防技术服务机构及其人员资质、资格以及服务规范的规定

《消防法》第三十四规定,消防产品质量认证、消防设施检测、消防安全监测等消防技术服务机构和执业人员,应当依法获得相应的资质、资格;依照法律、行政法规、国家标准、行业标准和执业准则,接受委托提供消防技术服务,并对服务质量负责。

消防工作的顺利开展,消防事业的成功,既要发挥政府、有关部门的职能作用和社会单位自我管理、全面负责的作用,又要扶持、发展消防技术服务机构,把那些政府管不好也管不了的公共服务项目交给中介组织,发挥其为社会提供公共服务的作用。

目前，我国已经出现的消防技术服务组织有消防产品质量认证、建筑消防设施检测、消防安全监测、电气防火检测、消防安全评估、消防技术咨询、消防行业特有工种职业技能鉴定、火灾物证鉴定机构等。

"消防技术服务执业人员"，是指具有相应的消防技术服务能力和资格，依照有关规定从事消防技术服务活动的专业技术人员。结合消防技术服务的专业特点，并与消防职业技能鉴定制度衔接，执业人员可以划分为两类：一类是专业技术人员，主要是指具有安全类、工程类、信息类、科研类等与消防专业有关的专业技术职称人员，其主要职责是组织管理和贯彻执行法律、行政法规、国家标准、行业标准和执业准则的落实情况，并在结论性文件上签字，具体承担相应的法律责任；另一类是以技能操作为主的人员，主要是指经过消防行业特有工种职业技能鉴定合格或者消防技术服务执业资格考试合格的人员，其主要职责是遵守消防法律、行政法规、国家标准、行业标准，具体承担相应技能操作，依法承担相应责任，如消防设施监控、维修、检测等操作人员。

3.2.7 其他规定

1. 关于承办大型群众性活动应当依法做好消防安全的规定

《消防法》第二十条规定，举办大型群众性活动，承办人应当依法向公安机关申请安全许可，制定灭火和应急疏散预案并组织演练，明确消防安全责任分工，确定消防安全管理人员，保持消防设施和消防器材配置齐全、完好有效，保证疏散通道、安全出口、疏散指示标志、应急照明和消防车通道符合消防技术标准和管理规定。

2007年8月29日国务院第190次常务会议通过、2007年10月1日起施行的《大型群众性活动安全管理条例》第十一条规定，公安机关对大型群众性活动实行安全许可制度。同时，该条例对大型群众性活动举办者、场所管理者和参加大型群众性活动的人员有关消防安全方面的要求做出了明确规定。按照《大型群众性活动安全管理条例》以及本条规定，举办大型群众性活动之前，承办人应当依法向公安机关申请安全许可。同时，要制定灭火和应急疏散预案并组织演练，明确消防安全责任分工，确定消防安全管理人员，保持消防设施和消防器材配置齐全、完好有效，保证疏散通道、安全出口、疏散指示标志、应急照明和消防车通道符合消防技术标准和管理规定，确保大型活动举办期间的消防安全。

2. 关于禁止在具有火灾、爆炸危险的场所吸烟、使用明火和对特种作业的消防要求的规定

《消防法》第二十一条规定，禁止在具有火灾、爆炸危险的场所吸烟、使用明火。因施工等特殊情况需要使用明火作业的，应当按照规定事先办理审批手续，采取相应的消防安全措施；作业人员应当遵守消防安全规定。进行电焊、气焊等具有火灾危险作业的人员和自动消防系统的操作人员，必须持证上岗，并遵守消防安全操作规程。

(1) 对在具有火灾、爆炸危险场所使用明火的特殊规定。由于生产生活中不可避免要使用明火，对确有必要在一些具有火灾、爆炸危险场所使用明火的情况，法律做了特别规定，包括四个方面内容：①必须是因施工等特殊情况需要。②作业单位必须按照规定，经过批准，事先办理审批手续。这里的审批是指单位内部所规定的审批程序。③作业单位应当采取相应的消防安全措施，如安排专人在作业现场监护，确认无火灾、爆炸危险；疏散无关人员；配置有关消防器材等措施。④作业人员必须遵守消防安全规定。这既是申请动用明火时所必备的条件，也是作业人员在动用明火时必须履行的义务。违反本条规定的，应根据本法第六十三条的规定，处警告或者500元以下罚款；情节严重的，处5日以下拘留。

(2) 对电焊、气焊及自动消防系统的操作人员的消防安全特别规定。根据本条规定，必须持证上岗的包括两类人员：一类是"进行电焊、气焊等具有火灾危险作业的人员"，包括电、气焊作业人员等；另一类是"自动消防系统的操作人员"，是指消防控制室的值班操作人员、自动消防系统维护管理人员等。根据有关规定，电、气焊作业人员和自动消防系统的操作人员，应当依照有关规定取得职业资格证书，持证上岗；实施作业时，必须遵守消防安全操作规程，如动火审批、专人看护、清理可燃物等。本款规定对提高特殊岗位人员的消防安全素质，强化消防安全管理，具有重要作用。

【案例解读3-6 在加油站作业产生明火，后果如何？】

2009年5月4日，某消防大队监督检查人员在该县城东一家加油站附近执法时，发现顾某无视易燃易爆危险品场所消防安全规定，在加油站加油岛上部顶棚进行除锈作业时，使用电动钢丝刷除锈，产生明火。如果明火引燃正在加油站内加油的车辆，后果不堪设想。执法人员立即制止其行为，并进行了严厉的批评教育。

该消防大队依据《中华人民共和国消防法》第二十一条第一款的规定，报请县公安局对此案进行审核，当即做出裁决，给予当事人顾某拘留5日的行政处罚，并立即送往县拘留所执行。顾某的行为严重违反了《消防法》第二十一条关于"禁止在具有火灾、爆炸危险的场所吸烟、使用明火"的规定。

3. 关于建筑构件、建筑材料和室内装修、装饰材料的防火性能的规定

《消防法》第二十六条规定，建筑构件、建筑材料和室内装修、装饰材料的防火性能必须符合国家标准；没有国家标准的，必须符合行业标准。人员密集场所室内装修、装饰，应当按照消防技术标准的要求，使用不燃、难燃材料。

我国将建筑构件按其燃烧性能可划分为三类：不燃烧体（用不燃材料做成的建筑构件）、难燃烧体（用难燃材料做成的建筑构件或用可燃材料做成而用不燃材料做保护层的建筑构件）和燃烧体（用可燃材料做成的建筑构件）。建筑材料按其使用功能，可分为建筑装修装饰材料、保温隔声等功能性材料、管道材料等。建筑材料的防火性能一般用建筑材料的燃烧性能来表述。"建筑材料的燃烧性能"，是指其燃烧或遇火时所发生的一切物理和化学变化。我国国家标准《建筑材料及制品燃烧性能分级》（GB 8624）对建筑材料燃烧性能级别进行了具体划分。

室内装修、装饰材料作为建筑材料的一种，其燃烧性能、发烟性能和毒性直接影响室内人员的疏散安全和对火灾的控制。国家标准《建筑内部装修设计防火规范》（GB 50222）对各类建筑顶棚、墙面、地面、隔断以及固定家具、窗帘、帷幕、床罩、家具包布、固定饰物等装修、装饰材料的燃烧性能做出了具体规定。装修材料的燃烧性能等级必须由依法确定的专业检测机构按照国家标准进行检测确定。

4. 关于电器产品、燃气用具的消防安全要求的规定

《消防法》第二十七条规定，电器产品、燃气用具的产品标准，应当符合消防安全的要求。

电器产品、燃气用具的安装、使用及其线路、管路的设计、敷设、维护保养、检测，必须符合消防技术标准和管理规定。

实践中，住宅电气火灾事故的原因，除少数属于违章用电用气外，主要是住宅电气设计、安装、线路、管路的设计、敷设及维护保养、检测不适应实际需要，不符合消防技术标准和管理规定，才导致电力超过负荷、燃气泄漏而引发火灾。为防范此类火灾事故，近年来，国家颁布了一系列有关电器产品、燃气用具的安装、使用及其线路、管路的设计、敷设等消防安全管理规定，如《高层居民住宅楼防火管理规则》《电力设计规范》《城市燃气安全管理规定》《城市煤气设计规范》《输气管道工程设计规范》《燃气燃烧器具安装维修管理规定》和《液化石油气安全管理暂行规定》等。各设计单位、施工单位、建设单位等对有关电器产品、燃气用具的设计、安装、使用及其线路、管路的设计、敷设等应符合上述规定和标准。

【案例解读3-7 电器产品的消防质量标准有何特殊要求？】

1998年1月3日2时15分，吉林省通化市某宾馆（共6层，高20m，面积4200m²）发生火灾，造成24人死亡（跳楼摔死4人）、14人受伤，烧毁建筑 1680m² 及物品一批，直接财产损失 31.6 万元。事后经当地消防机构查明，火灾系该宾馆保安员使用不符合消防安全的电暖器取暖时，长时间离位，电暖器烤燃附近可燃物所致。

1998 年 1 月 31 日 2 时，黑龙江省佳木斯市某商厦（局部 6 层，高 22m，总面积 28600m²）发生火灾，烧死 1 人，烧伤 5 人，烧毁商厦 1~4 楼的大部分商品，过火面积 20000m²，直接财产损失 3638 万元。事后经当地消防机关查明，火灾的发生系该商厦一储蓄所使用的电热管加热器（无温控装置）未切断电源，长时间通电发热，引燃附近可燃物所致。

1999 年 10 月 26 日 7 时 35 分，广东省增城市石滩镇马修村某皮具厂（家庭作坊式工厂）发生火灾，当地消防部门 7 时 40 分接警后紧急出动，于 8 时 15 分将火扑灭，救出 6 名员工。火灾造成 20 人死亡、9 人受伤，过火面积 100m²，直接财产损失 3.6 万元。事后经当地消防机构查明，火灾的发生系电源插座接触不良产生电弧，引燃可燃物所致。

从以上三个火灾消防案例中可以看出，电器产品的不当使用，潜伏着很大的安全隐患，用电时一不小心就有可能导致一场巨大的灾难。而且我国《消防法》也明确规定，电器产品、燃气用具的安装、使用及其线路、管路的设计、敷设、维护保养、检测，必须符合消防技术标准和管路规定。因此，应该谨慎对待各种电器产品。对一些具有特殊性能的电器，需经安全防火职能部门批准后方可使用，并且在使用时要做到有专人把守。

5. 关于火灾公众责任保险的规定

《消防法》第三十三条规定，国家鼓励、引导公众聚集场所和生产、储存、运输、销售易燃易爆危险品的企业投保火灾公众责任保险；鼓励保险公司承保火灾公众责任保险。

大力发展火灾公众责任保险，一方面，可以通过市场化的风险转移机制，用商业手段解决火灾责任赔偿等方面的法律纠纷，可以使受灾企业和群众尽快恢复正常生产生活秩序；另一方面，也可以促进经营者不断提高改善自身消防安全条件的积极性，从而切实保护公民的消防安全权益，是市场经济体制下提高全社会火灾防范水平的重要手段。

本条规定为火灾公众责任保险的发展提供了难得的发展机遇和广阔的发展空间。地方各级人民政府、相关部门和保险业应当充分认识发展火灾公众责任保险对维护公共消防安全的重要作用，看到发展火灾公众责任保险是一项综合性的系统工程，不仅需要保险业自身的努力，更需要政府以及相关部门和社会各界的支持与参与，运用法律、行政、经济、文化等多种手段，引导公众聚集场所和生产、储存、运输、销售易燃易爆危险品的企业和保险公司坚持以人为本，把经济效益和社会责任有机地结合起来，大力发展火灾公众责任保险。

【案例解读3-8 什么是火灾公众责任保险?】

某市一商厦发生火灾，造成了多人死伤的惨剧，同时造成了巨大的经济损失。由此引出一个问题：火灾损失到底应该由谁赔偿？

近年来，一些地方发生群死群伤火灾事故后，往往赔偿、补偿不到位。推行火灾公众责任保险是解决这类问题的一项新措施。《消防法》第三十三条规定："国家鼓励、引导公众聚集场所和生产、储存、运输、销售易燃易爆危险品的企业投保火灾公众责任保险；鼓励保险公司承保火灾公众责任保险。"通过立法鼓励公众聚集场所和易燃易爆危险品相关企业参加火灾公众责任保险，一旦发生火灾，保险公司将承担赔偿责任。

3.3 消防组织的规定

《消防法》在消防组织方面规定了建立多种形式消防组织的原则，建立公安消防队、专职消防队和志愿消防队的要求和责任，消防队的基本任务，公安机关消防机构与专职消防队、志愿消防队的法律关系等，以保证一旦发生火灾和其他灾害事故时能够迅速有效地施救，增强火灾扑救和应急救援能力，并且以"志愿消防队"取代了原先的"义务消防队"。

3.3.1 政府的消防工作职责

1. 关于加强消防组织建设的规定

《消防法》第三十五条规定，各级人民政府应当加强消防组织建设，根据经济社会发展的需要，建立多种形式的消防组织，加强消防技术人才培养，增强火灾预防、扑救和应急救援的能力。

消防组织的形式主要有公安消防队、专职消防队和志愿消防队等。其中，作为消防队伍主力军的公安消防队，是由公安机关组建的主要负责火灾预防、火灾扑救和应急救援的军事化部队。它既是公安机关的一个重要警种，又是中国人民武装警察部队序列的一支现役部队。专职消防队是地方人民政府或者企事业单位建立的一种消防组织。志愿消防队则由乡镇人民政府、机关、团体、企业、事业单位以及村民委员会、居民委员会根据需要建立，并由职工或者村民、居民组成。我国地域宽广，不同地区之间发展不平衡，并且公安消防队现役编制有限，难以承担所有的火灾预防、扑救以及应急救援工作，尤其是火灾预防工作。因此，各级政府应当从本地实际情况出发，因地制宜地建立多种形式的消防组织。

《消防法》中将消防组织的建设目标扩大为三项能力："增强火灾预防、扑救和应急救援的能力"。①增强火灾预防能力。火灾预防工作是消防工作的首要任务，也是重中之重。要想从根源上防止火灾的发生，把损失降到最低，必须消除火灾发生的隐患，做好最初的预防工作。②增强火灾扑救能力。这是消防工作最基本的内容，也是对消防组织最重要的要求。各种消防组织应当一以贯之，持续做好火灾扑救工作，并努力不断提升灭火效率。③增强应急救援能力。这是现代社会新形势下对消防组织提出的新要求。结合《消防法》第三十七条规定，消防组织需要进一步提高应急救援能力，以最大限度维护国家和人民的利益。

2. 关于建立消防组织的规定

《消防法》第三十六条规定，县级以上地方人民政府应当按照国家规定建立公安消防队、专职消防队，并按照国家标准配备消防装备，承担火灾扑救工作。乡镇人民政府应当根据当地经济发展和消防工作的需要，建立专职消防队、志愿消防队，承担火灾扑救工作。

（1）关于公安消防队、专职消防队建设的有关要求。根据上述规定，县级以上地方各级人民政府应制定与城乡经济社会发展相适应的城乡消防公共设施建设规划，将消防站的建设纳入城乡规划，按照《城市消防站建设标准》和《中华人民共和国城乡规划法》等有关规定，科学规划、合理选址、筹措资金、征地建设、注重构成、健全功能、配齐装备、配强人员，切实抓好公安消防队和专职消防队的建设。在此过程中，要特别注重按照《城市消防站建设标准》的标准和要求，抓好消防车辆、灭火器材、抢险救援器材、基本防护装备、特种防护装备、通信装备、训练器材、备用器材的配备，不断增强公安消防队、专职消防队火灾扑救和应急救援能力，更好地保卫国家和人民群众的生命财产安全。

（2）关于乡镇专职消防队、志愿消防队建设的有关要求。按照本条规定，乡镇人民政府要根据当地经济发展和消防工作的需要，结合本地实际，参照《城市消防站建设标准》，在乡镇建立多种形式的专职消防队，配备相应的车辆器材装备，承担本地区的火灾扑救工作，并加强日常管理和建设，使之不断发展壮大。为了弥补公安消防警力无法全面覆盖乡镇、专职消防队无法满足广大农村消防安全需要的不足，农村、乡镇地区要大力发展志愿消防队，参照《城市消防站建设标准》，配备相应的车辆器材工具，承担本地区的火灾扑救工作，开展群众性自防自救工作，并加强日常管理和建设，充分发挥其作用。

3.3.2 公安机关消防机构的工作职责

1. 关于公安消防队、专职消防队参加应急救援工作的规定

《消防法》第三十七条规定，公安消防队、专职消防队按照国家规定承担重大灾害事故和其他以抢救人员生命为主的应急救援工作。

在世界范围，各国虽然国情和国家体制不同，应急救援力量的组建形式和管理体制也不同，但是以消防队伍为主要力量来承担各类灾害事故应急救援任务，是世界大多数国家应急救援力量建设与发展的通常做法。欧洲各国把消防队伍作为承担火灾扑救、抢险救援、医疗急救和民防"四位一体"职能的应急救援力量；美国的消防队伍承担了危及公共安全的灾害事故、突发事件和人员遇险的应急救援职能；亚洲的日本、韩国、新加坡等国，以及我国的香港、澳门、台湾地区，也都把消防队伍作为综合性救援专业队伍。在我国，多年来，公安消防队伍实际上已经承担了许多灾害事故的抢险救援工作，已成为我国重大灾害事故应急救援的一支主力和突击队。

2. 关于公安消防队、专职消防队队伍建设的规定

《消防法》第三十八条规定，公安消防队、专职消防队应当充分发挥火灾扑救和应急救援专业力量的骨干作用；按照国家规定，组织实施专业技能训练，配备并维护保养装备器材，提高火灾扑救和应急救援的能力。

公安消防队是公安机关领导下的一支现役部队，而专职消防队在工作性质、任务上与公安消防队基本相同。因此，在消防人员素质、装备器材、专项培训等方面，公安消防队、专职消防队相较其他形式消防组织更具备专业优势，应当在火灾扑救和应急救援工作中发挥骨干作用。公安消防队、专职消防队应依法通过各种方式提高火灾扑救和应急救援的能力：①按照国家规定组织实施专业技能训练；②按照国家规定配备并维护保养装备器材。

3. 关于专职消防队的组建和队员福利的规定

《消防法》第四十条规定，专职消防队的建立，应当符合国家有关规定，并报当地公安机关消防机构验收。

专职消防队的队员依法享受社会保险和福利待遇。

本条所指的"专职消防队的建立"，不仅包括各级地方人民政府建立的专职消防队，也包括企业、事业单位专职消防队。无论是政府专职消防队还是企业专职消防队，都应当按照《城市消防站建设标准》和《中华人民共和国城乡规划法》，科学规划、合理选址、筹措资金、征地建设、注重构成、健全功能、配齐装备、配强人员。在专职消防队建设完成后，要按照程序报请当地公安机关消防机构，依据标准对消防站项目构成与功能、营房设施、车辆配备、器材配备、人员编配、训练场地和器材等进行全面验收，并对管理制度、队员条件、经费保障等建队质量方面是否符合公安部等五部委《关于加强多种形式消防队伍建设发展的意见》等规定，一并进行检查验收，以保证其具有一定的战斗力。经验收合格，能够满足专职消防队执勤需要和工作生活基本条件的，其人员着装符合国家规定的专职消防人员制式服装的，正式投入执勤。

4. 关于公安消防队与专职消防队、志愿消防队关系的规定

《消防法》第四十二条规定，公安机关消防机构应当对专职消防队、志愿消防队等消防组织进行业务指导；根据扑救火灾的需要，可以调动指挥专职消防队参加火灾扑救工作。

公安机关消防机构对专职消防队、志愿消防队有业务指导权和指挥调动权，这是由公安机关消防机构的性质、地位及其承担的任务所决定的。它包括两个方面：一是在平时，公安机关消防机构对专职消防队、志愿消防队进行业务指导，帮助其建立健全各项规章制度，推动其健康规范建设发展，提高整体业务水平，不断提升其整体作战能力；二是在火灾扑救战斗中，公安机关消防机构实施统一指挥，调动专职消防队协同配合公安消防队参加火灾扑救战斗，更好地发挥灭火力量的整体作用，增强整个社会抗御火灾的能力。

3.3.3 单位的消防工作职责

1. 关于需要建立专职消防队的单位的规定

《消防法》第三十九条规定，下列单位应当建立单位专职消防队，承担本单位的火灾扑救工作：①大型核设施单位、大型发电厂、民用机场、主要港口；②生产、储存易燃易爆危险品的大型企业；③储备可燃的重要物资的大型仓库、基地；④第一项、第二项、第三项规定以外的火灾危险性较大、距离公安消防队较远的其他大型企业；⑤距离公安消防队较远、被列为全国重点文物保护单位的古建筑群的管理单位。

第一类是大型核设施单位、大型发电厂、民用机场、主要港口。根据我国《放射性污染防治法》的有关规定，"核设施"包括：核动力厂（核电厂、核热电厂、核供汽供热厂等）和其他反应堆（研究堆、实验堆、临界装置等）；核燃料的生产、加工、储存和后处理设施；放射性废物的处理和处置设施等。"大型发电厂"的判断标准，可以参照国务院办公厅 2007 年 9 月颁布的《关于开展重大基础设施安全隐患排查工作的通知》规定的"重要电力设施"的判断标准。该通知规定，火力发电厂单机容量 30 万 kW 以上或规划容量 80 万 kW 以上的，水电站装机容量 30 万 kW 以上或水库总容积 1 亿 m^3 以上的，为重要电力设施。"民用机场"的范围根据《民用航空法》的相关规定，包括专供民用航空器起飞、降落、滑行、停放以及进行其他活动使用的划定区域，包括附属的建筑物、装置和设施，但不包括临时机场。根据港口法有关规定，"主要港口"是指地理位置重要、吞吐量较大、对经济发展影响较广的港口。主要港口名录由国务院交通主管部门征求国务院有关部门意见后确定并公布。这类单位多为国家大中型企业，生产效益占国民生产总值比重大，对国家经济运行影响大，也与百姓生活密切相关，一旦发生火灾或灾害事故，很可能造成重大人员伤亡、重大经济损失、重大政治影响。

第二类是生产、储存易燃易爆危险品的大型企业。由于这类企业数量多、分布广，其生产、储存物品具有特殊性、专业性、危险性，且运输、生产、储存过程中危险环节多，所以发生问题的概率相对较高。而这类单位一旦发生火灾或灾害事故，极易演变为重特大火灾或灾害事故，危害大且难以扑救和处置。

第三类是储备可燃的重要物资的大型仓库、基地。这主要是指储存粮食、棉花、石油、煤炭、药品等具有可燃性的重要物资的大型仓库、基地。这类单位大量危险物资聚集，且品种繁杂、种类较多、危险性极高，一旦发生火灾或其他灾害事故，扑救和处置难度大。

第四类是除前三类以外的火灾危险性较大、距离公安消防队较远的其他大型企业。这类企业包括多个行业、不同管理部门，具有不同的火灾和灾害事故特点，如粮食加工、酿酒、制糖、造纸、纺织、制衣、烟草等企业，火灾危险性较大，且可能距离公安消防队较远，不在公安消防队辖区最大保护面积 $15km^2$ 的范围内，公安消防队接到出动指令后不能在 5min 内到达，一旦发生火灾，难以得到及时有效的扑救。

第五类是距离公安消防队较远、被列为全国重点文物保护单位的古建筑群的管理单位。"古建筑群"是指在某一地域比较集中的若干古建筑物，而不是指某一单一的古建筑物。

2. 关于建立志愿消防队的规定

《消防法》第四十一条规定，机关、团体、企业、事业等单位以及村民委员会、居民委员会根据需要，建立志愿消防队等多种形式的消防组织，开展群众性自防自救工作。

本条所规定的"消防组织"，是指机关、团体、企业、事业等单位以及村民委员会、居民委员会根据本单位、本地区自防自救的需要，针对保卫对象灭火救援需要配备灭火器材装备，由职工或者村民、居民组成，主要承担本单位、本地区防火、火灾扑救工作的民间消防组织。"根据需要"，是指根据本单位、本区域防火自救工作的需要。一般来说，如果当地公安消防队力量不足或者没有公安消防队，而该单位又不属于应当建立专职消防队的单位，为了预防和扑救火灾，可以建立志愿消防队等多种形式的消防组织，开展群众性自防自救工作。

3.4 灭火救援的规定

在灭火救援方面，《消防法》规定了县级以上地方人民政府组织制定应急预案，建立应急反应和处置机制的职责，发现火灾时公民的报警及为报警提供便利的义务，接到火警后消防队的责任，扑救火灾时有关地方人民政府、公安机关消防机构的职责，消防车（艇）执行灭火、应急救援任务时的交通特别行驶权和消防人员、装备、物资的优先运输权,对因参加火灾扑救或应急救援工作而受伤、致残或者死亡的人员的医疗、抚恤等内容,为灭火救援工作提供了法律保障。

3.4.1 政府的消防工作职责

1. 关于县级以上地方人民政府在灭火救援方面的职责规定

《消防法》第四十三条规定,县级以上地方人民政府应当组织有关部门针对本行政区域内的火灾特点制定应急预案,建立应急反应和处置机制,为火灾扑救和应急救援工作提供人员、装备等保障。

火灾的发生具有突发性,为了能在最短时间内最大限度地减少人员伤亡和财产损失,就必须快速反应,利用一切社会资源,协调一致地行动,及时采取有效措施。因此,平时就必须制定出完善的应急预案,明确各相关部门灭火救援中的责任,组织开展实战演练,切实掌握灭火救援的主动权。本条所说的"应急预案",是指以突发火灾事件应急响应全过程为主线,明确突发火灾事件预测、预警、报警、接警、处置、结束、善后和灾后重建等环节的主管部门、协作部门、参与单位及其职责的措施总称。应急预案的制定是建立全社会应急救援机制的重要标志,所制定预案的针对性、有效性是政府应急管理水平和能力的重要体现,对提高全社会处置火灾的能力、提高全社会防范火灾的意识具有重要的意义。

《突发事件应对法》第十七条规定,地方各级人民政府和县级以上地方各级人民政府有关部门根据有关法律、法规、规章、上级人民政府及其有关部门的应急预案以及本地区的实际情况,制定相应的突发事件应急预案。《消防法》通过本条进一步从法律上明确了县级以上地方人民政府组织制定灭火救援应急预案、建立应急反应和处置机制的主体责任。本条中的"县级以上地方人民政府",是指省、自治区、直辖市、自治州、县、自治县、市、市辖区的人民政府,不包括中央人民政府(即国务院)和乡、民族乡、镇的人民政府。县级以上地方人民政府应当组织有关部门,包括公安机关消防机构、医疗卫生、交通、环保、公安、安全生产监督管理等部门,针对本行政区域内的火灾特点,制定应急预案。县级以上地方人民政府还应当加强消防组织建设,按照国家规定建立公安消防队、专职消防队,并且按照国家标准配备消防装备,为火灾扑救和应急救援工作提供人员、装备等保障。

2. 关于县级以上地方人民政府领导在应急救援工作方面的职责规定

《消防法》第四十六条规定,公安消防队、专职消防队参加火灾以外的其他重大灾害事故的应急救援工作,由县级以上人民政府统一领导。

在第三十七条中规定了"公安消防队、专职消防队依照国家规定承担重大灾害事故和其他以抢救人员生命为主的应急救援工作"。火灾以外的其他重大灾害事故的应急救援工作政策性强、危险性大，需要社会救援力量多，涉及的部门广，有的甚至需要跨地区进行大规模救援，如果处理不当，会造成更大的损失和一定的政治与社会影响。这类重大灾害事故的应急救援，一般由当地人民政府直接指挥实施。因此，公安消防队作为应急救援的主体力量，应当服从有关地方人民政府的调配和安排，在其统一领导下进行应急救援。公安消防队现场最高指挥员及相关人员应当参加由地方政府和公安机关以及相关部门领导组成的应急救援总指挥部的组织指挥工作。

3. 关于专职消防队、志愿消防队扑救火灾补偿的规定

《消防法》第四十九条第二款规定，单位专职消防队、志愿消防队参加扑救外单位火灾所损耗的燃料、灭火剂和器材、装备等，由火灾发生地的人民政府给予补偿。

单位专职消防队、志愿消防队主要是以保卫本单位、本地区消防安全为主要任务，其业务训练、器材装备等经费均由本单位或本地区居民承担，属非营利性的组织机构。当这些队伍参加扑救外单位火灾后，对其损耗予以一定的补偿合乎情理，有利于这些队伍的长远建设发展，有利于区域消防队伍联防协作。根据本条规定，补偿的是其参加灭火所损耗的燃料、灭火剂和器材、装备等。"燃料"是指消防车（艇）出动所消耗的油料；"灭火剂"主要是指泡沫灭火剂、干粉灭火剂等；"器材、装备"是指消防车（艇）的随车器材装备、消防员防护装备等。本条新增加"由火灾发生地的人民政府给予补偿"，明确了补偿责任主体。各地可根据此条款，根据本地实际情况，制定相应的申报补偿程序、补偿标准等规定和办法。

4. 关于因扑救火灾和应急救援而受伤、致残或者死亡人员医疗、抚恤事项的规定

《消防法》第五十条规定，对因参加扑救火灾或者应急救援受伤、致残或者死亡的人员，按照国家有关规定给予医疗、抚恤。

对因参加扑救火灾或应急救援受伤、致残或者死亡的现役军官和士兵，其医疗按照相关规定办理，一般来说，伤残等级为二等乙级以上（含二等乙级）的，享受公费医疗待遇，其残疾和死亡抚恤优待按照《军人抚恤优待条例》办理。对因参加扑救火灾或应急救援受伤、致残或者死亡的国家机关工作人员、人民警察，其医疗按照相关规定办理，享受公费医疗待遇，抚恤参照《军人抚恤优待条例》执行。对因参加扑救火灾或应急救援受伤、致残和死亡的其他人员，其医疗、抚恤待遇由起火单位或者所在单位按照国家有关规定办理，如果起火单位对起火没有责任的，或者确实无力负担的，由当地人民政府按照规定办理。在养伤期间或者丧失劳动能力的，由起火单位或者当地人民政府给予生活保障。对因参加扑救火灾或应急救援牺牲人员,根据《革命烈士褒扬条例》的规定,应当追认烈士的,由有关部门办理手续和予以抚恤。

3.4.2　公安机关消防机构的工作职责

1. 关于公安机关消防机构在灭火救援方面职责的规定

《消防法》第四十五条规定,公安机关消防机构统一组织和指挥火灾现场扑救,应当优先保障遇险人员的生命安全。

火灾现场总指挥根据扑救火灾的需要,有权决定下列事项:①使用各种水源;②截断电力、可燃气体和可燃液体的输送,限制用火用电;③划定警戒区,实行局部交通管制;④利用邻近建筑物和有关设施;⑤为了抢救人员和重要物资,防止火势蔓延,拆除或者破损毗邻火灾现场的建筑物、构筑物或者设施等;⑥调动供水、供电、供气、通信、医疗救护、交通运输、环境保护等有关单位协助灭火救援。

根据本条规定,火灾现场扑救工作在公安机关消防机构到场后,由公安机关消防机构统一组织和指挥。在组织指挥火灾扑救时,应坚持"救人第一"的指导思想,优先保障遇险人员的生命安全,把保护人民群众生命安全作为事故处置的首要任务,体现了"以人为本"思想。火灾扑救工作涉及面广、专业性强、时间紧迫、参战力量多,这就要求必须高效率地调动人力、物力,有条不紊地组织施救,不容懈怠和失误。为了有效灭火,由公安机关消防机构实施统一的组织和指挥,确保统一行动、步调一致。根据本条规定,火灾现场总指挥根据火灾扑救的需要,有权决定上述六项事项。另外,如果是扑救火灾的紧急需要,不论是不是特大火灾,有关地方人民政府都应当充分发挥作用,调动社会相关资源,迅速组织有关部门和有关人员,调集物资,以保障灭火工作顺利进行。

2. 关于公安机关消防机构和消防装备、物资在交通运输方面权力的规定

《消防法》第四十七条规定,消防车、消防艇前往执行火灾扑救或者应急救援任务,在确保安全的前提下,不受行驶速度、行驶路线、行驶方向和指挥信号的限制,其他车辆、船舶以及行人应当让行,不得穿插超越;收费公路、桥梁免收车辆通行费。交通管理指挥人员应当保证消防车、消防艇迅速通行。

赶赴火灾现场或者应急救援现场的消防人员和调集的消防装备、物资,需要铁路、水路或者航空运输的,有关单位应当优先运输。

消防车、消防艇所执行的任务的性质决定了其在发生灾害时必须分秒必争,迅速赶到现场,尽可能地减少人员伤亡和财产损失。"不受行驶速度、行驶路线、行驶方向和指挥信号的限制",是指消防车、消防艇接到出动任务后,不受公安交通管理部门规定的交通规则的限制,可以超速行驶,可以使用平时不允许使用的道路或水域，可以逆行，可以不受红绿灯的限制。消防车、消防艇应当设置交通警示装置，当接警出动时，应当向道路上车辆和行人或水域上的船只显示。需要注意的是，消防车、消防艇不受交通限制的前提是要保证交通安全，而不是可以不顾交通安全地任意违反交通规则。

"其他车辆、船舶以及行人应当让行，不得穿插超越"，是指消防车、消防艇在接警出动途中，其他任何非抢险救援的车辆、船舶以及行人应当主动让行，不得占道、抢行、穿插和超越。《道路交通安全法》第五十三条也规定，消防车执行紧急任务时，在确保安全的前提下，不受行驶路线、行驶方向、行驶速度和信号灯的限制，其他车辆和行人应当让行。过去，各地收费公路、桥梁对公安消防队执行任务的消防车、消防艇是免收通行费的，而有些地方对专职消防队执行任务的消防车、消防艇是收取通行费或收取完成任务后返程的通行费的。《消防法》第一次以法律的形式规定收费公路、桥梁对所有执行任务的消防车、消防艇免收通行费。

3. 关于消防车、消防艇以及消防器材、装备和设施实行专用制度的规定

《消防法》第四十八条规定，消防车、消防艇以及消防器材、装备和设施，不得用于与消防和应急救援工作无关的事项。

为了使各种消防车辆和消防器材、装备处于战备状态，保证完整好用，公安消防队、专职消防队要依据相关规定，经常进行维护保养，保证随时出动；同时，要进行统一登记和管理，逐级负责，专人保管，严格执行各项管理制度。机关、团体、企业事业单位应当根据《消防法》的规定，对消防器材和各种消防设施定期组织检验、维修，确保消防器材和设施完好有效。"不得用于与消防和应急救援工作无关的事项"，是指不得将上述车辆以及器材、装备和设施用于非消防和应急救援工作方面的其他事项。例如，用消防车辆为花卉等浇水、将消防通信设施用于个人事务等。对擅自将消防车辆、器材、装备、设施挪作他用的个人和单位，必须严肃处理；造成严重后果的，要追究相关人员的责任。

4. 关于火灾事故调查处理的规定

《消防法》第五十一条规定，公安机关消防机构有权根据需要封闭火灾现场，负责调查火灾原因，统计火灾损失。公安机关消防机构根据火灾现场勘验、调查情况和有关的检验、鉴定意见，及时制作火灾事故认定书，作为处理火灾事故的证据。

（1）公安机关消防机构的火灾事故调查职责。具体如下：

1）负责调查火灾原因。调查火灾原因是公安机关消防机构的一项重要职责，主要通过现场询问、现场勘察、技术鉴定、模拟实验等工作来调查。

2）统计火灾损失。火灾损失包括火灾事故所造成的人员伤亡、受灾户数和财产损失等。其中，火灾财产损失又分为直接财产损失和间接财产损失。前者是指被烧毁、烧损、烟熏和灭火中破拆、水渍以及因火灾引起的污染等所造成的损失；后者是指因火灾而停工、停产、停业所造成的损失，以及现场施救、善后处理费用。

公安机关消防机构有权根据火灾事故调查的需要，采取各种方式来封闭火灾现场，包括划定保护范围、布置警戒线、设岗看守、设置禁止进入火灾现场的警告标志和障碍物等，控制或禁止人员、车辆出入，以保障火灾事故调查工作的顺利进行。

（2）公安机关消防机构依法制作火灾事故认定书。火灾事故认定书是处理火灾事故的证据，应当由公安机关消防机构根据火灾现场勘验、调查情况和有关的检验、鉴定意见来及时制作出。制作火灾事故认定书也是公安机关消防机构的一项法定职责。

3.4.3 单位和个人的消防工作职责

1. 关于单位和个人在灭火救援方面义务和职责的规定

《消防法》第四十四条规定，任何人发现火灾都应当立即报警。任何单位、个人都应当无偿为报警提供便利，不得阻拦报警。严禁谎报火警。

人员密集场所发生火灾，该场所的现场工作人员应当立即组织、引导在场人员疏散。

任何单位发生火灾，必须立即组织力量扑救。邻近单位应当给予支援。

消防队接到火警，必须立即赶赴火灾现场，救助遇险人员，排除险情，扑灭火灾。

（1）关于报告火警的义务。"立即报警"，是指立即直接地或者运用最有效、便捷的通信交通工具向公安机关消防机构或者有关部门报告。这种规定是世界各国消防法律规定的通例。公民在报告火警时，为了使消防队能够迅速到达火场，应讲清起火单位的名称、地址，燃烧物性质，有无被困人员，有无爆炸和毒气泄漏，火势情况、报警人的姓名、电话号码等，并说明起火部位及附近有无明显的标志，然后派人到路口迎候消防车。

"无偿为报警提供便利"，是指为报警人提供报警所需要的通信、交通或者其他便利时，不得收取费用或者报酬。"不得阻拦报警"，是指对报警人的报警行为不得以任何借口和理由加以阻止。根据电信部门的规定，拨打火警电话不得收取任何费用。这是我国长期以来的一贯做法，也是国际惯例。

"谎报火警"，是指故意编造火灾情况或者明知是虚假的火灾信息而向公安机关或公安机关消防机构报告的一种制造混乱的行为。对谎报火警的行为，根据《消防法》第六十二条的规定，依照《治安管理处罚法》的规定进行处罚。

（2）关于人员密集场所发生火灾时现场工作人员的义务。人员密集场所发生火灾，极易造成大量人员伤亡。而人员密集场所的工作人员熟悉本单位地势地形、消防设备、设施、疏散通道等。因此，当火灾发生时，人员密集场所的现场工作人员应积极组织、引导在场人员疏散，这对减少火灾可能造成的人员伤亡起着十分重要的作用。"现场工作人员"，是指发生火灾时该场所所有在场的工作人员，包括在场的负责人、管理人员、保安人员、服务人员等。

（3）关于自救与支援。发生火灾的单位除了应当立即报警外，还必须立即组织力量扑救火灾，及时抢救人员生命和公私财产。与此同时，发生火灾单位的邻近单位应当对发生火灾的单位给予必要的人力、物力等方面的支援，如提供水源、灭火器材、工具以及人员等。

（4）关于消防队接警出动及其到达火场后的任务。消防队接到火警，必须立即赶赴火灾现场，救助遇险人员，排除险情，扑灭火灾。本款所说的消防队包括公安消防队、专职消防队和志愿消防队。消防队接警出动后，应当选择最近路线，迅速、准确、安全地赶赴火场；途中要随时了解火场情况，做好扑救火灾的准备工作。如途中遇有另一起火灾发生，应留下部分人员组织扑救，另一部分人员继续前往原火场；同时，立即向上级报告，请求增援。到达火场后应立即进行以下工作：救助遇险人员，排除险情，扑灭火灾。其中，救助遇险人员是第一位的，灭火救援必须坚持救人第一的指导思想。

2. 关于单位和个人在火灾事故调查方面义务和职责的规定

《消防法》第五十一条规定，火灾扑灭后，发生火灾的单位和相关人员应当按照公安机关消防机构的要求保护现场，接受事故调查，如实提供与火灾有关的情况。

发生火灾单位和相关人员应做到以下两点：

（1）按照公安机关消防机构的要求保护现场。火灾现场是火灾发生、发展和熄灭过程的真实情景记录，是公安机关消防机构调查认定火灾原因的物质载体。只有保护好火灾现场，火灾调查人员才能发现、提取到客观、真实、有效的火灾痕迹、物证，才能确保火灾原因认定的准确性。

（2）接受事故调查，如实提供与火灾有关的情况。发生火灾的单位和个人要积极配合、协助公安机关消防机构调查火灾事故，为调查工作提供便利。具体包括：接受火灾调查人员询问，配合现场勘验及提取痕迹、物证，提供单位或起火场所的基本情况，消防安全责任制落实情况，发现火灾、报警、组织扑救和疏散人员情况，及时向公安机关消防机构申报火灾直接财产损失情况等。

3.5 监督检查的规定

这里所说的"监督检查"，泛指政府或者有关部门对监督对象遵守消防法律、法规，履行消防安全职责的情况所进行的监督检查，既包括政府部门对机关、团体、企业、事业等单位遵守消防法律、法规情况的检查，也包括政府对所属各部门，以及上级部门对下级部门履行消防安全职责情况的检查。

《消防法》在监督检查方面分别规定了地方各级人民政府对本级人民政府有关部门履行消防安全职责情况的监督检查，县级以上地方人民政府有关部门根据本系统的特点开展的消防安全检查，公安机关消防机构以及公安派出所依法对机关、团体、企业、事业等单位遵守消防法律、法规情况进行的监督检查，规定了公安机关消防机构对监督检查中发现的火灾隐患的处理要求，还规定了对公安机关消防机构及其工作人员实施消防监督管理行为的原则要求和具体禁止性要求以及接受执法监督的要求。

3.5.1 政府的消防工作职责

《消防法》第五十二条规定，地方各级人民政府应当落实消防工作责任制，对本级人民政府有关部门履行消防安全职责的情况进行监督检查。

县级以上地方人民政府有关部门应当根据本系统的特点，有针对性地开展消防安全检查，及时督促整改火灾隐患。

根据《消防法》规定，地方人民政府应当依法履行下列消防工作职责：

（1）将消防工作纳入国民经济和社会发展计划，保障消防工作与经济社会发展相适应。

（2）组织开展经常性的消防宣传教育，提高公民的消防安全意识。

（3）鼓励、支持消防科学研究和技术创新，推广使用先进的消防和应急救援技术、设备；鼓励、支持社会力量开展消防公益活动。

（4）对在消防工作中有突出贡献的单位和个人，应当按照国家有关规定给予表彰和奖励。

（5）将包括消防安全布局、消防站、消防供水、消防通信、消防车通道、消防装备等内容的消防规划纳入城乡规划，并负责组织实施。

（6）加强对农村消防工作的领导，采取措施加强公共消防设施建设，组织建立和督促落实消防安全责任制。

（7）在农业收获季节、森林和草原防火期间、重大节假日期间以及火灾多发季节组织开展有针对性的消防宣传教育，采取防火措施，进行消防安全检查。

（8）乡镇人民政府、城市街道办事处应当指导、支持和帮助村民委员会、居民委员会开展群众性的消防工作。

（9）加强消防组织建设，根据经济社会发展的需要，建立多种形式的消防组织，加强消防技术人才培养，增强火灾预防、扑救和应急救援的能力。

（10）县级以上地方人民政府应当按照国家规定建立公安消防队、专职消防队,并按照国家标准配备消防装备,承担火灾扑救工作。乡镇人民政府应当根据当地经济发展和消防工作的需要,建立专职消防队、志愿消防队,承担火灾扑救工作。

(11) 县级以上地方人民政府应当组织有关部门针对本行政区域内的火灾特点制定应急预案,建立应急反应和处置机制,为火灾扑救和应急救援工作提供人员、装备等保障。

(12) 落实消防工作责任制,对本级人民政府有关部门履行消防安全职责的情况进行监督检查。

(13) 对城乡消防安全布局、公共消防设施不符合消防安全要求或者影响公共安全的重大火灾隐患,组织或者责成有关部门、单位采取措施,予以整改。

各有关部门应主动开展消防安全检查工作,认真总结经验教训,根据本系统消防工作的特点和难点,主动、有针对性地开展检查工作。一旦在检查中发现火灾隐患,应当立即督促有关单位和个人进行整改,及时消除隐患。

3.5.2 公安机关消防机构的工作职责

1. 关于公安机关消防机构和派出所的检查职责及履行职责程序的规定

《消防法》第五十三条规定,公安机关消防机构应当对机关、团体、企业、事业等单位遵守消防法律、法规的情况依法进行监督检查。公安派出所可以负责日常消防监督检查、开展消防宣传教育,具体办法由国务院公安部门规定。

公安机关消防机构、公安派出所的工作人员进行消防监督检查,应当出示证件。

公安机关消防机构是公安机关内具体负责消防工作的机构,是进行消防工作的专业机构,承担着对机关、团体、企业、事业等单位的消防安全工作实施监督检查的法定职责。公安机关消防机构监督检查的对象是机关、团体、企业、事业等单位,监督检查的内容是其遵守消防法律、法规的情况,主要涉及:被检查单位的建筑物或者场所是否依法通过公安机关消防机构的消防设计审核、消防验收、消防安全检查;建筑物的使用性质是否符合规定;疏散通道、安全出口、疏散指示标志、应急照明、消防车通道、防火防烟分区、防火间距是否符合规定;消防设施运行、消火栓状况以及灭火器材配置是否符合规定;消防控制室的值班操作人员是否持证上岗等。公安机关消防机构进行监督检查的形式主要有五种:①对单位进行监督抽查;②对公众聚集场所在投入使用、营业前进行消防安全检查;③对具有火灾危险的大型群众性活动在举办前进行消防安全检查;④对举报、投诉的消防违法行为进行查处;⑤根据需要进行的其他消防监督检查。

2. 关于公安机关消防机构在发现火灾隐患时应采取措施的规定

《消防法》第五十四条规定,公安机关消防机构在消防监督检查中发现火灾隐患的,应当通知有关单位或者个人立即采取措施消除隐患;不及时消除隐患可能严重威胁公共安全的,公安机关消防机构应当依照规定对危险部位或者场所采取临时查封措施。

(1) 公安机关消防机构在消防监督检查中发现火灾隐患的,应当通知有关单位或者个人立即采取措施消除隐患。

"火灾隐患",是指明显存在的或者潜在的可能引起火灾的各种成因和情况,绝大多数是因为违反消防法规、消防技术标准造成的。发现火灾隐患,公安机关消防机构必须及时通知有关单位或者个人立即采取措施消除隐患,同时对造成火灾隐患的违法行为,还应当依照《消防法》的规定予以行政处罚。有关单位应当积极配合并及时采取措施。采取的措施必须是必要和有效的,必须符合公安机关消防机构提出消除火灾隐患的具体要求,不能讲条件。

(2) 不及时消除隐患可能严重威胁公共安全的,公安机关消防机构应当依照规定对危险部位或者场所采取临时查封措施。

《消防法》赋予了公安机关消防机构采取临时查封措施的权力,这可以加强它们对火灾隐患监督检查的责任力度。有些火灾隐患如不及时采取措施予以消除,将会酿成火灾,造成不可避免的损失。特别是有些火灾隐患的存在,已经对公共安全构成了严重威胁,随时都有发生火灾的可能,公安机关消防机构如不及时采取紧急查封措施,就不足以消除这种危险。所以,赋予公安机关消防机构采取紧急查封的权力是完全必要的。"对危险部位或者场所采取临时查封措施",是一种临时性的行政强制措施,而不是行政处罚。采取查封措施的部位或场所,未经允许,单位不得擅自启用。采取临时查封措施,必然会影响到有关场所和部位的正常使用。因此,采取临时查封措施必须慎重,其适用情形只能是"不及时消除隐患可能严重威胁公共安全的",而且,采取临时查封措施在达到消除危险目的的情况下,要尽可能减少对当事人造成的不利影响。总之,采取查封措施是手段,积极采取相应的措施消除现存的火灾隐患才是真正的目的。

3. 关于公安机关消防机构在监督检查中报告职责及反馈情况的规定

《消防法》第五十五条规定,公安机关消防机构在消防监督检查中发现城乡消防安全布局、公共消防设施不符合消防安全要求,或者发现本地区存在影响公共安全的重大火灾隐患的,应当由公安机关书面报告本级人民政府。

接到公安机关书面报告的人民政府应当及时核实情况,组织或者责成有关部门、单位采取措施,予以整改。

由于一些历史原因或者经济发展过程中消防安全意识不足等原因，造成一些地方欠下许多消防安全债务，直接影响到公共安全和广大人民群众的生命财产安全，必须切实加以解决。经常开展的消防监督检查，既是为了提高人民群众的消防意识，防患于未然，也是要促使相关政府或者单位对火灾隐患引起重视。所以，在消防监督检查中，公安机关消防机构发现城乡消防安全布局、公共消防设施不符合消防安全要求，或者发现本地区存在影响公共安全的重大火灾隐患的，应当由公安机关及时书面报告本级人民政府。而接到报告的人民政府应当高度重视，及时核实报告所反映的情况，组织或者责成有关部门、单位采取措施，予以整改。

4. 关于公安机关消防机构工作准则和廉政建设的规定

《消防法》第五十六条规定，公安机关消防机构及其工作人员应当按照法定的职权和程序进行消防设计审核、消防验收和消防安全检查，做到公正、严格、文明、高效。

公安机关消防机构及其工作人员进行消防设计审核、消防验收和消防安全检查等，不得收取费用，不得利用消防设计审核、消防验收和消防安全检查谋取利益。公安机关消防机构及其工作人员不得利用职务为用户、建设单位指定或者变相指定消防产品的品牌、销售单位或者消防技术服务机构、消防设施施工单位。

（1）公安机关消防机构在执行职务时应当遵循的执法原则。公安机关消防机构是消防工作的职能管理部门，肩负着维护消防安全，保护人民群众人身和财产安全的重要使命。消防设计审核、消防验收和消防安全检查，是法律赋予公安机关消防机构的消防监督管理职责。为此，《消防法》要求其应当按照法定的职权和程序进行消防设计审核、消防验收和消防安全检查，做到公正、严格、文明、高效。

（2）关于公安机关消防机构及其工作人员的禁止性规定。对公安机关消防机构及其工作人员的禁止性规定，主要包括：①公安机关消防机构及其工作人员进行消防设计审核、消防验收和消防安全检查等，不得收取费用，不得利用消防设计审核、消防验收和消防安全检查谋取利益；②公安机关消防机构及其工作人员不得利用职务为用户、建设单位指定或者变相指定消防产品的品牌、销售单位或者消防技术服务机构、消防设施施工单位。

5. 关于公安机关消防机构应接受社会监督的规定

《消防法》第五十七条规定，公安机关消防机构及其工作人员执行职务，应当自觉接受社会和公民的监督。

监督是规范执法活动的重要环节。总的来说，对公安机关消防机构及其工作人员的执法监督，是指法律授权的机关、人民群众，以及公安机关内部对公安机关消防机构及其工作人员执行职务情况进行的督察、督促、检查和纠正的行为。由法律、法规或者规章授权的监督机关和其他单位、公民，按照法律、法规和规章规定的职权范围和程序所实施的监督，公安机关消防机构及其工作人员应当自觉接受。公安机关消防机构及其工作人员执行职务时，不严格执法或者在执法中有违法行为的，任何单位和个人都有权提出检举、控告。接受检举、控告的机关既可以是行政监察机关、人民检察院，也可以是公安机关或者公安机关消防机构。这些部门或机构收到检举、控告后，应当依据法律规定的职责，及时依法查处。

"社会和公民的监督"，也可以说是人民群众的监督，它是指由国家机关以外的单位和个人，依法对公安机关消防机构及其工作人员执行职务的情况，通过一定的方式所进行的监督。人民群众监督的性质是非国家性质的社会公众监督，是来自人民群众的自下而上的监督。对社会和公民的监督，公安机关消防机构及其工作人员必须自觉地接受。

3.5.3 单位和个人的消防工作职责

《消防法》第五十七条第二款规定，任何单位和个人都有权对公安机关消防机构及其工作人员在执法中的违法行为进行检举、控告。收到检举、控告的机关，应当按照职责及时查处。

检举、控告是监督的一种形式，任何单位和个人只要发现了公安机关消防机构及其工作人员在执法中的违法行为，就可以向有关部门提出。检举、控告的主体是任何单位和个人。检举、控告的内容是公安机关消防机构执行职务的行为，即执行职务过程中出现的违法行为，包括作为和不作为。收到检举、控告的机关应当依据职责及时处理，并将处理结果告知检举人、控告人。对于不属于本机关职责的检举、控告，也不能置之不理，应当及时转交有权查处的机关处理。检举控告权是宪法和法律赋予公民和组织的一项基本权利，为了更好地行使这一权利，公民或组织进行检举控告时必须忠于事实，不得捏造或者歪曲事实进行诬告陷害。任何人、任何部门都不得对控告人、检举人进行压制和打击报复。

3.6 法律责任的规定

在法律责任方面规定了违反《消防法》的具体行为及应受何种处罚、处罚的对象、处罚的决定机关。法律责任是由于违反法定义务而应当承担的法律后果，违反法定义务是法律责任的前提，法律责任是违反法定义务的必然结果。单位、个人违反《消防法》规定的法定义务，就要承担相应的法律责任。本章中还对公安机关消防机构以及建设、质量技术监督、工商行政管理等其他有关行政主管部门的工作人员在消防工作中滥用职权、玩忽职守、徇私舞弊的行为，做了应当依法给予处分的规定。对于违反《消防法》规定，尚不构成犯罪的行为，本章分别设定了警告、罚款、没收违法所得、责令停止施工、停止使用、停产停业、拘留、责令停止执业或者吊销相应资质、资格六类行政处罚。

3.6.1 对建设工程相关违法行为的处罚规定

1. 不符合消防设计审核、消防验收、消防安全检查以及消防备案的要求等

《消防法》第五十八条规定，违反本法规定，有下列行为之一的，责令停止施工、停止使用或者停产停业，并处3万元以上30万元以下罚款：①依法应当经公安机关消防机构进行消防设计审核的建设工程，未经依法审核或者审核不合格，擅自施工的；②消防设计经公安机关消防机构依法抽查不合格，不停止施工的；③依法应当进行消防验收的建设工程，未经消防验收或者消防验收不合格，擅自投入使用的；④建设工程投入使用后经公安机关消防机构依法抽查不合格，不停止使用的；⑤公众聚集场所未经消防安全检查或者经检查不符合消防安全要求，擅自投入使用、营业的。

建设单位未依照本法规定将消防设计文件报公安机关消防机构备案的，或者在竣工后未依照本法规定报公安机关消防机构备案的，责令限期改正，处5000元以下罚款。

2. 不符合消防设计、施工及工程监理的要求等

《消防法》第五十九条规定，违反本法规定，有下列行为之一的，责令改正或者停止施工，并处1万元以上10万元以下罚款：①建设单位要求建筑设计单位或者建筑施工企业降低消防技术标准设计、施工的；②建筑设计单位不按照消防技术标准强制性要求进行消防设计的；③建筑施工企业不按照消防设计文件和消防技术标准施工，降低消防施工质量的；④工程监理单位与建设单位或者建筑施工企业串通，弄虚作假，降低消防施工质量的。

3.6.2 对易燃易爆危险品相关违法行为的处罚规定

1. 生产、储存、经营易燃易爆危险品和其他物品的场所设置不符合要求

《消防法》第六十一条规定，生产、储存、经营易燃易爆危险品的场所与居住场所设置在同一建筑物内，或者未与居住场所保持安全距离的，责令停产停业，并处5000元以上5万元以下罚款。

生产、储存、经营其他物品的场所与居住场所设置在同一建筑物内，不符合消防技术标准的，依照前款规定处罚。

2. 在特定危险场所的行为不符合要求

《消防法》第六十三条规定，违反本法规定，有下列行为之一的，处警告或者500元以下罚款；情节严重的，处5日以下拘留：①违反消防安全规定进入生产、储存易燃易爆危险品场所的；②违反规定使用明火作业或者在具有火灾、爆炸危险的场所吸烟、使用明火的。

3.6.3 对单位和个人违法行为的处罚规定

1. 单位和个人违反消防安全职责、义务的行为

《消防法》第六十条规定，单位违反本法规定，有下列行为之一的，责令改正，处5000元以上5万元以下罚款：①消防设施、器材或者消防安全标志的配置、设置不符合国家标准、行业标准，或者未保持完好有效的；②损坏、挪用或者擅自拆除、停用消防设施、器材的；③占用、堵塞、封闭疏散通道、安全出口或者有其他妨碍安全疏散行为的；④埋压、圈占、遮挡消火栓或者占用防火间距的；⑤占用、堵塞、封闭消防车通道，妨碍消防车通行的；⑥人员密集场所在门窗上设置影响逃生和灭火救援的障碍物的；⑦对火灾隐患经公安机关消防机构通知后不及时采取措施消除的。

个人有前款第二项、第三项、第四项、第五项行为之一的，处警告或者500元以下罚款。

有本条第一款第三项、第四项、第五项、第六项行为，经责令改正拒不改正的，强制执行，所需费用由违法行为人承担。

2. 危害消防安全的行为

《消防法》第六十四条规定，违反本法规定，有下列行为之一，尚不构成犯罪的，处10日以上15日以下拘留，可以并处500元以下罚款；情节较轻的，处警告或者500元以下罚款：①指使或者强令他人违反消防安全规定，冒险作业的；②因过失引起火灾的；③在火灾发生后阻拦报警，或者负有报告职责的人员不及时报警的；④扰乱火灾现场秩序，或者拒不执行火灾现场指挥员指挥，影响灭火救援的；⑤故意破坏或者伪造火灾现场的；⑥擅自拆封或者使用被公安机关消防机构查封的场所、部位的。

3. 生产、销售、使用不合格的或者国家明令淘汰的消防产品的行为

《消防法》第六十五条规定，违反本法规定，生产、销售不合格的消防产品或者国家明令淘汰的消防产品的，由产品质量监督部门或者工商行政管理部门依照《中华人民共和国产品质量法》的规定从重处罚。

人员密集场所使用不合格的消防产品或者国家明令淘汰的消防产品的，责令限期改正；逾期不改正的，处5000元以上5万元以下罚款，并对其直接负责的主管人员和其他直接责任人员处500元以上2000元以下罚款；情节严重的，责令停产停业。

公安机关消防机构对于本条第二款规定的情形，除依法对使用者予以处罚外，应当将发现不合格的消防产品和国家明令淘汰的消防产品的情况通报产品质量监督部门、工商行政管理部门。产品质量监督部门、工商行政管理部门应当对生产者、销售者依法及时查处。

4. 电器产品、燃气用具的安装、使用等不符合要求

《消防法》第六十六条规定，电器产品、燃气用具的安装、使用及其线路、管路的设计、敷设、维护保养、检测不符合消防技术标准和管理规定的，责令限期改正；逾期不改正的，责令停止使用，可以并处1000元以上5000元以下罚款。

5. 机关、团体、企业、事业等单位未履行消防安全职责

《消防法》第六十七条规定，机关、团体、企业、事业等单位违反本法第十六条、第十七条、第十八条、第二十一条第二款规定的，责令限期改正；逾期不改正的，对其直接负责的主管人员和其他直接责任人员依法给予处分或者给予警告处罚。

6. 发生火灾的人员密集场所的现场工作人员未履行职责

《消防法》第六十八条规定，人员密集场所发生火灾，该场所的现场工作人员不履行组织、引导在场人员疏散的义务，情节严重，尚不构成犯罪的，处5日以上10日以下拘留。

3.6.4 对公安机关消防机构及消防技术服务机构违法行为的处罚规定

1. 消防技术服务机构出具虚假文件或失实文件

《消防法》第六十九条规定，消防产品质量认证、消防设施检测等消防技术服务机构出具虚假文件的，责令改正，处5万元以上10万元以下罚款，并对直接负责的主管人员和其他直接责任人员处1万元以上5万元以下罚款；有违法所得的，并处没收违法所得；给他人造成损失的，依法承担赔偿责任；情节严重的，由原许可机关依法责令停止执业或者吊销相应资质、资格。

前款规定的机构出具失实文件，给他人造成损失的，依法承担赔偿责任；造成重大损失的，由原许可机关依法责令停止执业或者吊销相应资质、资格。

2. 国家机关工作人员在消防工作中滥用职权、玩忽职守、徇私舞弊的行为

《消防法》第七十一条规定，公安机关消防机构的工作人员滥用职权、玩忽职守、徇私舞弊，有下列行为之一，尚不构成犯罪的，依法给予处分：①对不符合消防安全要求的消防设计文件、建设工程、场所准予审核合格、消防验收合格、消防安全检查合格的；②无故拖延消防设计审核、消防验收、消防安全检查，不在法定期限内履行职责的；③发现火灾隐患不及时通知有关单位或者个人整改的；④利用职务为用户、建设单位指定或者变相指定消防产品的品牌、销售单位或者消防技术服务机构、消防设施施工单位的；⑤将消防车、消防艇以及消防器材、装备和设施用于与消防和应急救援无关的事项的；⑥其他滥用职权、玩忽职守、徇私舞弊的行为。

建设、产品质量监督、工商行政管理等其他有关行政主管部门的工作人员在消防工作中滥用职权、玩忽职守、徇私舞弊，尚不构成犯罪的，依法给予处分。

3.6.5 依照《治安管理处罚法》处罚的行为

《消防法》第六十二条规定，有下列行为之一的，依照《中华人民共和国治安管理处罚法》的规定处罚：①违反有关消防技术标准和管理规定生产、储存、运输、销售、使用、销毁易燃易爆危险品的；②非法携带易燃易爆危险品进入公共场所或者乘坐公共交通工具的；③谎报火警的；④阻碍消防车、消防艇执行任务的；⑤阻碍公安机关消防机构的工作人员依法执行职务的。

《消防法》第七十条规定，本法规定的行政处罚，除本法另有规定的外，由公安机关消防机构决定；其中拘留处罚由县级以上公安机关依照《中华人民共和国治安管理处罚法》的有关规定决定。

公安机关消防机构需要传唤消防安全违法行为人的，依照《中华人民共和国治安管理处罚法》的有关规定执行。

被责令停止施工、停止使用、停产停业的，应当在整改后向公安机关消防机构报告，经公安机关消防机构检查合格，方可恢复施工、使用、生产、经营。

当事人逾期不执行停产停业、停止使用、停止施工决定的，由做出决定的公安机关消防机构强制执行。

责令停产停业，对经济和社会生活影响较大的，由公安机关消防机构提出意见，并由公安机关报请本级人民政府依法决定。本级人民政府组织公安机关等部门实施。

【案例解读3-9 对谎报火警的行为如何处罚？】

北京市某居民为了打赌而拨打"119"火警电话，谎报火警称北京市某街道发生严重火灾，请求火警予以协助灭火。待消防人员赶到出事地点时，发现此处根本没有火灾发生。

该市民的行为严重影响和干扰了消防机关的执勤战备秩序，违反了《中华人民共和国消防法》第六十二条有关严禁"谎报火警"的规定。公安机关对该市民处以拘留10日的处罚是符合法律规定的。

【案例解读3-10 对不为报火警提供便利的行为如何处罚？】

某居民住宅发生火灾，张某发现后欲拨打电话报警，在该街道路口设有公用电话的王某拒不提供电话给张某拨打"119"火警电话报警。

王某的行为违反了《中华人民共和国消防法》第四十四条规定："任何人发现火灾都应当立即报警。任何单位、个人都应当无偿为报警提供便利，不得阻拦报警。"公安机关消防机构可以依法对王某做出罚款的处罚。

【案例解读 3-11　对损害消防设施的行为如何处罚？】

沈阳市居民刘某在靠近公共道路的门房前非法搭建柴草间，将公共道路旁的市政消火栓圈进柴草间。

刘某的行为违反了《中华人民共和国消防法》有关任何单位、个人"不得埋压、圈占、遮挡消火栓"的规定。公安机关消防机构应该依法责令刘某恢复原状，并可以对其做出罚款的处罚。

【案例解读 3-12　对违法占用、堵塞安全出口的行为如何处罚？】

某娱乐城不重视消防安全管理，在营业期间，经常将娱乐城的安全出口上锁，无法确保火灾时人员疏散，经公安机关消防机构责令限期改正后，仍未改正。

《中华人民共和国消防法》第六十条规定，单位"占用、堵塞、封闭疏散通道、安全出口或者有其他妨碍安全疏散行为的"，责令改正，处5000元以上5万元以下罚款。因此，公安机关消防机构责令该娱乐城停业整顿，罚款5000元，并对该娱乐城的直接责任人做出罚款1000元的处罚是符合法律规定的。

【案例解读 3-13　对堵塞疏散通道、安全出口等行为如何处罚？】

2009年6月，福建省漳州市南靖县消防大队在对该县某食品商行进行检查时发现，该单位存在消防设施、器材、消防安全标志配置不符合标准，疏散通道及安全出口堵塞，安全出口疏散门开启方向错误等违法行为和火灾隐患。

对堵塞疏散通道、安全出口的行为，大队监督员拍照固定证据，当场填发了"责令改正通知书"，并依据《消防法》第六十条第一款第三项对该单位罚款500元；对消防设施、器材、消防安全标志配置不符合标准的违法行为，大队在充分调查取证的基础上，依据《消防法》第六十条第一款第一项规定，对该单位罚款5000元。在处罚的同时，大队加强跟踪服务，指导该单位消除火灾隐患，制定管理制度，预防火灾发生，确保消防安全。

【案例解读 3-14　对违反消防安全操作规程的行为如何处罚？】

2018年4月8日，某分局派出所社区民警在辖区204所小区检查时，发现22号楼李某采取不当方式给电动车充电。民警当场收缴其充电线后，告知其违规充电的危害。4月10日晚，又购买了充电线的李某继续抱着侥幸心理，私自从自己所住的3楼放下插线板给电动车充电，造成电动车起火，进而点燃一楼空调外机。幸亏社区保安及时将火扑灭，未造成人员伤亡和重大财产损失。根据《中华人民共和国消防法》第六十四条第二项规定，该分局对违法给电动车充电引起火灾的李某，做出行政拘留15日的处罚。

第3章 《中华人民共和国消防法》释义

【案例解读 3-15 对在建工程使用不合格消防产品的行为如何处罚?】

2009年6月18日,江苏省某市公安机关消防机构在对市区某在建工地进行消防设施检查时,发现该建筑工地工程管道井所用江苏省常州市某消防器材有限公司的木质防火门涉嫌为不合格消防产品,遂立案调查。经查,该工程现场管道井所用木质丙级防火门的规格尺寸与该防火门生产厂家提供的国家型式认可检验报告中描述的规格尺寸不一致,依据《消防产品现场检查判定规则》,现场判定该木质丙级防火门为不合格消防产品。

关于消防产品的标准,我国《消防法》第二十四条规定,消防产品必须符合国家标准。禁止生产、销售或者使用不合格的消防产品以及国家明令淘汰的消防产品。该消防大队在查清事实的基础上,依据《消防法》和《产品质量法》的规定,对防火门的生产厂家做出没收不合格消防产品并处以罚款的行政处罚决定。

复习题

1. 简述我国消防工作的方针与原则。
2. 简述多种形式的消防组织有哪些。
3. 简述《消防法》中规定的各级人民政府在消防工作中的法定职责。
4. 简述《消防法》中对公安消防队、专职消防队参加应急救援工作的规定。
5. 简述《消防法》对公安机关消防机构在灭火救援工作中的职责有哪些规定。
6. 简述《消防法》对单位及个人的基本义务有哪些规定。
7. 简述《消防法》规定公安机关消防机构在发现火灾隐患后应该如何处置。
8. 简述《消防法》对违反本法的处罚形式。

参考法律法规及文件

《中华人民共和国消防法》(2008年)
《大型群众性活动安全管理条例》(2007年)
《建筑材料及制品燃烧性能分级》(GB 8624—2012)
《关于进一步加强消防工作的意见》(国发〔2006〕15号)
《建筑内部装修设计防火规范》(GB 50222—2017)
《高层居民住宅楼防火管理规则》(公安部令第11号)
《城市消防站建设标准》(建标152—2017)
《关于加强和改进消防工作的意见》(国发〔2011〕46号)
《关于加强多种形式消防队伍建设发展的意见》(公通字〔2006〕59号)

第4章 与消防安全相关的其他法律

4.1 《中华人民共和国宪法》

《中华人民共和国宪法》于1982年12月4日第五届全国人民代表大会第五次会议通过，1982年12月4日全国人民代表大会公告公布施行，并且根据1988年4月12日第七届全国人民代表大会第一次会议通过的《中华人民共和国宪法修正案》、1993年3月29日第八届全国人民代表大会第一次会议通过的《中华人民共和国宪法修正案》、1999年3月15日第九届全国人民代表大会第二次会议通过的《中华人民共和国宪法修正案》和2004年3月14日第十届全国人民代表大会第二次会议通过的《中华人民共和国宪法修正案》进行了修正，2018年3月11日第十三届全国人大一次会议第三次全体会议经投票表决通过了《中华人民共和国宪法修正案》。宪法规定了国家的根本制度和根本任务，是国家根本大法，具有最高的法律地位和法律效力，是制定一切法律、法规的依据。

1. 序言

本宪法以法律的形式确认了中国各族人民奋斗的成果，规定了国家的根本制度和根本任务，是国家的根本法，具有最高的法律效力。全国各族人民、一切国家机关和武装力量、各政党和各社会团体、各企业事业组织，都必须以宪法为根本的活动准则，并且负有维护宪法尊严、保证宪法实施的职责。

2. 人民主权原则

中华人民共和国的一切权力属于人民。人民行使国家权力的机关是全国人民代表大会和地方各级人民代表大会。人民依照法律规定，通过各种途径和形式，管理国家事务，管理经济和文化事业，管理社会事务。

3. 法治原则

中华人民共和国实行依法治国，建设社会主义法治国家。国家维护社会主义法制的统一和尊严。一切法律、行政法规和地方性法规都不得同宪法相抵触。一切国家机关和武装力量、各政党和各社会团体、各企业事业组织都必须遵守宪法和法律。一切违反宪法和法律的行为，必须予以追究。任何组织或者个人都不得有超越宪法和法律的特权。

4. 立法权的行使

中华人民共和国全国人民代表大会是最高国家权力机关。它的常设机关是全国人民代表大会常务委员会。全国人民代表大会和全国人民代表大会常务委员会行使国家立法权。

全国人民代表大会制定和修改刑事、民事、国家机构的和其他的基本法律。全国人民代表大会常务委员会制定和修改除应当由全国人民代表大会制定的法律以外的其他法律；在全国人民代表大会闭会期间，对全国人民代表大会制定的法律进行部分补充和修改，但是不得同该法律的基本原则相抵触。

4.2 《中华人民共和国立法法》

2015年3月15日，第十二届全国人民代表大会第三次会议通过全国人民代表大会关于修改《中华人民共和国立法法》的决定，第20号主席令公布，分为"总则""法律""行政法规""地方性法规、自治条例和单行条例、规章""适用与备案审查""附则"等6章，共计105条。

1. 立法目的及适用范围

为了规范立法活动，健全国家立法制度，提高立法质量，完善中国特色社会主义法律体系，发挥立法的引领和推动作用，保障和发展社会主义民主，全面推进依法治国，建设社会主义法治国家，根据宪法，制定本法。

法律、行政法规、地方性法规、自治条例和单行条例的制定、修改和废止，适用本法。国务院部门规章和地方政府规章的制定、修改和废止，依照本法的有关规定执行。

2. 立法原则

立法应当遵循宪法的基本原则，以经济建设为中心，坚持社会主义道路、坚持人民民主专政、坚持中国共产党的领导、坚持马克思列宁主义毛泽东思想邓小平理论，坚持改革开放。立法应当依照法定的权限和程序，从国家整体利益出发，维护社会主义法制的统一和尊严。立法应当从实际出发，适应经济社会发展和全面深化改革的要求，科学合理地规定公民、法人和其他组织的权利与义务、国家机关的权力与责任。法律规范应当明确、具体，具有针对性和可执行性。

3. 立法权

全国人民代表大会和全国人民代表大会常务委员会行使国家立法权。全国人民代表大会制定和修改刑事、民事、国家机构的和其他的基本法律。全国人民代表大会常务委员会制定和修改除应当由全国人民代表大会制定的法律以外的其他法律；在全国人民代表大会闭会期间，对全国人民代表大会制定的法律进行部分补充和修改，但是不得同该法律的基本原则相抵触。

4. 立法事项

下列事项只能制定法律：①国家主权的事项；②各级人民代表大会、人民政府、人民法院和人民检察院的产生、组织和职权；③民族区域自治制度、特别行政区制度、基层群众自治制度；④犯罪和刑罚；⑤对公民政治权利的剥夺、限制人身自由的强制措施和处罚；⑥税种的设立、税率的确定和税收征收管理等税收基本制度；⑦对非国有财产的征收、征用；⑧民事基本制度；⑨基本经济制度以及财政、税收、海关、金融和外贸的基本制度；⑩诉讼和仲裁制度；⑪必须由全国人民代表大会及其常务委员会制定法律的其他事项。

4.3 《中华人民共和国建筑法》

《中华人民共和国建筑法》经1997年11月1日第八届全国人民代表大会常务委员会第二十八次会议通过；根据2011年4月22日第十一届全国人民代表大会常务委员会第二十次会议《关于修改〈中华人民共和国建筑法〉的决定》修正。《中华人民共和国建筑法》分"总则""建筑许可""建筑工程发包与承包""建筑工程监理""建筑安全生产管理""建筑工程质量管理""法律责任""附则"等8章，共计85条。

1. 立法目的及适用范围

为了加强对建筑活动的监督管理，维护建筑市场秩序，保证建筑工程的质量和安全，促进建筑业健康发展，制定本法。建筑活动应当确保建筑工程质量和安全，符合国家的建筑工程安全标准。

建筑工程安全生产管理必须坚持安全第一、预防为主的方针，建立健全安全生产的责任制度和群防群治制度。建筑工程勘察、设计、施工的质量必须符合国家有关建筑工程安全标准的要求，具体管理办法由国务院规定。有关建筑工程安全的国家标准不能适应确保建筑安全的要求时，应当及时修订。

建设单位不得以任何理由，要求建筑设计单位或者建筑施工企业在工程设计或者施工作业中，违反法律、行政法规和建筑工程质量、安全标准，降低工程质量。建筑设计单位和建筑施工企业对建设单位违反规定提出的降低工程质量的要求，应当予以拒绝。

在中华人民共和国境内从事建筑活动，实施对建筑活动的监督管理，应当遵守本法。本法所称建筑活动，是指各类房屋建筑及其附属设施的建造和与其配套的线路、管道、设备的安装活动。

2. 建筑许可证的领取及申领条件

建筑工程开工前,建设单位应当按照国家有关规定向工程所在地县级以上人民政府建设行政主管部门申请领取施工许可证;但是,国务院建设行政主管部门确定的限额以下的小型工程除外。按照国务院规定的权限和程序批准开工报告的建筑工程,不再领取施工许可证。

申请领取施工许可证,应当具备下列条件:①已经办理该建筑工程用地批准手续;②在城市规划区的建筑工程,已经取得规划许可证;③需要拆迁的,其拆迁进度符合施工要求;④已经确定建筑施工企业;⑤有满足施工需要的施工图及技术资料;⑥有保证工程质量和安全的具体措施;⑦建设资金已经落实;⑧法律、行政法规规定的其他条件。

3. 从业条件

从事建筑活动的建筑施工企业、勘察单位、设计单位和工程监理单位,应当具备下列条件:①有符合国家规定的注册资本;②有与其从事的建筑活动相适应的具有法定执业资格的专业技术人员;③有从事相关建筑活动所应有的技术装备;④法律、行政法规规定的其他条件。

4. 工程设计

建筑工程的勘察、设计单位必须对其勘察、设计的质量负责。勘察、设计文件应当符合有关法律、行政法规的规定和建筑工程质量、安全标准、建筑工程勘察、设计技术规范以及合同的约定。设计文件选用的建筑材料、建筑构配件和设备,应当注明其规格、型号、性能等技术指标,其质量要求必须符合国家规定的标准。建筑设计单位对设计文件选用的建筑材料、建筑构配件和设备,不得指定生产厂、供应商。涉及建筑主体和承重结构变动的装修工程,建设单位应当在施工前委托原设计单位或者具有相应资质条件的设计单位提出设计方案;没有设计方案的,不得施工。

5. 工程施工

建筑施工企业在编制施工组织设计时,应当根据建筑工程的特点制定相应的安全技术措施;对专业性较强的工程项目,应当编制专项安全施工组织设计,并采取安全技术措施。

建筑施工企业应当在施工现场采取维护安全、防范危险、预防火灾等措施;有条件的,应当对施工现场实行封闭管理。施工现场对毗邻的建筑物、构筑物和特殊作业环境可能造成损害的,建筑施工企业应当采取安全防护措施。

有下列情形之一的,建设单位应当按照国家有关规定办理申请批准手续:①需要临时占用规划批准范围以外场地的;②可能损坏道路、管线、电力、邮电通信等公共设施的;③需要临时停水、停电、中断道路交通的;④需要进行爆破作业的；⑤法律、法规规定需要办理报批手续的其他情形。

建筑施工企业必须依法加强对建筑安全生产的管理，执行安全生产责任制度，采取有效措施，防止伤亡和其他安全生产事故的发生。建筑施工企业的法定代表人对本企业的安全生产负责。

施工现场安全由建筑施工企业负责。实行施工总承包的，由总承包单位负责。分包单位向总承包单位负责，服从总承包单位对施工现场的安全生产管理。建筑施工企业应当建立健全劳动安全生产教育培训制度，加强对职工安全生产的教育培训；未经安全生产教育培训的人员，不得上岗作业。建筑施工企业和作业人员在施工过程中，应当遵守有关安全生产的法律、法规和建筑行业安全规章、规程，不得违章指挥或者违章作业。作业人员有权对影响人身健康的作业程序和作业条件提出改进意见，有权获得安全生产所需的防护用品。作业人员对危及生命安全和人身健康的行为有权提出批评、检举和控告。

6. 工程监理

建筑工程监理应当依照法律、行政法规及有关的技术标准、设计文件和建筑工程承包合同，对承包单位在施工质量、建设工期和建设资金使用等方面，代表建设单位实施监督。工程监理人员认为工程施工不符合工程设计要求、施工技术标准和合同约定的，有权要求建筑施工企业改正。工程监理人员发现工程设计不符合建筑工程质量标准或者合同约定的质量要求的，应当报告建设单位要求设计单位改正。

工程监理单位应当在其资质等级许可的监理范围内，承担工程监理业务。工程监理单位应当根据建设单位的委托，客观、公正地执行监理任务。工程监理单位与被监理工程的承包单位以及建筑材料、建筑构配件和设备供应单位不得有隶属关系或者其他利害关系。工程监理单位不得转让工程监理业务。

建筑施工企业对工程的施工质量负责。建筑施工企业必须按照工程设计图和施工技术标准施工，不得偷工减料。工程设计的修改由原设计单位负责，建筑施工企业不得擅自修改工程设计。建筑施工企业必须按照工程设计要求、施工技术标准和合同的约定，对建筑材料、建筑构配件和设备进行检验，不合格的不得使用。

7. 工程验收

交付竣工验收的建筑工程，必须符合规定的建筑工程质量标准，有完整的工程技术经济资料和经签署的工程保修书，并具备国家规定的其他竣工条件。建筑工程竣工经验收合格后，方可交付使用；未经验收或者验收不合格的，不得交付使用。

4.4 《中华人民共和国草原法》

《中华人民共和国草原法》于 1985 年 6 月 18 日第六届全国人民代表大会常

务委员会第十一次会议通过，自 1985 年 10 月 1 日起施行；现行版本于 2013 年 6 月 29 日第十二届全国人民代表大会常务委员会第三次会议第二次修正。《中华人民共和国草原法》分"总则""草原权属""规划""建设""利用""保护""监督检查""法律责任""附则"等 9 章，共计 75 条。

《中华人民共和国草原法》基于草原消防工作自身的特点，针对草原火灾的预防、扑救防火组织等做了特殊规定：

县级以上人民政府应当有计划地进行火情监测、防火物资储备、防火隔离带等草原防火设施的建设，确保防火需要。各级人民政府应当建立草原防火责任制，规定草原防火期，制定草原防火扑火预案，切实做好草原火灾的预防和扑救工作。

国务院草原行政主管部门主管全国草原防火工作。另外，《草原防火条例》中还规定县级以上地方人民政府确定的草原防火主管部门主管本行政区域内的草原防火工作。县级以上人民政府其他有关部门在各自的职责范围内做好草原防火工作。草原的经营使用单位和个人，在其经营使用范围内承担草原防火责任。草原防火工作涉及两个以上行政区域或者涉及森林防火、城市消防的，有关地方人民政府及有关部门应当建立联防制度，确定联防区域，制定联防措施，加强信息沟通和监督检查。

4.5 《中华人民共和国森林法》

《中华人民共和国森林法》于 1984 年 9 月 20 日第六届全国人民代表大会常务委员会第七次会议通过，根据 1998 年 4 月 29 日第九届全国人民代表大会常务委员会第二次会议《关于修改〈中华人民共和国森林法〉的决定》修正，根据 2009 年 8 月 27 日第十一届全国人民代表大会常务委员会第十次会议《关于修改部分法律的决定》修改。《中华人民共和国森林法》分为"总则""森林经营管理""森林保护""植树造林""森林采伐""法律责任""附则"等 7 章，共计 49 条。

《中华人民共和国森林法》基于森林消防工作自身的特点，针对森林火灾的预防、扑救防火组织等做了特殊规定。

1. 护林组织及人员

《森林法》第十九条规定，地方各级人民政府应当组织有关部门建立护林组织，负责护林工作；根据实际需要在大面积林区增加护林设施，加强森林保护；督促有林的和林区的基层单位，订立护林公约，组织群众护林，划定护林责任区，配备专职或者兼职护林员。护林员可以由县级或者乡级人民政府委任。护林员的主要职责是：巡护森林，制止破坏森林资源的行为。对造成森林资源破坏的，护林员有权要求当地有关部门处理。

2. 森林火灾的预防和扑救

《森林法》第二十条规定，依照国家有关规定在林区设立的森林公安机关，负责维护辖区社会治安秩序，保护辖区内的森林资源，并可以依照本法规定，在国务院林业主管部门授权的范围内，代行本法第三十九条、第四十二条、第四十三条、第四十四条规定的行政处罚权。武装森林警察部队执行国家赋予的预防和扑救森林火灾的任务。

第二十一条规定，地方各级人民政府应当切实做好森林火灾的预防和扑救工作：①规定森林防火期，在森林防火期内，禁止在林区野外用火；因特殊情况需要用火的，必须经过县级人民政府或者县级人民政府授权的机关批准；②在林区设置防火设施；③发生森林火灾，必须立即组织当地军民和有关部门扑救；④因扑救森林火灾负伤、致残、牺牲的，国家职工由所在单位给予医疗、抚恤；非国家职工由起火单位按照国务院有关主管部门的规定给予医疗、抚恤，起火单位对起火没有责任或者确实无力负担的，由当地人民政府给予医疗、抚恤。

4.6 《中华人民共和国安全生产法》

《中华人民共和国安全生产法》于2002年6月29日第九届全国人民代表大会常务委员会第二十八次会议通过，根据2009年8月27日第十一届全国人民代表大会常务委员会第十次会议《关于修改部分法律的决定》第一次修正，根据2014年8月31日第十二届全国人民代表大会常务委员会第十次会议《关于修改〈中华人民共和国安全生产法〉的决定》第二次修正，自2014年12月1日起施行。《中华人民共和国安全生产法》分"总则""生产经营单位的安全生产保障""从业人员的安全生产权利义务""安全生产的监督管理""生产安全事故的应急救援与调查处理""法律责任""附则"等7章，共计114条。

1. 立法目的及适用范围

为了加强安全生产工作，防止和减少生产安全事故，保障人民群众生命和财产安全，促进经济社会持续健康发展，制定本法。在中华人民共和国领域内从事生产经营活动的单位（以下统称生产经营单位）的安全生产，适用本法；有关法律、行政法规对消防安全和道路交通安全、铁路交通安全、水上交通安全、民用航空安全以及核与辐射安全、特种设备安全另有规定的，适用其规定。

2. 安全生产管理人员及职责

矿山、金属冶炼、建筑施工、道路运输单位和危险物品的生产、经营、储存单位，应当设置安全生产管理机构或者配备专职安全生产管理人员。生产经营单位的安全生产管理机构以及安全生产管理人员履行下列职责：①组织或者参与拟订本单位安全生产规章制度、操作规程和生产安全事故应急救援预案；

②组织或者参与本单位安全生产教育和培训,如实记录安全生产教育和培训情况;③督促落实本单位重大危险源的安全管理措施;④组织或者参与本单位应急救援演练;⑤检查本单位的安全生产状况,及时排查生产安全事故隐患,提出改进安全生产管理的建议;⑥制止和纠正违章指挥、强令冒险作业、违反操作规程的行为;⑦督促落实本单位安全生产整改措施。

危险物品的生产、储存单位以及矿山、金属冶炼单位的安全生产管理人员的任免,应当告知主管的负有安全生产监督管理职责的部门。生产经营单位的主要负责人和安全生产管理人员必须具备与本单位所从事的生产经营活动相应的安全生产知识和管理能力。危险物品的生产、经营、储存单位以及矿山、金属冶炼、建筑施工、道路运输单位的主要负责人和安全生产管理人员,应当由主管的负有安全生产监督管理职责的部门对其安全生产知识和管理能力进行考核,并达到合格。危险物品的生产、储存单位以及矿山、金属冶炼单位应当有注册安全工程师从事安全生产管理工作。鼓励其他生产经营单位聘用注册安全工程师从事安全生产管理工作。注册安全工程师按专业分类管理,具体办法由国务院人力资源和社会保障部门、国务院安全生产监督管理部门会同国务院有关部门制定。

3. 安全评价及安全设施

矿山、金属冶炼建设项目和用于生产、储存、装卸危险物品的建设项目,应当按照国家有关规定进行安全评价。建设项目安全设施的设计人、设计单位应当对安全设施设计负责。

矿山、金属冶炼建设项目和用于生产、储存、装卸危险物品的建设项目的安全设施设计应当按照国家有关规定报经有关部门审查,审查部门及其负责审查的人员对审查结果负责。矿山、金属冶炼建设项目和用于生产、储存、装卸危险物品的建设项目的施工单位必须按照批准的安全设施设计施工,并对安全设施的工程质量负责。矿山、金属冶炼建设项目和用于生产、储存危险物品的建设项目竣工投入生产或者使用前,应当由建设单位负责组织对安全设施进行验收;验收合格后,方可投入生产和使用。安全生产监督管理部门应当加强对建设单位验收活动和验收结果的监督核查。

生产经营单位使用的危险物品的容器、运输工具,以及涉及人身安全、危险性较大的海洋石油开采特种设备和矿山井下特种设备,必须按照国家有关规定,由专业生产单位生产,并经具有专业资质的检测、检验机构检测、检验合格,取得安全使用证或者安全标志,方可投入使用。检测、检验机构对检测、检验结果负责。生产、经营、运输、储存、使用危险物品或者处置废弃危险品的,由有关主管部门依照有关法律、法规的规定和国家标准或者行业标准审批并实施监督管理。

生产、经营、储存、使用危险物品的车间、商店、仓库不得与员工宿舍在同一座建筑物内，并应当与员工宿舍保持安全距离。生产经营场所和员工宿舍应当设有符合紧急疏散要求、标志明显、保持畅通的出口。禁止锁闭、封堵生产经营场所或者员工宿舍的出口。

4.7 《中华人民共和国行政许可法》

《中华人民共和国行政许可法》于2003年8月27日第十届全国人民代表大会常务委员会第四次会议通过，自2004年7月1日起施行。《中华人民共和国行政许可法》分"总则""行政许可的设定""行政许可的实施机关""行政许可的实施程序""行政许可的费用""监督检查""法律责任""附则"等8章，共计83条。

1. 立法目的及适用范围

为了规范行政许可的设定和实施，保护公民、法人和其他组织的合法权益，维护公共利益和社会秩序，保障和监督行政机关有效实施行政管理，根据宪法，制定本法。

行政许可的设定和实施，适用本法。有关行政机关对其他机关或者对其直接管理的事业单位的人事、财务、外事等事项的审批，不适用本法。公民、法人或者其他组织对行政机关实施行政许可，享有陈述权、申辩权；有权依法申请行政复议或者提起行政诉讼；其合法权益因行政机关违法实施行政许可受到损害的，有权依法要求赔偿。

2. 行政许可的设定

下列事项可以设定行政许可：①直接涉及国家安全、公共安全、经济宏观调控、生态环境保护以及直接关系人身健康、生命财产安全等特定活动，需要按照法定条件予以批准的事项；②有限自然资源开发利用、公共资源配置以及直接关系公共利益的特定行业的市场准入等，需要赋予特定权利的事项；③提供公众服务并且直接关系公共利益的职业、行业，需要确定具备特殊信誉、特殊条件或者特殊技能等资格、资质的事项；④直接关系公共安全、人身健康、生命财产安全的重要设备、设施、产品、物品，需要按照技术标准、技术规范，通过检验、检测、检疫等方式进行审定的事项；⑤企业或者其他组织的设立等，需要确定主体资格的事项；⑥法律、行政法规规定可以设定行政许可的其他事项。

上述事项，通过下列方式能够予以规范的，可以不设行政许可：①公民、法人或者其他组织能够自主决定的；②市场竞争机制能够有效调节的；③行业组织或者中介机构能够自律管理的；④行政机关采用事后监督等其他行政管理方式能够解决的。

3. 行政许可的监督检查

行政机关可以对被许可人生产经营的产品依法进行抽样检查、检验、检测，对其生产经营场所依法进行实地检查。检查时，行政机关可以依法查阅或者要求被许可人报送有关材料；被许可人应当如实提供有关情况和材料。行政机关根据法律、行政法规的规定，对直接关系公共安全、人身健康、生命财产安全的重要设备、设施进行定期检验。对检验合格的，行政机关应当发给相应的证明文件。

4.8 《中华人民共和国保险法》

《中华人民共和国保险法》于1995年6月30日第八届全国人民代表大会常务委员会第十四次会议通过，根据2002年10月28日第九届全国人民代表大会常务委员会第三十次会议《关于修改〈中华人民共和国保险法〉的决定》第一次修正，2009年2月28日第十一届全国人民代表大会常务委员会第七次会议修订，根据2014年8月31日第十二届全国人民代表大会常务委员会第十次会议《关于修改〈中华人民共和国保险法〉等五部法律的决定》第二次修正，根据2015年4月24日第十二届全国人民代表大会常务委员会第十四次会议《关于修改〈中华人民共和国计量法〉等五部法律的决定》第三次修正。《中华人民共和国保险法》分"总则""保险合同""保险公司""保险经营规则""保险代理人和保险经纪人""保险业监督管理""法律责任""附则"等8章，共计185条。

1. 立法目的

为了规范保险活动，保护保险活动当事人的合法权益，加强对保险业的监督管理，维护社会经济秩序和社会公共利益，促进保险事业的健康发展，制定本法。

2. 保险的概念

本法所称保险，是指投保人根据合同约定，向保险人支付保险费，保险人对于合同约定的可能发生的事故因其发生所造成的财产损失承担赔偿保险金责任，或者当被保险人死亡、伤残、疾病或者达到合同约定的年龄、期限等条件时承担给付保险金责任的商业保险行为。

3. 保险合同、投保人和保险人的概念

保险合同是投保人与保险人约定保险权利义务关系的协议。投保人是指与保险人订立保险合同，并按照合同约定负有支付保险费义务的人。保险人是指与投保人订立保险合同，并按照合同约定承担赔偿或者给付保险金责任的保险公司。

4. 保险事故发生后的及时通知义务、协助义务

投保人、被保险人或者受益人知道保险事故发生后，应当及时通知保险人。故意或者因重大过失未及时通知，致使保险事故的性质、原因、损失程度等难以确定的，保险人对无法确定的部分，不承担赔偿或者给付保险金的责任，但保险人通过其他途径已经及时知道或者应当及时知道保险事故发生的除外。

保险事故发生后，按照保险合同请求保险人赔偿或者给付保险金时，投保人、被保险人或者受益人应当向保险人提供其所能提供的与确认保险事故的性质、原因、损失程度等有关的证明和资料。保险人按照合同的约定，认为有关的证明和资料不完整的，应当及时一次性通知投保人、被保险人或者受益人补充提供。

5. 保险标的安全保护

被保险人应当遵守国家有关消防、安全、生产操作、劳动保护等方面的规定，维护保险标的的安全。保险人可以按照合同约定对保险标的的安全状况进行检查，及时向投保人、被保险人提出消除不安全因素和隐患的书面建议。投保人、被保险人未按照约定履行其对保险标的的安全应尽责任的，保险人有权要求增加保险费或者解除合同。保险人为维护保险标的的安全，经被保险人同意，可以采取安全预防措施。

6. 责任保险的赔付

保险人对责任保险的被保险人给第三者造成的损害，可以依照法律的规定或者合同的约定，直接向该第三者赔偿保险金。责任保险的被保险人给第三者造成损害，被保险人对第三者应负的赔偿责任确定的，根据被保险人的请求，保险人应当直接向该第三者赔偿保险金。被保险人怠于请求的，第三者有权就其应获赔偿部分直接向保险人请求赔偿保险金。责任保险的被保险人给第三者造成损害，被保险人未向该第三者赔偿的，保险人不得向被保险人赔偿保险金。责任保险是指以被保险人对第三者依法应负的赔偿责任为保险标的的保险。

4.9 《中华人民共和国治安管理处罚法》

《中华人民共和国治安管理处罚法》于2005年8月28日第十届全国人民代表大会常务委员会第十七次会议通过，自2006年3月1日起施行，并根据2012年10月26日第十一届全国人民代表大会常务委员会第二十九次会议通过自2013年1月1日起施行的《全国人民代表大会常务委员会关于修改〈中华人民共和国治安管理处罚法〉的决定》修正。《中华人民共和国治安管理处罚法》分"总则""处罚的种类和适用""违反治安管理的行为和处罚""处罚程序""执法监督""附则"等6章，共计119条。

1. 立法目的及适用范围

为维护社会治安秩序，保障公共安全，保护公民、法人和其他组织的合法权益，规范和保障公安机关及其人民警察依法履行治安管理职责，制定本法。

扰乱公共秩序，妨害公共安全，侵犯人身权利、财产权利，妨害社会管理，具有社会危害性，依照《中华人民共和国刑法》的规定构成犯罪的，依法追究刑事责任；尚不够刑事处罚的，由公安机关依照本法给予治安管理处罚。治安管理处罚的程序，适用本法的规定；本法没有规定的，适用《中华人民共和国行政处罚法》的有关规定。

2. 治安管理处罚的基本原则

治安管理处罚必须以事实为依据，与违反治安管理行为的性质、情节以及社会危害程度相当。实施治安管理处罚，应当公开、公正，尊重和保障人权，保护公民的人格尊严。办理治安案件应当坚持教育与处罚相结合的原则。

3. 治安管理处罚的种类

治安管理处罚的种类分为：①警告；②罚款；③行政拘留；④吊销公安机关发放的许可证。对违反治安管理的外国人，可以附加适用限期出境或者驱逐出境。

4. 违反与消防安全有关治安管理的行为和处罚

有下列行为之一的，处5日以上10日以下拘留，可以并处500元以下罚款；情节较轻的，处5日以下拘留或者500元以下罚款：①散布谣言，谎报险情、疫情、警情或者以其他方法故意扰乱公共秩序的；②投放虚假的爆炸性、毒害性、放射性、腐蚀性物质或者传染病病原体等危险物质扰乱公共秩序的；③扬言实施放火、爆炸、投放危险物质扰乱公共秩序的。

违反国家规定，制造、买卖、储存、运输、邮寄、携带、使用、提供、处置爆炸性、毒害性、放射性、腐蚀性物质或者传染病病原体等危险物质的，处10日以上15日以下拘留；情节较轻的，处5日以上10日以下拘留。

爆炸性、毒害性、放射性、腐蚀性物质或者传染病病原体等危险物质被盗、被抢或者丢失，未按规定报告的，处5日以下拘留；故意隐瞒不报的，处5日以上10日以下拘留。

举办文化、体育等大型群众性活动，违反有关规定，有发生安全事故危险的，责令停止活动，立即疏散；对组织者处5日以上10日以下拘留，并处200元以上500元以下罚款；情节较轻的，处5日以下拘留或者500元以下罚款。

旅馆、饭店、影剧院、娱乐场、运动场、展览馆或者其他供社会公众活动的场所的经营管理人员，违反安全规定，致使该场所有发生安全事故危险，经公安机关责令改正，拒不改正的，处5日以下拘留。

有下列行为之一的，处警告或者200元以下罚款；情节严重的，处5日以上10日以下拘留，可以并处500元以下罚款：①拒不执行人民政府在紧急状态情况下依法发布的决定、命令的；②阻碍国家机关工作人员依法执行职务的；③阻碍执行紧急任务的消防车、救护车、工程抢险车、警车等车辆通行的；④强行冲闯公安机关设置的警戒带、警戒区的。阻碍人民警察依法执行职务的，从重处罚。

5. 处罚程序和决定机关

公安机关对报案、控告、举报或者违反治安管理行为人主动投案，以及其他行政主管部门、司法机关移送的违反治安管理案件，应当及时受理，并进行登记。

公安机关受理报案、控告、举报、投案后，认为属于违反治安管理行为的，应当立即进行调查；认为不属于违反治安管理行为的，应当告知报案人、控告人、举报人、投案人，并说明理由。

需要传唤违反治安管理行为人接受调查的，经公安机关办案部门负责人批准，使用传唤证传唤。对现场发现的违反治安管理行为人，人民警察经出示工作证件，可以口头传唤，但应当在询问笔录中注明。公安机关应当将传唤的原因和依据告知被传唤人。对无正当理由不接受传唤或者逃避传唤的人，可以强制传唤。

对违反治安管理行为人，公安机关传唤后应当及时询问查证，询问查证的时间不得超过 8 小时；情况复杂，依照本法规定可能适用行政拘留处罚的，询问查证的时间不得超过 24 小时。公安机关应当及时将传唤的原因和处所通知被传唤人家属。

治安管理处罚由县级以上人民政府公安机关决定；其中警告、500 元以下的罚款可以由公安派出所决定。

复 习 题

1. 简述《中华人民共和国建筑法》对现场安全的规定。
2. 简述《中华人民共和国草原法》对草原火灾预防做出的规定。
3. 简述《中华人民共和国森林法》对预防和扑救森林火灾做出的规定。
4. 简述《中华人民共和国安全生产法》对安全设施的要求。
5. 简述《中华人民共和国行政许可法》中规定的可以设定行政许可的事项有哪些。
6. 说明《中华人民共和国保险法》的立法目的。
7. 简要说明《中华人民共和国治安管理处罚法》中规定的治安管理处罚的种类。

参考法律法规及文件

《中华人民共和国宪法》（2018 年）

《中华人民共和国立法法》（2015 年）

《中华人民共和国建筑法》（2011 年）

《中华人民共和国草原法》（2013 年）

《中华人民共和国森林法》（2009 年）

《中华人民共和国安全生产法》（2014 年）

《中华人民共和国行政许可法》（2004 年）

《中华人民共和国保险法》（2015 年）

《中华人民共和国治安管理处罚法》（2012 年）

第 5 章 消防行政管理常用的法规

5.1 建设工程消防监督管理的法规

我国建设工程消防监督管理的主要依据为《建设工程消防监督管理规定》。《建设工程消防监督管理规定》于 2009 年 4 月 30 日以中华人民共和国公安部令第 106 号发布，自 2009 年 5 月 1 日起施行，根据 2012 年 7 月 17 日中华人民共和国公安部令第 119 号公布的《公安部关于修改的决定》修订。《建设工程消防监督管理规定》分"总则""消防设计、施工的质量责任""消防设计审核和消防验收""消防设计和竣工验收的备案抽查""执法监督""法律责任""附则"等 7 章，共计 49 条。

5.1.1 建设工程消防监督管理的范围与管辖职责

1. 建设工程消防监督管理的范围

建设、设计、施工、工程监理等单位应当遵守消防法规、建设工程质量管理法规和国家消防技术标准，对建设工程消防设计、施工质量和安全负责。公安机关消防机构依法实施建设工程消防设计审核、消防验收和备案、抽查，对建设工程进行消防监督。

《建设工程消防监督管理规定》适用于新建、扩建、改建（含室内外装修、建筑保温、用途变更）等建设工程的消防监督管理。该规定不适用住宅室内装修、村民自建住宅、救灾和其他非人员密集场所的临时性建筑的建设活动。

2. 建设工程消防监督管理的管辖职责

除省、自治区人民政府公安机关消防机构外，县级以上地方人民政府公安机关消防机构承担辖区建设工程的消防设计审核、消防验收和备案抽查工作。具体分工由省级公安机关消防机构确定，并报公安部消防局备案。跨行政区域的建设工程消防设计审核、消防验收和备案抽查工作,由其共同的上一级公安机关消防机构指定管辖。

5.1.2 建设单位、设计单位、施工单位及工程监理单位的质量责任

1. 建设单位的质量责任

建设单位不得要求设计、施工、工程监理等有关单位和人员违反消防法规和国家工程建设消防技术标准,降低建设工程消防设计、施工质量,并承担下列消防设计、施工的质量责任:①依法申请建设工程消防设计审核、消防验收,依法办理消防设计和竣工验收消防备案手续并接受抽查;建设工程内设置的公众聚集场所未经消防安全检查或者经检查不符合消防安全要求的,不得投入使用、营业;②实行工程监理的建设工程,应当将消防施工质量一并委托监理;③选用具有国家规定资质等级的消防设计、施工单位;④选用合格的消防产品和满足防火性能要求的建筑构件、建筑材料及装修材料;⑤依法应当经消防设计审核、消防验收的建设工程,未经审核或者审核不合格的,不得组织施工;未经验收或者验收不合格的,不得交付使用。

2. 设计单位的质量责任

设计单位应当承担下列消防设计的质量责任:①根据消防法规和国家工程建设消防技术标准进行消防设计,编制符合要求的消防设计文件,不得违反国家工程建设消防技术标准强制性要求进行设计;②在设计中选用的消防产品和具有防火性能要求的建筑构件、建筑材料、装修材料,应当注明规格、性能等技术指标,其质量要求必须符合国家标准或者行业标准;③参加建设单位组织的建设工程竣工验收,对建设工程消防设计实施情况签字确认。

3. 施工单位的质量责任

施工单位应当承担下列消防施工的质量和安全责任:①按照国家工程建设消防技术标准和经消防设计审核合格或者备案的消防设计文件组织施工,不得擅自改变消防设计进行施工,降低消防施工质量;②查验消防产品和具有防火性能要求的建筑构件、建筑材料及装修材料的质量,使用合格产品,保证消防施工质量;③建立施工现场消防安全责任制度,确定消防安全负责人。加强对施工人员的消防教育培训,落实动火、用电、易燃可燃材料等消防管理制度和操作规程。保证在建工程竣工验收前消防通道、消防水源、消防设施和器材、消防安全标志等完好有效。

4. 工程监理单位的质量责任

工程监理单位应当承担下列消防施工的质量监理责任:①按照国家工程建设消防技术标准和经消防设计审核合格或者备案的消防设计文件实施工程监理;②在消防产品和具有防火性能要求的建筑构件、建筑材料、装修材料施工、安

装前，核查产品质量证明文件，不得同意使用或者安装不合格的消防产品和防火性能不符合要求的建筑构件、建筑材料、装修材料；③参加建设单位组织的建设工程竣工验收，对建设工程消防施工质量签字确认。

【案例解读5-1　谁负责建设工程的消防设计和施工质量？】

　　辽宁某医疗器具有限公司是大连医疗器械厂、大连理工大学和日本医用品供应株式会社共同合资创办的企业，总投资额为1000万美元。公司1988年10月开始建设，1990年4月竣工投产，主要生产一次性输液器、输血器、注射器等医疗器材。整个生产过程都是在无菌条件下进行的，主要生产线设备重点部位的自动化、标准化程度较高。1993年7月1时10分，化成车间两名当班工人同时闻到焦煳味，立即检查自己操作的注塑机，没有发现问题。此时两人发现车间东侧门缝向室内窜黑烟，打开门一看，门外走廊北侧的半成品库房内有浓烟和火苗，两人即用灭火器灭火，同时报警。大连经济技术开发区消防大队1时29分接到报警，迅速出动3辆消防车前往火场，由于车间面积大、四周无窗，有毒气体浓度大，难以排出，给火灾的扑救带来较大困难。市消防支队闻讯后，又先后调集了公安、企业消防队的13辆消防车参加扑救，于6时许将大火扑灭。火灾造成的损失如下：部分生产原料、半成品、成品和无菌包装箱、塑料包装袋、空调设备、内部装修被烧毁，750m^{2}的建筑被彻底烧毁，约5300m^{2}的建筑因过烟而受到严重污染，直接经济损失1364万元，间接经济损失727.5万元。事后经消防机关查明，火灾的发生是日光灯电源线接触镇流器，长时间在镇流器的高温作用下，电源线绝缘逐渐老化而造成短路所致。

　　我国《消防法》规定，在建筑设计、施工过程中，工程设计单位和建设单位应该执行有关消防技术规范和标准。但是，该公司对公安消防监督机构提出的建筑消防设计审核意见书没有认真落实。对公司厂房进行防火审核时，当地公安消防部门曾对建筑的防火分区、防火隔断、空调系统防火设计、安全疏散、消防车通道等提出防火要求，但该公司一项也没有落实，而且拒绝消防监督机构检查验收。工程竣工后，该公司不仅没有主动报请消防监督机构进行验收，还以无菌车间非生产人员不得进入为由，将消防人员拒之门外，拒绝消防检查。平时消防监督人员和消防部门的有关人员到该车间进行防火演练时，该公司也以此为由加以阻止，致使消防人员对车间的内部情况和布局均不熟悉。按国家对洁净厂房、库房的防火要求，该公司库房和车间应该设有自动喷淋灭火设备、自动报警设施以及排烟设施，而该公司均未按要求设置。事实上，该厂的自动报警设备发生故障后，该公司不是积极修复，而是关掉电源，致使报警系统处于停止工作状态达一年多，未能在这起火灾中及时准确地报警。该公司不仅违反了《消防法》的有关规定，而且使小火酿成大灾，并最终造成巨大损失。

5.1.3 消防设计审核和消防验收

1. 需要进行消防设计审核和验收的人员密集场所和特殊工程

对具有下列情形之一的人员密集场所，建设单位应当向公安机关消防机构申请消防设计审核，并在建设工程竣工后向出具消防设计审核意见的公安机关消防机构申请消防验收：①建筑总面积大于2万m^2的体育场馆、会堂，公共展览馆、博物馆的展示厅；②建筑总面积大于15000m^2的民用机场航站楼、客运车站候车室、客运码头候船厅；③建筑总面积大于1万m^2的宾馆、饭店、商场、市场；④建筑总面积大于2500m^2的影剧院，公共图书馆的阅览室，营业性室内健身、休闲场馆，医院的门诊楼，大学的教学楼、图书馆、食堂，劳动密集型企业的生产加工车间，寺庙、教堂；⑤建筑总面积大于1000m^2的托儿所、幼儿园的儿童用房，儿童游乐厅等室内儿童活动场所，养老院、福利院，医院、疗养院的病房楼，中小学校的教学楼、图书馆、食堂，学校的集体宿舍，劳动密集型企业的员工集体宿舍；⑥建筑总面积大于500m^2的歌舞厅、录像厅、放映厅、卡拉OK厅、夜总会、游艺厅、桑拿浴室、网吧、酒吧，具有娱乐功能的餐馆、茶馆、咖啡厅。

对具有下列情形之一的特殊建设工程，建设单位必须向公安机关消防机构申请消防设计审核，并且在建设工程竣工后向出具消防设计审核意见的公安机关消防机构申请消防验收：①设有《建设工程消防监督管理规定》第十三条所列的人员密集场所的建设工程；②国家机关办公楼、电力调度楼、电信楼、邮政楼、防灾指挥调度楼、广播电视楼、档案楼；③本条第一项、第二项规定以外的单体建筑面积大于4万m^2或者建筑高度超过50m的公共建筑；④国家标准规定的一类高层住宅建筑；⑤城市轨道交通、隧道工程，大型发电、变配电工程；⑥生产、储存、装卸易燃易爆危险物品的工厂、仓库和专用车站、码头，易燃易爆气体和液体的充装站、供应站、调压站。

2. 建设工程消防设计审核需提供的材料

建设单位申请消防设计审核应当提供下列材料：①建设工程消防设计审核申报表；②建设单位的工商营业执照等合法身份证明文件；③设计单位资质证明文件；④消防设计文件；⑤法律、行政法规规定的其他材料。

依法需要办理建设工程规划许可的，应当提供建设工程规划许可证明文件；依法需要城乡规划主管部门批准的临时性建筑，属于人员密集场所的，应当提供城乡规划主管部门批准的证明文件。

涉及国家工程建设消防技术标准没有规定的，消防设计文件拟采用的新技术、新工艺、新材料可能影响建设工程消防安全，不符合国家标准规定的，拟采用国际标准或者境外消防技术标准的，建设单位除提供《建设工程消防监督管理规定》中所列材料外，应当同时提供特殊消防设计文件，或者设计采用的国际标准、境外消防技术标准的中文文本，以及其他有关消防设计的应用实例、产品说明等技术资料。

3. 消防设计审核的审批程序及时限

公安机关消防机构应当依照消防法规和国家工程建设消防技术标准对申报的消防设计文件进行审核。对符合下列条件的，公安机关消防机构应当出具消防设计审核合格意见；对不符合条件的，应当出具消防设计审核不合格意见，并说明理由：①设计单位具备相应的资质；②消防设计文件的编制符合公安部规定的消防设计文件申报要求；③建筑的总平面布局和平面布置、耐火等级、建筑构造、安全疏散、消防给水、消防电源及配电、消防设施等的消防设计符合国家工程建设消防技术标准；④选用的消防产品和具有防火性能要求的建筑材料符合国家工程建设消防技术标准和有关管理规定。公安机关消防机构应当自受理消防设计审核申请之日起20日内出具书面审核意见。但是依照《建设工程消防监督管理规定》需要组织专家评审的，专家评审时间不计算在审核时间内。

对具有《建设工程消防监督管理规定》第十六条情形之一的建设工程，公安机关消防机构应当在受理消防设计审核申请之日起5日内将申请材料报送省级人民政府公安机关消防机构组织专家评审。省级人民政府公安机关消防机构应当在收到申请材料之日起30日内会同同级住房和城乡建设行政主管部门召开专家评审会，对建设单位提交的特殊消防设计文件进行评审。参加评审的专家应当具有相关专业高级技术职称，总数不应少于7人，并应当出具专家评审意见。评审专家有不同意见的，应当注明。省级人民政府公安机关消防机构应当在专家评审会后5日内将专家评审意见书面通知报送申请材料的公安机关消防机构，同时报公安部消防局备案。对2/3以上评审专家同意的特殊消防设计文件，可以作为消防设计审核的依据。

建设、设计、施工单位不得擅自修改经公安机关消防机构审核合格的建设工程消防设计。确需修改的，建设单位应当向出具消防设计审核意见的公安机关消防机构重新申请消防设计审核。

4. 建设工程消防验收需提供的材料

建设单位申请消防验收应当提供下列材料：①建设工程消防验收申报表；②工程竣工验收报告和有关消防设施的工程竣工图；③消防产品质量合格证明文件；④具有防火性能要求的建筑构件、建筑材料、装修材料符合国家标准或者行业标准的证明文件、出厂合格证；⑤消防设施检测合格证明文件；⑥施工、工程监理、检测单位的合法身份证明和资质等级证明文件；⑦建设单位的工商营业执照等合法身份证明文件；⑧法律、行政法规规定的其他材料。

5. 消防验收的审批程序及时限

公安机关消防机构对申报消防验收的建设工程，应当依照建设工程消防验收评定标准对已经消防设计审核合格的内容组织消防验收。对综合评定结论为合格的建设工程，公安机关消防机构应当出具消防验收合格意见；对综合评定结论为不合格的，应当出具消防验收不合格意见，并说明理由。公安机关消防机构应当自受理消防验收申请之日起 20 日内组织消防验收，并出具消防验收意见。

【案例解读 5-2　建设工程未经消防设计审核和消防验收擅自投入使用的处罚】

2013 年 4 月 3 日，某市公安消防支队消防监督员在对群众的举报投诉进行核查时，发现被举报投诉的某商业街室内装修工程未经消防设计审核擅自施工，未经消防验收擅自投入使用。该商业街位于某步行街和城市广场地下连接处，由某商业管理有限公司投资建设，装修面积为 6000m² 左右，内设店铺大约 140 个。

该商业管理有限公司的行为违反了《消防法》第十二条和第十三条第二款的规定。根据《消防法》第五十八条第一款第一项、第五十八条第一款第三项和《某省公安行政处罚裁量权基准（试行）》第一百一十八条、第一百二十条的规定，针对该情节较轻的违法行为，应当处责令停止施工并处罚款人民币 3 万元以上 10 万元以下的行政处罚；对未经消防验收擅自投入使用处责令停止使用并处罚款人民币 3 万元以上 10 万元以下的行政处罚。以上两项合并执行，对该商业管理有限公司处责令停止使用并处罚款人民币 6 万元以上 20 万元以下的行政处罚。按照 6 万元以上 20 万元以下的行政处罚标准，综合考虑自由裁量权基准中规定的建筑面积，6000m² 属于较轻情节，确定罚款数额为 10 万元整；又由于该商业街为地下交通要道，店铺也已租赁给 100 多户租户，并且一直有市民举报和上访，考虑到关停该商业街对经济和社会生活的影响较大，市公安消防支队向市公安局提请报市人民政府依法决定。市政府当即召开相关会议，同样做出给予该商业管理有限公司责令停止使用并处罚款人民币 10 万元整的行政处罚决定。

2013 年 4 月 22 日，市公安消防支队下达上述行政处罚决定。2013 年 4 月 24 日，市公安消防支队消防监督员到该商业街核查，发现该商业街并未停止使用。2013 年 4 月 25 日，市公安消防支队依法对该商业管理有限公司下发了催告笔录，催告该公司于 2013 年 5 月 2 日前停止使用此商业街。2014 年 5 月 3 日到期复查，发现该公司仍未执行。市公安消防支队依法报请市人民政府组织对此商业街采取了强制措施，在 8 个安全出口处粘贴了查封封条，对该商业街实施了关停。

第5章 消防行政管理常用的法规

【案例解读 5-3　违规经营老人公寓引发火灾应承担何种刑事责任?】

2005年4月，潘某租用某区一家鞋业公司厂房，用于开办宽心老人公寓。该公寓执业期限到期后，由于公寓消防不合格，所以潘某一直没有去民政局进行换证，但继续从事经营。2008年12月3日凌晨1时许，因一名老人在床上使用打火机不当，引发火灾，由于潘某未按《老年人建筑设计规范》在老人居住的房间内安装紧急呼救按钮，致使房间起火时老人不能借助紧急呼救按钮报警，最终造成7名老人命丧火海。2009年5月5日，法院以重大劳动安全事故罪判处宽心老人公寓负责人潘某有期徒刑3年。

本案例中，潘某作为宽心老人公寓的负责人，在没有通过消防验收、没有通过民政部门年检的情况下，继续经营老人公寓。因其未按《老年人建筑设计规范》在老人居住的房间内安装紧急呼救按钮，致使房间起火时老人不能借助紧急呼救按钮报警，以致发生重大火灾事故，造成7名老人死亡，危害了不特定或多数人的生命、健康或重大公共财产安全。①潘某的宽心老人公寓安全生产设施、安全生产条件不符合《老年人建筑设计规范》等规定；②潘某未履行国家规定提供安全生产设施或者安全生产条件的义务，没有通过消防验收、没有通过民政部门年检；③发生严重火灾，造成7名老人死亡的重大伤亡事故和财产；④依据对社会的危害程度，经过综合判断和分析，依照《刑法》的规定，判处潘某有期徒刑3年符合《刑法》规定的量刑档次和幅度，但量刑偏低。

5.1.4　消防设计和竣工验收的备案抽查

1. 建设工程消防设计和竣工验收备案需提供的材料

对《建设工程消防监督管理规定》第十三条、第十四条规定以外的建设工程，建设单位应当在取得施工许可、工程竣工验收合格之日起7日内，通过省级公安机关消防机构网站进行消防设计、竣工验收消防备案，或者到公安机关消防机构业务受理场所进行消防设计、竣工验收消防备案。依法不需要取得施工许可的建设工程，可以不进行消防设计、竣工验收消防备案。

建设单位在进行建设工程消防设计或者竣工验收消防备案时，应当分别向公安机关消防机构提供备案申报表、《建设工程消防监督管理规定》第十五条规定的相关材料及施工许可文件复印件或者第二十一条规定的相关材料。按照住房和城乡建设行政主管部门的有关规定进行施工图审查的，还应当提供施工图审查机构出具的审查合格文件复印件。

2. 建设工程消防设计和竣工验收备案抽查程序及时限

公安机关消防机构收到消防设计、竣工验收消防备案申报后，对备案材料齐全的，应当出具备案凭证；备案材料不齐全或者不符合法定形式的，应当当场或者在5日内一次告知需要补正的全部内容。

公安机关消防机构应当在已经备案的消防设计、竣工验收工程中，随机确定检查对象并向社会公告。对确定为检查对象的，公安机关消防机构应当在20日内按照消防法规和国家工程建设消防技术标准完成图样检查，或者按照建设工程消防验收评定标准完成工程检查，制作检查记录。检查结果应当向社会公告，检查不合格的，还应当书面通知建设单位。建设单位收到通知后，应当停止施工或者停止使用，组织整改后向公安机关消防机构申请复查。公安机关消防机构应当在收到书面申请之日起20日内进行复查并出具书面复查意见。

建设、设计、施工单位不得擅自修改已经依法备案的建设工程消防设计。确需修改的，建设单位应当重新申报消防设计备案。建设工程的消防设计、竣工验收未依法报公安机关消防机构备案的，公安机关消防机构应当依法处罚，责令建设单位在5日内备案，并确定为检查对象；对逾期不备案的，公安机关消防机构应当在备案期限届满之日起5日内通知建设单位停止施工或者停止使用。

5.1.5 建设工程消防监督管理的执法监督

1. 建设工程消防监督管理的基本要求

公安机关消防机构办理建设工程消防设计审核、消防验收，实行主责承办、技术复核、审验分离和集体会审等制度。公安机关消防机构实施消防设计审核、消防验收的主责承办人、技术复核人和行政审批人应当依照职责对消防执法质量负责。建设工程消防设计与竣工验收消防备案的抽查比例由省级公安机关消防机构结合辖区内施工图审查机构的审查质量、消防设计和施工质量情况确定并向社会公告。对设有人员密集场所的建设工程的抽查比例不应低于50%。公安机关消防机构及其工作人员应当依照《建设工程消防监督管理规定》对建设工程消防设计和竣工验收实施备案抽查，不得擅自确定检查对象。办理消防设计审核、消防验收、备案抽查的公安机关消防机构工作人员是申请人、利害关系人的近亲属，或者与申请人、利害关系人有其他关系可能影响办理公正性的，应当回避。

公安机关消防机构接到公民、法人和其他组织有关建设工程违反消防法律法规和国家工程建设消防技术标准的举报，应当在3日内组织人员核查，核查处理情况应当及时告知举报人。

2. 建设工程消防监督管理过程中的禁止行为

公安机关消防机构实施建设工程消防监督管理时，不得对消防技术服务机构、消防产品设定法律法规规定以外的地区性准入条件。公安机关消防机构及其工作人员不得指定或者变相指定建设工程的消防设计、施工、工程监理单位和消防技术服务机构。不得指定消防产品和建筑材料的品牌、销售单位。不得参与或者干预建设工程消防设施施工、消防产品和建筑材料采购的招标投标活动。公安机关消防机构实施消防设计审核、消防验收和备案、抽查，不得收取任何费用。

3. 建设工程消防监督管理过程中的信息公开

公安机关消防机构实施建设工程消防监督管理的依据、范围、条件、程序、期限及其需要提交的全部材料的目录和申请书示范文本应当在互联网网站、受理场所、办公场所公示。消防设计审核、消防验收、备案抽查的结果，除涉及国家秘密、商业秘密和个人隐私的以外，应当予以公开，公众有权查阅。

4. 消防设计审核和消防验收合格意见的撤销与行政复议

消防设计审核合格意见、消防验收合格意见具有下列情形之一的，出具许可意见的公安机关消防机构或者其上级公安机关消防机构，根据利害关系人的请求或者依据职权，可以依法撤销许可意见：①对不具备申请资格或者不符合法定条件的申请人做出的；②建设单位以欺骗、贿赂等不正当手段取得的；③公安机关消防机构超出法定职责和权限做出的；④公安机关消防机构违反法定程序做出的；⑤公安机关消防机构工作人员滥用职权、玩忽职守做出的。依照上述规定撤销消防设计审核合格意见、消防验收合格意见，可能对公共利益造成重大损害的，不予撤销。

公民、法人和其他组织对公安机关消防机构建设工程消防监督管理中做出的具体行政行为不服的，可以向本级人民政府公安机关申请行政复议。

【案例解读5-4 公安消防支队新市区大队政府信息公开案】

1. 基本案情

2016年4月27日，原告陈某向被告新市区消防大队邮寄《关于公开乌鲁木齐市某超市有限公司（劝业店）消防审批许可和监督管理信息的申请》，申请公开信息内容为：①乌鲁木齐市某超市有限公司（劝业店）是否取得消防验收合格许可？如已经获取此行政许可，请提供"建设工程消防验收意见书"或者"建设工程竣工验收消防备案凭证"；如没有获取此许可，请提供没有获取此许可的书面告知。②该超市（劝业店）是否取得"公众聚集型场所投入使用、营业前消防安全检查合格证"？如已经获取此行政许可，请提供"公众聚集型场所投入使用、营业前消防安全检查合格证"；如没有获取此行政许可，请提供没有获取此许可的书面告知或者"不同意投入使用、营业决定书"。③2015年5月，新市区消防大队该超市（劝业店）三层采取了临时查封的强制措施，请提供"临时查封决定书""同意/不同意解除临时查封决定书"和"临时查封现场笔录"。④该超市（劝业店）开始经营以来是否存在违反消防法规的行为和火灾隐患？如果存在，请提供"行政处罚决定书""责令立即改正通知书""责令限期改正通知书""复查意见书"和"消防监督检查记录"；如果不存在，请提供不存在消防违法行为和火灾隐患的书面告知。申请信息提供形式：纸质复印件形式。信息提供方式：邮寄或者现场领取。信息公开费用承担：申请人承担。

被告于2016年4月28日收到原告的上述申请。2016年5月8日，被告通知原告补充提供租用某超市有限公司（劝业店）的租赁合同，原告于2016年5月9日向被告邮寄租赁合同。2016年5月10日，被告收到原告邮寄的租赁合同。同日，被告做出《对陈某申请关于公开乌鲁木齐市某超市有限公司（劝业店）消防审批许可和监督管理信息的回复》（以下简称《回复》），并通过EMS邮寄给原告。《回复》的内容为："陈某：依据相关法律法规，对于你提交的《关于公开乌鲁木齐市某超市有限公司（劝业店）消防审批许可和监督管理信息的申请》及相关资料，我单位已收悉，可公开信息请登录'新疆消防网'（www.xjxf.com）进行查阅。"

原告不服，向县人民法院提起行政诉讼称，原告申请公开的政府信息系被告在履行消防监督法定职责过程中制作的正式法律文书，法律法规没有不予公开的明确限制，且不涉及商业秘密。因此，原告的申请符合法律法规。被告仅告知原告登录"新疆消防网"（www.xjxf.com）进行查阅，提供的政府信息不符合原告在申请中要求的内容或者法律、法规规定的适当形式，明显违反了法律法规规定，严重损害了原告的合法权益。请求：①判决撤销被告做出的《对陈某申请关于公开乌鲁木齐市某超市有限公司（劝业店）消防审批许可和监督管理信息的回复》；②判令被告在合理期限内按照原告《关于公开乌鲁木齐市某超市有限公司（劝业店）消防审批许可和监督管理信息的申请》中要求的内容和形式公开政府信息。

被告新市区消防大队辩称，针对可以公开的政府信息，被告已经在"新疆消防网"进行了公示，公示的形式符合法律规定。被告以网页的形式公开政府信息符合法定形式，被告书面告知原告登录"新疆消防网"查阅申请公开的信息，回复形式符合法律规定。针对原告申请公开的"建设工程竣工验收消防备案""公共聚集型场所投入使用、营业前消防安全检查合格证"和消防备案抽查结果，均可在"新疆消防网"上获取，因此，被告向陈××回复的内容符合法律规定。综上，被告书面告知原告获取公开范围政府信息的途径符合法律规定，实质上不存在可撤销的内容，请求人民法院驳回原告的诉讼请求。

2. 裁判结果

法院经审查认为，原告要求撤销被告做出的《对陈某申请关于公开乌鲁木齐市某超市有限公司（劝业店）消防审批许可和监督管理信息的回复》及要求被告在合理期限内按照原告《关于公开乌鲁木齐市某超市有限公司（劝业店）消防审批许可和监督管理信息的申请》中要求的内容和形式公开政府信息的诉讼请求，有事实和法律依据，本院予以支持。依据《中华人民共和国行政诉讼法》第七十条第（三）项规定，判决如下：①撤销被告乌鲁木齐市公安消防支队新市区大队2016年5月10日做出的《对陈某申请关于公开乌鲁木齐市某超市有限公司（劝业店）消防审批许可和监督管理信息的回复》；②责令被告乌鲁木齐市公安消防支队新市区大队于本判决生效之日起15个工作日内依照原告陈某要求的内容和形式提供政府信息。

3. 案例总结

公安机关消防机构履行职责时形成的生效法律文书属于政府信息，依法应当公开，并保证信息的完整公开，不仅要公开结果，而且要公开过程、依据等，信息公开的形式也要符合要求。对于可公开的信息，被告应当按原告申请要求公开的形式及内容进行公开。但从被告庭审中提交的网页截屏可以看出，通过"新疆消防网"仅能查询消防验收合格与否的结果，不能查询相应材料的全部信息。原告申请公开的信息并未涉及保密信息，而被告提供的信息查询途径未保证信息的完整公开，其公开形式于法不合。

5.1.6 建设工程消防监督管理的法律责任

1. 公安机关消防机构人员的法律责任

公安机关消防机构的人员玩忽职守、滥用职权、徇私舞弊，构成犯罪的，依法追究刑事责任。有下列行为之一，尚未构成犯罪的，依照有关规定给予处分：①对不符合法定条件的建设工程出具消防设计审核合格意见、消防验收合格意见或者通过消防设计、竣工验收消防备案抽查的；②对符合法定条件的建设工程消防设计、消防验收的申请或者消防设计、竣工验收的备案、抽查，不予受理、审核、验收或者拖延办理的；③指定或者变相指定设计单位、施工单位、工程监理单位的；④指定或者变相指定消防产品品牌、销售单位或者技术服务机构、消防设施施工单位的；⑤利用职务接受有关单位或者个人财物的。违反《建设工程消防监督管理规定》的，依照《中华人民共和国消防法》第五十八条、第五十九条、第六十五条第二款、第六十六条、第六十九条规定给予处罚；构成犯罪的，依法追究刑事责任。

2. 建设、设计、施工、工程监理单位、消防技术服务机构及其从业人员的法律责任

建设、设计、施工、工程监理单位、消防技术服务机构及其从业人员违反有关消防法规、国家工程建设消防技术标准，造成危害后果的，除依法给予行政处罚或者追究刑事责任外，还应当依法承担民事赔偿责任。

建设单位在申请消防设计审核、消防验收时，提供虚假材料的，公安机关消防机构不予受理或者不予许可并处警告。依法应当经公安机关消防机构进行消防设计审核的建设工程未经消防设计审核和消防验收，擅自投入使用的，分别处罚，合并执行。

违反《建设工程消防监督管理规定》并及时纠正，未造成危害后果的，可以从轻、减轻或者免予处罚。有下列情形之一的，应当依法从重处罚：①已经通过消防设计审核，擅自改变消防设计，降低消防安全标准的；②建设工程未依法进行备案，且不符合国家工程建设消防技术标准强制性要求的；③经责令限期备案逾期不备案的；④工程监理单位与建设单位或者施工单位串通，弄虚作假，降低消防施工质量的。

5.2 消防监督检查的法规

我国消防监督检查的主要依据为《消防监督检查规定》。《消防监督检查规定》于2009年4月30日以中华人民共和国公安部令第107号发布，自2009年5月1日起施行，根据2012年7月17日中华人民共和国公安部令第120号公布的《公安部关于修改的决定》修订。《消防监督检查规定》分"总则""消防监督检查的形式和内容""消防监督检查的程序""公安派出所日常消防监督检查""执法监督""附则"等6章，共计42条。

5.2.1 消防监督检查的范围与管辖职责

1. 消防监督检查的范围

为了加强和规范消防监督检查工作，督促机关、团体、企业、事业等单位（以下简称单位）履行消防安全职责，依据《中华人民共和国消防法》，制定《消防监督检查规定》。本规定适用于公安机关消防机构和公安派出所依法对单位遵守消防法律、法规情况进行消防监督检查。

2. 消防监督检查的管辖职责

直辖市、市（地区、州、盟）、县（市辖区、县级市、旗）公安机关消防机构具体实施消防监督检查，确定本辖区内的消防安全重点单位并由所属公安机关报本级人民政府备案。公安派出所可以对居民住宅区的物业服务企业、居民委员会、村民委员会履行消防安全职责的情况和上级公安机关确定的单位实施日常消防监督检查。公安派出所日常消防监督检查的单位范围由省级公安机关消防机构、公安派出所工作主管部门共同研究拟定，报省级公安机关确定。

5.2.2 消防监督检查的形式和内容

1. 消防监督检查的形式

消防监督检查的形式有：①对公众聚集场所在投入使用、营业前的消防安全检查；②对单位履行法定消防安全职责情况的监督抽查；③对举报投诉的消防安全违法行为的核查；④对大型群众性活动举办前的消防安全检查；⑤根据需要进行的其他消防监督检查。

公安机关消防机构根据本地区火灾规律、特点等消防安全需要组织监督抽查；在火灾多发季节，重大节日、重大活动前或者期间，应当组织监督抽查。消防安全重点单位应当作为监督抽查的重点，非消防安全重点单位必须在监督抽查的单位数量中占有一定比例。对属于人员密集场所的消防安全重点单位每年至少监督检查一次。

2. 对公众聚集场所在投入使用、营业前的消防安全检查

公众聚集场所在投入使用、营业前，建设单位或者使用单位应当向场所所在地的县级以上人民政府公安机关消防机构申请消防安全检查，并提交下列材料：①消防安全检查申报表；②营业执照复印件或者工商行政管理机关出具的企业名称预先核准通知书；③依法取得的建设工程消防验收或者进行竣工验收消防备案的法律文件复印件；④消防安全制度、灭火和应急疏散预案、场所平面布置图；⑤员工岗前消防安全教育培训记录和自动消防系统操作人员取得的消防行业特有工种职业资格证书复印件；⑥法律、行政法规规定的其他材料。依照《建设工程消防监督管理规定》不需要进行竣工验收消防备案的公众聚集场所申请消防安全检查的，还应当提交场所室内装修消防设计施工图、消防产品质量合格证明文件，以及装修材料防火性能符合消防技术标准的证明文件、出厂合格证。

对公众聚集场所投入使用、营业前进行消防安全检查，应当检查下列内容：①建筑物或者场所是否依法通过消防验收合格或者进行竣工验收消防备案抽查合格；依法进行竣工验收消防备案但没有进行备案抽查的建筑物或者场所是否符合消防技术标准；②消防安全制度、灭火和应急疏散预案是否制定；③自动消防系统操作人员是否持证上岗，员工是否经过岗前消防安全培训；④消防设施、器材是否符合消防技术标准并完好有效；⑤疏散通道、安全出口和消防车通道是否畅通；⑥室内装修材料是否符合消防技术标准；⑦外墙门窗上是否设置影响逃生和灭火救援的障碍物。

3. 对单位履行法定消防安全职责情况的监督抽查

对单位履行法定消防安全职责情况的监督抽查，应当根据单位的实际情况检查下列内容：①建筑物或者场所是否依法通过消防验收或者进行竣工验收消防备案，公众聚集场所是否通过投入使用、营业前的消防安全检查；②建筑物或者场所的使用情况是否与消防验收或者进行竣工验收消防备案时确定的使用性质相符；③消防安全制度、灭火和应急疏散预案是否制定；④消防设施、器材和消防安全标志是否定期组织维修保养，是否完好有效；⑤电器线路、燃气管路是否定期维护保养、检测；⑥疏散通道、安全出口、消防车通道是否畅通，防火分区是否改变，防火间距是否被占用；⑦是否组织防火检查、消防演练和员工消防安全教育培训，自动消防系统操作人员是否持证上岗；⑧生产、储存、经营易燃易爆危险品的场所是否与居住场所设置在同一建筑物内；⑨生产、储存、经营其他物品的场所与居住场所设置在同一建筑物内的，是否符合消防技术标准；⑩其他依法需要检查的内容。此外，对人员密集场所还应当抽查室内装修材料是否符合消防技术标准、外墙门窗上是否设置影响逃生和灭火救援的障碍物。

4. 对消防安全重点单位履行法定消防安全职责情况的监督抽查

对消防安全重点单位履行法定消防安全职责情况的监督抽查，除"对单位履行法定消防安全职责情况的监督抽查"小节中规定的内容外，还应当检查下列内容：①是否确定消防安全管理人；②是否开展每日防火巡查并建立巡查记录；③是否定期组织消防安全培训和消防演练；④是否建立消防档案、确定消防安全重点部位。对属于人员密集场所的消防安全重点单位，还应当检查单位灭火和应急疏散预案中承担灭火和组织疏散任务的人员是否确定。

5. 在大型群众性活动举办前对活动现场的消防安全检查

在大型群众性活动举办前对活动现场进行消防安全检查，应当重点检查下列内容：①室内活动使用的建筑物（场所）是否依法通过消防验收或者进行竣工验收消防备案，公众聚集场所是否通过使用、营业前的消防安全检查；②临时搭建的建筑物是否符合消防安全要求；③是否制定灭火和应急疏散预案并组织演练；④是否明确消防安全责任分工并确定消防安全管理人员；⑤活动现场消防设施、器材是否配备齐全并完好有效；⑥活动现场的疏散通道、安全出口和消防车通道是否畅通；⑦活动现场的疏散指示标志和应急照明是否符合消防技术标准并完好有效。

6. 对大型的人员密集场所和其他特殊建设工程施工现场的消防监督检查

对大型的人员密集场所和其他特殊建设工程的施工现场进行消防监督检查，应当重点检查施工单位履行下列消防安全职责的情况：①是否明确施工现场消防安全管理人员，是否制定施工现场消防安全制度、灭火和应急疏散预案；②在建工程内是否设置人员住宿、可燃材料及易燃易爆危险品储存等场所；③是否设置临时消防给水系统、临时消防应急照明，是否配备消防器材，并确保完好有效；④是否设有消防车通道并畅通；⑤是否组织员工消防安全教育培训和消防演练；⑥施工现场人员宿舍、办公用房的建筑构件燃烧性能、安全疏散是否符合消防技术标准。

5.2.3 消防监督检查及处理程序

公安机关消防机构实施消防监督检查时，检查人员不得少于2人，并出示执法身份证件。消防监督检查应当填写检查记录，如实记录检查情况。

1. 对公众聚集场所投入使用、营业前的消防安全检查程序

对公众聚集场所投入使用、营业前的消防安全检查，公安机关消防机构应当自受理申请之日起10个工作日内进行检查，自检查之日起3个工作日内做出同意或者不同意投入使用或者营业的决定，并送达申请人。

2. 在大型群众性活动举办前对活动现场的消防安全检查程序

在大型群众性活动举办前对活动现场进行的消防安全检查，公安机关消防机构应当在接到本级公安机关治安部门书面通知之日起3个工作日内进行检查，并将检查记录移交本级公安机关治安部门。

3. 对消防安全违法行为举报投诉的处理程序

公安机关消防机构接到对消防安全违法行为的举报投诉，应当及时受理、登记，并按照《公安机关办理行政案件程序规定》的相关规定处理。公安机关消防机构应当按照下列时限，对举报投诉的消防安全违法行为进行实地核查：①对举报投诉占用、堵塞、封闭疏散通道、安全出口或者其他妨碍安全疏散行为，以及擅自停用消防设施的，应当在接到举报投诉后24小时内进行核查；②对举报投诉第一项以外的消防安全违法行为，应当在接到举报投诉之日起3个工作日内进行核查。核查后，对消防安全违法行为应当依法处理。处理情况应当及时告知举报投诉人；无法告知的，应当在受理登记中注明。

4. 对应当责令立即改正、责令限期改正的消防安全违法行为的处理程序

在消防监督检查中，公安机关消防机构对发现的依法应当责令立即改正的消防安全违法行为，应当当场制作、送达责令立即改正通知书，并依法予以处罚；对依法应当责令限期改正的，应当自检查之日起3个工作日内制作、送达责令限期改正通知书，并依法予以处罚。对违法行为轻微并当场改正完毕，依法可以不予行政处罚的，可以口头责令改正，并在检查记录上注明。

对依法责令限期改正的，应当根据改正违法行为的难易程度合理确定改正期限。公安机关消防机构应当在责令限期改正期限届满或者收到当事人的复查申请之日起3个工作日内进行复查。对逾期不改正的，依法予以处罚。

5. 在消防监督检查中发现火灾隐患的处理程序

公安机关消防机构在消防监督检查中发现火灾隐患，应当通知有关单位或者个人立即采取措施消除；对具有下列情形之一，不及时消除可能严重威胁公共安全的，应当对危险部位或者场所予以临时查封：①疏散通道、安全出口数量不足或者严重堵塞，已不具备安全疏散条件的；②建筑消防设施严重损坏，不再具备防火灭火功能的；③人员密集场所违反消防安全规定，使用、储存易燃易爆危险品的；④公众聚集场所违反消防技术标准，采用易燃、可燃材料装修，可能导致重大人员伤亡的；⑤其他可能严重威胁公共安全的火灾隐患。临时查封期限不得超过30日。临时查封期限届满后，当事人仍未消除火灾隐患的，公安机关消防机构可以再次依法予以临时查封。

火灾隐患消除后，当事人应当向做出临时查封决定的公安机关消防机构申请解除临时查封。公安机关消防机构应当自收到申请之日起3个工作日内进行检查，自检查之日起3个工作日内做出是否同意解除临时查封的决定，并送达当事人。对检查确认火灾隐患已消除的，应当做出解除临时查封的决定。

6. 对经责令改正拒不改正的消防安全违法行为的处理程序

对当事人有《中华人民共和国消防法》第六十条第一款第三项、第四项、第五项、第六项规定的消防安全违法行为，经责令改正拒不改正的，公安机关消防机构应当按照《中华人民共和国行政强制法》第五十一条、第五十二条的规定组织强制清除或者拆除相关障碍物、妨碍物，所需费用由违法行为人承担。

当事人不执行公安机关消防机构做出的停产停业、停止使用、停止施工决定的，做出决定的公安机关消防机构应当自履行期限届满之日起3个工作日内催告当事人履行义务。当事人收到催告书后有权进行陈述和申辩。公安机关消防机构应当充分听取当事人的意见，记录、复核当事人提出的事实、理由和证据。当事人提出的事实、理由或者证据成立的，应当采纳。经催告，当事人逾期仍不履行义务且无正当理由的，公安机关消防机构负责人应当组织集体研究强制执行方案，确定执行的方式和时间。强制执行决定书应当自决定之日起3个工作日内制作、送达当事人。

对被责令停止施工、停止使用、停产停业处罚的当事人申请恢复施工、使用、生产、经营的，公安机关消防机构应当自收到书面申请之日起3个工作日内进行检查，自检查之日起3个工作日内做出决定，送达当事人。对当事人已改正消防安全违法行为、具备消防安全条件的，公安机关消防机构应当同意恢复施工、使用、生产、经营；对违法行为尚未改正、不具备消防安全条件的，应当不同意恢复施工、使用、生产、经营,并说明理由。

5.2.4 公安派出所日常消防监督检查

1. 公安派出所日常消防监督检查的职责

公安派出所对其日常监督检查范围内的单位,应当每年至少进行一次日常消防监督检查。公安派出所对群众举报投诉的消防安全违法行为,应当及时受理,依法处理;对属于公安机关消防机构管辖的,应当依照《公安机关办理行政案件程序规定》在受理后及时移送公安机关消防机构处理。

2. 公安派出所日常消防监督检查的内容

公安派出所对单位进行日常消防监督检查,应当检查下列内容:①建筑物或者场所是否依法通过消防验收或者进行竣工验收消防备案,公众聚集场所是否依法通过投入使用、营业前的消防安全检查;②是否制定消防安全制度;③是否组织防火检查、消防安全宣传教育培训、灭火和应急疏散演练;④消防车通道、疏散通道、安全出口是否畅通,室内消火栓、疏散指示标志、应急照明、灭火器是否完好有效;⑤生产、储存、经营易燃易爆危险品的场所是否与居住场所设置在同一建筑物内。对设有建筑消防设施的单位,公安派出所还应当检查单位是否对建筑消防设施定期组织维修保养。对居民住宅区的物业服务企业进行日常消防监督检查,公安派出所除检查上述第2~4项内容外,还应当检查物业服务企业对管理区域内共用消防设施是否进行维护管理。

3. 公安派出所对居民委员会、村民委员会消防监督检查的内容

公安派出所对居民委员会、村民委员会进行日常消防监督检查,应当检查下列内容:①消防安全管理人是否确定;②消防安全工作制度、村(居)民防火安全公约是否制定;③是否开展消防宣传教育、防火安全检查;④是否对社区、村庄消防水源(消火栓)、消防车通道、消防器材进行维护管理;⑤是否建立志愿消防队等多种形式消防组织。

4. 公安派出所对消防安全违法违规行为的处理程序

公安派出所民警在日常消防监督检查时,发现被检查单位有下列行为之一的,应当责令依法改正:①未制定消防安全制度、未组织防火检查和消防安全教育培训、消防演练的;②占用、堵塞、封闭疏散通道、安全出口的;③占用、堵塞、封闭消防车通道,妨碍消防车通行的;④埋压、圈占、遮挡消火栓或者占用防火间距的;⑤室内消火栓、灭火器、疏散指示标志和应急照明未保持完好有效的;⑥人员密集场所在外墙门窗上设置影响逃生和灭火救援的障碍物的;⑦违反消防安全规定进入生产、储存易燃易爆危险品场所的;⑧违反规定使用明火作业或者在具有火灾、爆炸危险的场所吸烟、使用明火的;⑨生产、储存和经营易燃易爆危险品的场所与居住场所设置在同一建筑物内的;⑩未对建筑消防设施定期组织维修保养的。

公安派出所发现被检查单位的建筑物未依法通过消防验收，或者进行竣工验收消防备案，擅自投入使用的；公众聚集场所未依法通过使用、营业前的消防安全检查，擅自使用、营业的，应当在检查之日起5个工作日内书面移交公安机关消防机构处理。公安派出所在日常消防监督检查中，发现存在严重威胁公共安全的火灾隐患，应当在责令改正的同时书面报告乡镇人民政府或者街道办事处和公安机关消防机构。

5.2.5　消防监督检查的执法监督

公安机关消防机构应当健全消防监督检查工作制度，建立执法档案，定期进行执法质量考评，落实执法过错责任追究。公安机关消防机构及其工作人员进行消防监督检查，应当自觉接受单位和公民的监督。

公安机关消防机构及其工作人员在消防监督检查中有下列情形的，对直接负责的主管人员和其他直接责任人员应当依法给予处分；构成犯罪的，依法追究刑事责任：①不按规定制作、送达法律文书，不按照本规定履行消防监督检查职责，拒不改正的；②对不符合消防安全条件的公众聚集场所准予消防安全检查合格的；③无故拖延消防安全检查，不在法定期限内履行职责的；④未按照本规定组织开展消防监督抽查的；⑤发现火灾隐患不及时通知有关单位或者个人整改的；⑥利用消防监督检查职权为用户指定消防产品的品牌、销售单位或者指定消防技术服务机构、消防设施施工、维修保养单位的；⑦接受被检查单位、个人财物或者其他不正当利益的；⑧其他滥用职权、玩忽职守、徇私舞弊的行为。

公安机关消防机构工作人员的近亲属严禁在其管辖的区域或者业务范围内经营消防公司、承揽消防工程、推销消防产品。违反上述规定的，按照有关规定对公安机关消防机构工作人员予以处分。

【案例解读5-5　消防机关工作人员滥用职权的应该如何处罚？】

某饭店准备开业前，向当地公安机关消防机构申请消防安全验收检查。该地公安机关消防机构对其消防条件进行检查后认为基本上合格，但迟迟不明确予以批准。饭店急着开业，其负责人就找到消防机构的一名主管人员询问原因。该主管人员说："你们饭店的总体情况还可以，就是还差几个灭火器。反正今后你们也用得着，我们可以帮助你们采购一些质量比较好的。"该饭店负责人明白这是借机推销灭火器，虽然本不想购买该县公安消防部门推荐的灭火器，但又担心饭店的消防检查通不过，影响饭店开业，于是就一次性购买了75个灭火器。

这是一起负有消防安全监督管理职责的部门要求接受审查、验收的单位购买其指定品牌的安全器材,并造成严重不良影响的案件。实践中,一些负有安全生产监督管理职责的部门在对生产经营单位涉及安全生产的事项进行审查、验收时,以"有利于加强安全管理""保证产品质量"等为借口,滥用职权,要求生产经营单位购买其指定品牌或者指定生产、销售单位的设备、器材或者其他产品。

更为严重的是,这种行为往往为腐败的滋生提供土壤,既损害政府部门的形象,也影响安全生产监督检查的权威性和严肃性。本案例中,该县公安机关消防机构在对饭店进行消防检查后,利用职务之便,要求饭店购买指定品牌的灭火器,致使饭店在非自愿的情况下购买了75个灭火器,显然侵犯了饭店的合法权益。我国《消防法》明确规定,公安机关消防机构及其工作人员不得利用职务为用户指定消防产品的销售单位和品牌。因此,本案例中,饭店可以要求退回所购买的灭火器;并且,对公安机关消防机构的有关人员,应当给予相应的行政处分,以严肃法纪,依法行政。

5.3 火灾事故调查的法规

我国火灾事故调查工作的主要依据为《火灾事故调查规定》。《火灾事故调查规定》于2009年4月30日中华人民共和国公安部令第108号发布,自2009年5月1日起施行,根据2012年11月1日中华人民共和国公安部令第121号公布的《公安部关于修改〈火灾事故调查规定〉的决定》修订。《火灾事故调查规定》分"总则""管辖""简易程序""一般程序""火灾事故调查的处理""附则"等6章,共计48条。

5.3.1 火灾事故调查的任务及原则

为了规范火灾事故调查,保障公安机关消防机构依法履行职责,保护火灾当事人的合法权益,根据《中华人民共和国消防法》,制定《火灾事故调查规定》。火灾事故调查的任务是调查火灾原因,统计火灾损失,依法对火灾事故做出处理,总结火灾教训。

火灾事故调查应当坚持及时、客观、公正、合法的原则。任何单位和个人不得妨碍和非法干预火灾事故调查。

5.3.2 火灾事故调查的管辖职责

火灾事故调查由县级以上人民政府公安机关主管,并由本级公安机关消防机构实施;尚未设立公安机关消防机构的,由县级人民政府公安机关实施。公安派出所应当协助公安机关火灾事故调查部门维护火灾现场秩序,保护现场,控制火灾肇事嫌疑人。铁路、港航、民航公安机关和国有林区的森林公安机关消防机构负责调查其消防监督范围内发生的火灾。

1. 各级公安机关消防机构的火灾调查管辖职责

火灾事故调查由火灾发生地公安机关消防机构按照下列分工进行：①一次火灾死亡10人以上的，重伤20人以上或者死亡、重伤20人以上的，受灾50户以上的，由省、自治区人民政府公安机关消防机构负责组织调查；②一次火灾死亡1人以上的，重伤10人以上的，受灾30户以上的，由设区的市或者相当于同级的人民政府公安机关消防机构负责组织调查；③一次火灾重伤10人以下或者受灾30户以下的，由县级人民政府公安机关消防机构负责调查。直辖市人民政府公安机关消防机构负责组织调查一次火灾死亡3人以上的，重伤20人以上或者死亡、重伤20人以上的，受灾50户以上的火灾事故，直辖市的区、县公安机关消防机构负责调查其他火灾事故。仅有财产损失的火灾事故调查，由省级人民政府公安机关结合本地实际做出管辖规定，报公安部备案。

跨行政区域的火灾，由最先起火地的公安机关消防机构按照上述分工负责调查，相关行政区域的公安机关消防机构予以协助。对管辖权发生争议的，报请共同的上一级公安机关消防机构指定管辖。县级人民政府公安机关负责实施的火灾事故调查管辖权发生争议的，由共同的上一级主管公安机关指定。

上级公安机关消防机构应当对下级公安机关消防机构火灾事故调查工作进行监督和指导。上级公安机关消防机构认为必要时，可以调查下级公安机关消防机构管辖的火灾。公安机关消防机构接到火灾报警，应当及时派员赶赴现场，并指派火灾事故调查人员开展火灾事故调查工作。

2. 需要公安机关刑侦部门介入调查的火灾事故

具有下列情形之一的，公安机关消防机构应当立即报告主管公安机关通知具有管辖权的公安机关刑侦部门，公安机关刑侦部门接到通知后应当立即派员赶赴现场参加调查；涉嫌放火罪的，公安机关刑侦部门应当依法立案侦查，公安机关消防机构予以协助：①有人员死亡的火灾；②国家机关、广播电台、电视台、学校、医院、养老院、托儿所、幼儿园、文物保护单位、邮政和通信、交通枢纽等部门和单位发生的社会影响大的火灾；③具有放火嫌疑的火灾。

5.3.3 火灾事故调查的简易程序

同时具有下列情形的火灾，可以适用简易调查程序：①没有人员伤亡的；②直接财产损失轻微的；③当事人对火灾事故事实没有异议的；④没有放火嫌疑。其中第2项的具体标准由省级人民政府公安机关确定，报公安部备案。

适用简易调查程序的，可以由一名火灾事故调查人员调查，并按照下列程序实施：①表明执法身份，说明调查依据；②调查走访当事人、证人，了解火灾发生过程、火灾烧损的主要物品及建筑物受损等与火灾有关的情况；③查看火灾现场并进行照相或者录像；④告知当事人调查的火灾事故事实，听取当事人的意见，当事人提出的事实、理由或者证据成立的，应当采纳；⑤当场制作火灾事故简易调查认定书，由火灾事故调查人员、当事人签字或者捺指印后交付当事人。火灾事故调查人员应当在 2 日内将火灾事故简易调查认定书报所属公安机关消防机构备案。

5.3.4 火灾事故调查的一般程序

1. 火灾事故调查一般程序概述

除依照《火灾事故调查规定》适用简易调查程序的以外，公安机关消防机构对火灾进行调查时，火灾事故调查人员不得少于 2 人。必要时，可以聘请专家或者专业人员协助调查。公安部和省级人民政府公安机关应当成立火灾事故调查专家组，协助调查复杂、疑难的火灾。专家组的专家协助调查火灾的，应当出具专家意见。

火灾发生地的县级公安机关消防机构应当根据火灾现场情况，排除现场险情，保障现场调查人员的安全，并初步划定现场封闭范围，设置警戒标志，禁止无关人员进入现场，控制火灾肇事嫌疑人。公安机关消防机构应当根据火灾事故调查需要，及时调整现场封闭范围，并在现场勘验结束后及时解除现场封闭。封闭火灾现场的，公安机关消防机构应当在火灾现场对封闭的范围、时间和要求等予以公告。

公安机关消防机构应当自接到火灾报警之日起 30 日内做出火灾事故认定；情况复杂、疑难的，经上一级公安机关消防机构批准，可以延长 30 日。火灾事故调查中需要进行检验、鉴定的，检验、鉴定时间不计入调查期限。

2. 火灾事故的现场调查

（1）现场询问。火灾事故调查人员应当根据调查需要，对发现、扑救火灾人员，熟悉起火场所、部位和生产工艺人员，火灾肇事嫌疑人和被侵害人等知情人员进行询问。对火灾肇事嫌疑人可以依法传唤。必要时，可以要求被询问人到火灾现场进行指认。询问应当制作笔录，由火灾事故调查人员和被询问人签名或者捺指印。被询问人拒绝签名和捺指印的，应当在笔录中注明。

（2）现场勘验。勘验火灾现场应当遵循火灾现场勘验规则，采取现场照相或者录像、录音，制作现场勘验笔录和绘制现场图等方法记录现场情况。对有人员死亡的火灾现场进行勘验的，火灾事故调查人员应当对尸体表面进行观察并记录，对尸体在火灾现场的位置进行调查。现场勘验笔录应当由火灾事故调查人员、证人或者当事人签名。证人、当事人拒绝签名或者无法签名的，应当在现场勘验笔录上注明。现场图应当由制图人、审核人签字。

（3）物证提取。现场提取痕迹、物品，应当按照下列程序实施：①量取痕迹、物品的位置、尺寸，并进行照相或者录像；②填写火灾痕迹、物品提取清单，由提取人、证人或者当事人签名；证人、当事人拒绝签名或者无法签名的，应当在清单上注明；③封装痕迹、物品，粘贴标签，标明火灾名称和封装痕迹、物品的名称、编号及其提取时间，由封装人、证人或者当事人签名；证人、当事人拒绝签名或者无法签名的，应当在标签上注明。提取的痕迹、物品，应当妥善保管。

（4）现场实验。根据调查需要，经负责火灾事故调查的公安机关消防机构负责人批准，可以进行现场实验。现场实验应当照相或者录像，制作现场实验报告，并由实验人员签字。现场实验报告应当载明下列事项：①实验的目的；②实验时间、环境和地点；③实验使用的仪器或者物品；④实验过程；⑤实验结果；⑥其他与现场实验有关的事项。

3. 火灾事故调查的检验、鉴定

（1）物证鉴定。现场提取的痕迹、物品需要进行专门性技术鉴定的，公安机关消防机构应当委托依法设立的鉴定机构进行，并与鉴定机构约定鉴定期限和鉴定检材的保管期限。公安机关消防机构可以根据需要委托依法设立的价格鉴证机构对火灾直接财产损失进行鉴定。

（2）尸体检验。有人员死亡的火灾，为了确定死因，公安机关消防机构应当立即通知本级公安机关刑事科学技术部门进行尸体检验。公安机关刑事科学技术部门应当出具尸体检验鉴定文书，确定死亡原因。

（3）伤情鉴定。卫生行政主管部门许可的医疗机构具有执业资格的医生出具的诊断证明，可以作为公安机关消防机构认定人身伤害程度的依据。但是，具有下列情形之一的，应当由法医进行伤情鉴定：①受伤程度较重，可能构成重伤的；②火灾受伤人员要求做鉴定的；③当事人对伤害程度有争议的；④其他应当进行鉴定的情形。

（4）价格鉴定。对受损单位和个人提供的由价格鉴证机构出具的鉴定意见，公安机关消防机构应当审查下列事项：①鉴证机构、鉴证人是否具有资质、资格；②鉴证机构、鉴证人是否盖章签名；③鉴定意见依据是否充分；④鉴定是否存在其他影响鉴定意见正确性的情形。对符合规定的，可以作为证据使用；对不符合规定的，不予采信。

4. 火灾损失统计

受损单位和个人应当于火灾扑灭之日起 7 日内向火灾发生地的县级公安机关消防机构如实申报火灾直接财产损失，并附有效证明材料。公安机关消防机构应当根据受损单位和个人的申报、依法设立的价格鉴证机构出具的火灾直接财产损失鉴定意见以及调查核实情况，按照有关规定，对火灾直接经济损失和人员伤亡进行如实统计。

5. 火灾事故认定

（1）火灾事故认定书。公安机关消防机构应当根据现场勘验、调查询问和有关检验、鉴定意见等调查情况，及时做出起火原因的认定。对起火原因已经查清的，应当认定起火时间、起火部位、起火点和起火原因；对起火原因无法查清的，应当认定起火时间、起火部位或者起火点以及有证据能够排除和不能排除的起火原因。公安机关消防机构在做出火灾事故认定前，应当召集当事人到场，说明拟认定的起火原因，听取当事人意见；当事人不到场的，应当记录在案。

公安机关消防机构应当制作火灾事故认定书，自做出之日起7日内送达当事人，并告知当事人申请复核的权利。无法送达的，可以在做出火灾事故认定之日起7日内公告送达。公告期为20日，公告期满即视为送达。

公安机关消防机构做出火灾事故认定后，当事人可以申请查阅、复制、摘录火灾事故认定书、现场勘验笔录和检验、鉴定意见，公安机关消防机构应当自接到申请之日起7日内提供，但涉及国家秘密、商业秘密、个人隐私或者移交公安机关其他部门处理的依法不予提供，并说明理由。

（2）火灾事故调查报告。对较大以上的火灾事故或者特殊的火灾事故，公安机关消防机构应当开展消防技术调查，形成消防技术调查报告，逐级上报至省级人民政府公安机关消防机构，重大以上的火灾事故调查报告报公安部消防局备案。调查报告应当包括下列内容：①起火场所概况；②起火经过和火灾扑救情况；③火灾造成的人员伤亡、直接经济损失统计情况；④起火原因和灾害成因分析；⑤防范措施。火灾事故等级的确定标准按照公安部的有关规定执行。

6. 火灾事故认定结果的复核

当事人对火灾事故认定有异议的，可以自火灾事故认定书送达之日起15日内，向上一级公安机关消防机构提出书面复核申请；对省级人民政府公安机关消防机构做出的火灾事故认定有异议的，向省级人民政府公安机关提出书面复核申请。复核申请应当载明申请人的基本情况，被申请人的名称，复核请求，申请复核的主要事实、理由和证据，申请人的签名或者盖章，申请复核的日期。

复核机构应当自收到复核申请之日起7日内做出是否受理的决定并书面通知申请人。有下列情形之一的，不予受理：①非火灾当事人提出复核申请的；②超过复核申请期限的；③复核机构维持原火灾事故认定或者直接做出火灾事故复核认定的；④适用简易调查程序做出火灾事故认定的。公安机关消防机构受理复核申请的，应当书面通知其他当事人，同时通知原认定机构。

原认定机构应当自接到通知之日起10日内，向复核机构做出书面说明，并提交火灾事故调查案卷。复核机构应当对复核申请和原火灾事故认定进行书面审查，必要时，可以向有关人员进行调查；火灾现场尚存且未被破坏的，可以进行复核勘验。复核审查期间，复核申请人撤回复核申请的，公安机关消防机构应当终止复核。

复核机构应当自受理复核申请之日起30日内，做出复核决定，并依照《火灾事故调查规定》规定的时限送达申请人、其他当事人和原认定机构。对需要向有关人员进行调查或者火灾现场复核勘验的，经复核机构负责人批准，复核期限可以延长30日。原火灾事故认定主要事实清楚、证据确实充分、程序合法，起火原因认定正确的，复核机构应当维持原火灾事故认定。原火灾事故认定具有下列情形之一的，复核机构应当直接做出火灾事故复核认定或者责令原认定机构重新做出火灾事故认定，并撤销原认定机构做出的火灾事故认定：①主要事实不清，或者证据不确实充分的；②违反法定程序，影响结果公正的；③认定行为存在明显不当，或者起火原因认定错误的；④超越或者滥用职权的。

原认定机构接到重新做出火灾事故认定的复核决定后，应当重新调查，在15日内重新做出火灾事故认定。复核机构直接做出火灾事故认定和原认定机构重新做出火灾事故认定前，应当向申请人、其他当事人说明重新认定情况；原认定机构重新做出的火灾事故认定书，应当按照《火灾事故调查规定》规定的时限送达当事人，并报复核机构备案。复核以一次为限。当事人对原认定机构重新做出的火灾事故认定，可以按照《火灾事故调查规定》的规定申请复核。

5.3.5　火灾事故调查的处理

公安机关消防机构在火灾事故调查过程中，应当根据下列情况分别做出处理：①涉嫌失火罪、消防责任事故罪的，按照《公安机关办理刑事案件程序规定》立案侦查；涉嫌其他犯罪的，及时移送有关主管部门办理；②涉嫌消防安全违法行为的，按照《公安机关办理行政案件程序规定》调查处理；涉嫌其他违法行为的，及时移送有关主管部门调查处理；③依照有关规定应当给予处分的，移交有关主管部门处理。对经过调查不属于火灾事故的，公安机关消防机构应当告知当事人处理途径并记录在案。

公安机关消防机构向有关主管部门移送案件的，应当在本级公安机关消防机构负责人批准后的24小时内移送，并根据案件需要附下列材料：①案件移送通知书；②案件调查情况；③涉案物品清单；④询问笔录，现场勘验笔录，检验、鉴定意见以及照相、录像、录音等资料；⑤其他相关材料。构成放火罪需要移送公安机关刑侦部门处理的，火灾现场应当一并移交。公安机关其他部门应当自接受公安机关消防机构移送的涉嫌犯罪案件之日起10日内，进行审查并做出决定。依法决定立案的，应当书面通知移送案件的公安机关消防机构；依法不予立案的，应当说明理由，并书面通知移送案件的公安机关消防机构，退回案卷材料。

公安机关消防机构及其工作人员有下列行为之一的,依照有关规定给予责任人员处分;构成犯罪的,依法追究刑事责任:①指使他人错误认定或者故意错误认定起火原因的;②瞒报火灾、火灾直接经济损失、人员伤亡情况的;③利用职务上的便利,索取或者非法收受他人财物的;④其他滥用职权、玩忽职守、徇私舞弊的行为。

【案例解读5-6 火灾原因认定中电气线路故障的描述不详细引发的纠纷案件】

1. 基本案情

2014年7月12日17时13分许,鹿邑县某家具店发生火灾。鹿邑县公安消防大队经过调查,于2014年8月8日做出鹿公消火认字〔2014〕第0004号火灾事故认定书。主要内容如下:

火灾事故基本情况:2014年7月12日17时13分许,鹿邑县某家具店(家具店共三间,其中西侧两间为刘某的家具店,主要负责人:刘某;东侧一间为孙某的日杂店,主要负责人:孙某)发生火灾,火灾烧损家具店及仓库内的家具、日常百货等物品,及附近其他商店的部分物品,段某、王某、刘某家的日用电器和日常生活用品等物品和真源办事处集市贸易服务部等部分物品,过火面积约210m^2,无人员伤亡。

经调查,对起火原因认定如下:起火部位为家具店西侧第一间和第二间店铺中间房梁下距北侧立柱南约3m附近区域。起火原因排除放火引发火灾、排除飞火引发火灾、排除雷击引发火灾,不排除生活用火不慎引发火灾,不排除电气线路故障引发火灾。

该火灾事故认定书于2014年8月12日送达刘某。刘某不服,向周口市公安消防支队申请复核。周口市公安消防支队于2014年10月13日做出周公消火复字〔2014〕第0008号火灾事故认定复核决定书。复核决定书的内容是:原鹿公消火认字〔2014〕第0004号火灾事故认定书对火灾原因中电气线路故障的描述不详细,责令鹿邑县公安消防大队重新对火灾事故做出认定。鹿邑县公安消防大队于2014年10月15日做出鹿公消火认字〔2014〕第0005号火灾事故认定书,同日送达刘某。刘某仍不服,向郸城县人民法院提起诉讼,要求撤销鹿邑县公安消防大队第0005号火灾事故认定书。

2. 一审判决结果

《消防法》第四条规定,县级以上地方人民政府公安机关对本行政区域内的消防工作实施监督管理,并由本级人民政府公安机关消防机构负责实施。据此,鹿邑县公安消防大队做出鹿邑县公安消防大队第0005号火灾事故认定书,依法享有职权。该火灾事故认定书对本次火灾的起火原因认定为不排除刘某经营的家具店室内电气线路故障引发,对刘某的权利义务产生了实际影响,刘某不服提起诉讼,符合人民法院行政诉讼受案范围。该火灾事故认定书于2014年10月15日送达刘某,鹿邑县公安消防大队没有向刘某交代诉权或者起诉期限。刘某于2015年9月2日提起行政诉讼,没有超过行政诉讼法规定的2年的起诉期限。

从鹿邑县公安消防大队调查的牛某等10名证人的证言中,可以看出本次火灾的最先着火点在刘某经营的家具店西起第二间北侧夹层上面北边靠近窗户处,燃烧的物品是布衣柜等。鹿邑县公安消防大队2014年7月12日绘制的鹿邑县该家具店火灾线路图显示,刘某经营的家具店西起第二间北侧夹层上面西北侧和北边靠近窗户处均无电气线路、管道经过。鹿邑县公安消防大队2014年7月16日的现场勘验笔录明确记载,经对该家具店内现场提取的电气线路进行勘验,未发现有明显短路或故障点,在可能有其他原因导致本次火灾发生的情况下,鹿邑县公安消防大队第0005号火灾事故认定书对起火原因仅认定为不排除刘某经营的家具店室内电气线路故障引发火灾,属行政行为主要证据不足。法院依照《中华人民共和国行政诉讼法》第七十条第(一)项的规定,判决撤销鹿邑县公安消防大队2014年10月15日做出的鹿公消火认字〔2014〕第0005号火灾事故认定书。

3. 二审判决结果

鹿邑县公安消防大队不服一审判决上诉称:①一审判决认定本案属于人民法院行政诉讼受案范围错误。2009年5月1日施行的《消防法》第五十一条规定,火灾事故认定书作为处理火灾事故的证据。本案中的事故认定书本身只是证据中的一种,法院可以采信也可以根据案情不予采信,并没有对被上诉权利和义务产生实际影响。②一审法院认定被上诉人起诉没有超过2年起诉期限的观点错误。③一审法院认为上诉人的行政行为主要证据不足的观点也是建立在没有完全理解消防事故调查专业性的基础上做出的错误认识。请求二审法院,撤销一审判决,改判驳回被上诉人一审的诉讼请求,维持上诉人做出的〔2014〕第0005号火灾事故认定书。

被上诉人刘某答辩称:从《行政诉讼法》第十二条规定来看,凡是涉及人身权、财产权的行政行为,均属于法院行政案件的受理范围。而该法第十三条规定的排除受案范围中并未包括火灾责任认定。上诉人做出的火灾事故责任认定属于行政证明行为,该证据对当事人虽然没有直接确定权利义务,但却是确定权利义务的先决条件,对当事人的权利义务产生了实质性的影响。该认定书具有行政确认行为的性质,在未经依法撤销之前,始终有效,直接影响了当事人权益,且无其他救济渠道。故本案属于人民法院受案范围。请求驳回上诉,维持原判。

二审法院经审理认为，本案双方的争议焦点主要有以下三点：

（1）关于火灾事故认定书是否属于人民法院行政诉讼受案范围的问题。上诉人作为公安机关消防机构，具有在本行政区域内认定火灾事故原因的法定职责，其做出的鹿公消火认字〔2014〕第0005号火灾事故认定书对刘某的权利义务产生了实际影响，鹿邑县人民法院〔2015〕鹿邑初字第73号民事判决书，判决刘某赔偿王某5万余元。火灾事故认定书作为一种证明行为的证据材料，属于《中华人民共和国行政诉讼法》第十二条规定的受案范围。

（2）关于刘某起诉是否超过起诉期限的问题。本院认为最高人民法院关于执行《中华人民共和国行政诉讼法》若干问题的解释第四十一条规定，行政机关做出具体行政行为时，未告知公民、法人或者其他组织诉权或者起诉期限的，起诉期限从公民、法人或者其他组织知道或者应当知道具体行政行为内容之日起最长不得超过2年。上诉人做出涉案火灾事故认定书时，未告知刘某诉权，刘某起诉未超过2年的起诉期限。

（3）原审撤销被诉火灾事故认定书认定事实、适用法律是否正确。上诉人做出的火灾事故认定书中认定不排除室内电气线路引发火灾，但是在火灾原因调查中没有发现电路引发火灾物证，不能完全排除电气线路引发火灾的可能。在4次火灾现场勘验笔录中"经对该家具店内现场提取的电气线路进行勘验，未发现有明显短路痕迹或故障点"与火灾原因认定为"不排除电气线路故障引发火灾"并不矛盾。排除室外电气线路故障引发火灾的根据有：发生火灾后仍然能正常工作；朱某的询问笔录、音频资料；陈某、马某的询问笔录；现场提取的电气线路无一次短路痕迹。认定起火点有：从第一报警人处提取的视频资料和火灾调查人员的现场比对；罗某、刘某的现场指认及证人证言和马某、陈某等人的证言；现场火灾扑救时使用的灭火器、留下的干粉残留物等依据。因此，认定该家具店西侧第一间和第二间店铺中间房梁下距北侧立柱南约3m附近区域为起火点。被诉火灾事故认定书是上诉人在查明火灾事故后，运用专业知识、专门技术，就火灾原因等专门问题所做的技术结论，本院予以认定。原审法院在没有充分证据证明公安机关消防机构做出的火灾事故认定书证据不足的情况下，判决撤销公安机关消防机构做出的火灾事故认定书不妥。刘某诉请证据不足，本院不予支持。上诉人上诉请求部分成立，本院予以支持。原审认定事实错误，本院予以纠正。依据《中华人民共和国行政诉讼法》第六十九条、第八十九条第一款（二）项，判决如下：撤销郸城县人民法院〔2015〕郸行初字第28号行政判决；驳回刘×的诉讼请求。

4. 案例总结

上诉人作为公安机关消防机构，具有在本行政区域内认定火灾事故原因的法定职责，其做出的火灾事故认定书对刘某的权利义务产生了实际影响，鹿邑县人民法院判决刘某赔偿王某5万余元。火灾事故认定书作为一种证明行为的证据材料，属于《中华人民共和国行政诉讼法》第十二条规定的受案范围。上诉人做出涉案火灾事故认定书时，未告知刘某诉权，刘某起诉未超过2年的起诉期限。

【案例解读5-7　未送达火灾事故认定书行为违法案】

1. 基本案情

2013年4月3日7时37分，准格尔旗金峰商厦发生火灾。被告准格尔旗公安消防大队（以下简称准旗消防大队）于2013年7月9日做出准公消火认字〔2013〕第0001号火灾事故认定书。准格尔旗人民政府根据此商厦"4·3"火灾事故调查组的调查报告，于2013年9月3日做出了准政函〔2013〕第233号《准格尔旗人民政府关于金峰商厦"4·3"火灾事故调查报告的批复》，认定该起火灾事故是一起安全生产责任事故。因原告某公司在将该商厦承包期间未严格履行消防安全管理职责，崔某作为公司的法定代表人，涉嫌重大责任事故罪，被准格尔旗公安局立案侦查后，于2013年12月10日移送审查起诉。

2014年3月25日，准格尔旗人民检察院对崔某依法做出了准检刑不诉〔2014〕第2号不起诉决定书。2015年4月27日，原告公司向被告准旗消防大队邮寄送达了《关于向我公司送达〈火灾事故认定书〉的申请》，被告准旗消防大队在2015年4月28日签收后，一直未向原告公司送达火灾事故认定书。2015年5月19日，原告提出行政诉讼，请求人民法院判令：①依法确认被告准旗消防大队未向原告送达火灾事故认定书违法；②判令被告准旗消防大队立即向原告公司送达"4·3火灾"火灾事故认定书。

被告准旗消防大队辩称，涉案火灾事故认定书是于2013年7月9日做出的，并且被告准旗消防大队于当日以电话方式告知原告公司法定代表人崔某火灾事故认定书的内容。公安机关在2013年对崔某的多次讯问内容，可知其对火灾事故的基本事实知悉。所以，原告公司的诉讼时效已经超过法律规定。该火灾事故是一起安全生产责任事故，火灾认定仅是事故调查报告的依据，事故最终责任主体的确定是依据《内蒙古自治区生产安全事故报告的调查处理条例》，故原告公司依据《火灾事故调查规定》的程序要求被告准旗消防大队送达火灾事故认定书是错误的。被告准旗消防大队认为其在送达火灾事故认定书时并没有违法，请求人民法院依法驳回原告公司的诉讼请求。

2. 裁判结果

准格尔旗人民法院于2015年10月27日做出〔2015〕准行初字第5号行政裁定书，驳回原告诉讼请求。原告不服，向鄂尔多斯市中级人民法院提起上诉，鄂尔多斯市中级人民法院于2016年4月5日做出〔2016〕鄂行终字第9号行政裁定书，裁定撤销原裁定，指令准格尔旗人民法院继续审理。本案于2016年10月21日立案，于2016年11月8日向被告准旗消防大队送达了起诉状副本及应诉通知书。准格尔旗人民法院于2016年12月1日公开开庭审理了本案。

法院经审查认为，被告准旗消防大队于2015年4月28日收到原告申请，直至本次诉讼，被告准旗消防大队一直未向原告公司送达火灾事故认定书，被告准旗消防大队对未送达的事实也认可。因此，被告准旗消防大队未按规定向原告公司送达火灾事故认定书违法。依据《中华人民共和国行政诉讼法》第七十二条规定，经审判委员会讨论决定，2017年3月31日判决如下：①确认被告准格尔旗公安消防大队未向原告公司送达准公消火认字〔2013〕第0001号火灾事故认定书违法；②被告准格尔旗公安消防大队于判决生效之日起7日内向原告公司送达准公消火认字〔2013〕第0001号火灾事故认定书。

3. 案例总结

送达生效法律文书是行政机关的法定义务，行政机关应当全面履行。公安机关消防机构应当制作火灾事故认定书，自做出之日起7日内送达当事人，并告知当事人申请复核的权利。无法送达的，可以在做出火灾事故认定之日起7日内公告送达。公告期为20日，公告期满即视为送达。

5.4 消防产品监督管理的法规

我国消防产品监督管理的主要依据为《消防产品监督管理规定》。《消防产品监督管理规定》于2012年8月13日，由公安部、国家工商行政管理总局、国家质量监督检验检疫总局令第122号公布，《消防产品监督管理规定》分"总则""市场准入""产品质量责任和义务""监督检查""法律责任""附则"等6章，共计44条。

5.4.1 消防产品监督管理的范围与管辖职责

1. 消防产品监督管理的范围

消防产品是指专门用于火灾预防、灭火救援和火灾防护、避难、逃生的产品。消防产品必须符合国家标准；没有国家标准的，必须符合行业标准。未制定国家标准、行业标准的，应当符合消防安全要求，并符合保障人体健康、人身财产安全的要求和企业标准。在中华人民共和国境内生产、销售、使用消防产品，以及对消防产品质量实施监督管理，适用《消防产品监督管理规定》。

2. 消防产品监督管理的管辖职责

国家质量监督检验检疫总局、国家工商行政管理总局和公安部按照各自职责对生产、流通和使用领域的消防产品质量实施监督管理。县级以上地方质量监督部门、工商行政管理部门和公安机关消防机构按照各自职责对本行政区域内生产、流通和使用领域的消防产品质量实施监督管理。

5.4.2 消防产品的市场准入制度

消防产品的市场准入制度包括强制性产品认证和技术鉴定两种，经强制性产品认证合格或者技术鉴定合格的消防产品，公安部消防局应当予以公布。

1. 强制性产品认证

依法实行强制性产品认证的消防产品，由具有法定资质的认证机构按照国家标准、行业标准的强制性要求认证合格后，方可生产、销售、使用。消防产品认证机构应当将消防产品强制性认证有关信息报国家认证认可监督管理委员会和公安部消防局。实行强制性产品认证的消防产品目录由国家质量监督检验检疫总局、国家认证认可监督管理委员会会同公安部制定并公布，消防产品认证基本规范、认证规则由国家认证认可监督管理委员会制定并公布。

国家认证认可监督管理委员会应当按照《中华人民共和国认证认可条例》的有关规定，经评审并征求公安部消防局意见后，指定从事消防产品强制性产品认证活动的机构以及与认证有关的检查机构、实验室，并向社会公布。消防产品认证机构及其工作人员应当按照有关规定从事认证活动，客观公正地出具认证结论，对认证结果负责。不得增加、减少、遗漏或者变更认证基本规范、认证规则规定的程序。从事消防产品强制性产品认证活动的检查机构、实验室及其工作人员，应当确保检查、检测结果真实、准确，并对检查、检测结论负责。

2. 技术鉴定

新研制的尚未制定国家标准、行业标准的消防产品，经消防产品技术鉴定机构技术鉴定符合消防安全要求的，方可生产、销售、使用。消防安全要求由公安部制定。消防产品技术鉴定机构应当具备国家认证认可监督管理委员会依法认定的向社会出具具有证明作用的数据和结果的消防产品实验室资格或者从事消防产品合格评定活动的认证机构资格。消防产品技术鉴定机构名录由公安部公布。公安机关消防机构和认证认可监督管理部门按照各自职责对消防产品技术鉴定机构进行监督。公安部会同国家认证认可监督管理委员会参照消防产品认证机构和实验室管理工作规则，制定消防产品技术鉴定工作程序和规范。消防产品技术鉴定机构及其工作人员应当按照有关规定开展技术鉴定工作，对技术鉴定结果负责。

消防产品技术鉴定应当遵守以下程序：①委托人向消防产品技术鉴定机构提出书面委托，并提供有关文件资料；②消防产品技术鉴定机构依照有关规定对文件资料进行审核；③文件资料经审核符合要求的，消防产品技术鉴定机构按照消防安全要求和有关规定，组织实施消防产品型式检验和工厂检查；④经鉴定认为消防产品符合消防安全要求的，技术鉴定机构应当在接受委托之日起90日内颁发消防产品技术鉴定证书，并将消防产品有关信息报公安部消防局；认为不符合消防安全要求的，应当书面通知委托人，并说明理由。消防产品检验时间不计入技术鉴定时限。消防产品技术鉴定机构应当对其鉴定合格的产品实施有效的跟踪调查，鉴定合格的产品不能持续符合技术鉴定要求的，技术鉴定机构应当暂停其使用直至撤销鉴定证书，并予公布。

消防产品技术鉴定证书有效期为3年。有效期届满，生产者需要继续生产消防产品的，应当在有效期届满前的6个月内，依照《消防产品监督管理规定》的规定，重新申请消防产品技术鉴定证书。在消防产品技术鉴定证书有效期内，消防产品的生产条件、检验手段、生产技术或者工艺发生变化，对性能产生重大影响的，生产者应当重新委托消防产品技术鉴定。在消防产品技术鉴定证书有效期内，相关消防产品的国家标准、行业标准颁布施行的，生产者应当保证生产的消防产品符合国家标准、行业标准。前款规定的消防产品被列入强制性产品认证目录的，应当按照规定实施强制性产品认证。未列入强制性产品认证目录的，在技术鉴定证书有效期届满后，不再实行技术鉴定。

5.4.3 消防产品质量的责任和义务

1. 消防产品生产者的责任和义务

消防产品生产者应当对其生产的消防产品质量负责，建立有效的质量管理体系，保持消防产品的生产条件，保证产品质量、标志、标识符合相关法律法规和标准要求。不得生产应当获得而未获得市场准入资格的消防产品、不合格的消防产品或者国家明令淘汰的消防产品。消防产品生产者应当建立消防产品销售流向登记制度，如实记录产品名称、批次、规格、数量、销售去向等内容。

2. 消防产品销售者的责任和义务

消防产品销售者应当建立并执行进货检查验收制度，验明产品合格证明和其他标识，不得销售应当获得而未获得市场准入资格的消防产品、不合格的消防产品或者国家明令淘汰的消防产品。销售者应当采取措施，保持销售产品的质量。

3. 消防产品使用者的责任和义务

消防产品使用者应当查验产品合格证明、产品标识和有关证书，选用符合市场准入的、合格的消防产品。

建设工程设计单位在设计中选用的消防产品，应当注明产品规格、性能等技术指标，其质量要求应当符合国家标准、行业标准。当需要选用尚未制定国家标准、行业标准的消防产品时，应当选用经技术鉴定合格的消防产品。

建设工程施工企业应当按照工程设计要求、施工技术标准、合同的约定和消防产品有关技术标准，对进场的消防产品进行现场检查或者检验，如实记录进货来源、名称、批次、规格、数量等内容；现场检查或者检验不合格的，不得安装。现场检查记录或者检验报告应当存档备查。建设工程施工企业应当建立安装质量管理制度，严格执行有关标准、施工规范和相关要求，保证消防产品的安装质量。

工程监理单位应当依照法律、行政法规及有关技术标准、设计文件和建设工程承包合同对建设工程使用的消防产品的质量及其安装质量实施监督。

机关、团体、企业、事业等单位应当按照国家标准、行业标准定期组织对消防设施、器材进行维修保养，确保完好有效。

5.4.4 消防产品质量的监督检查

1. 消防产品质量监督检查的基本要求

公安机关消防机构对使用领域的消防产品质量进行监督检查，实行日常监督检查和监督抽查相结合的方式。公安机关消防机构在消防监督检查和建设工程消防监督管理工作中，对使用领域的消防产品质量进行日常监督检查，按照公安部《消防监督检查规定》《建设工程消防监督管理规定》执行。公安机关消防机构对使用领域的消防产品质量进行专项监督抽查，由省级以上公安机关消防机构制订监督抽查计划，由县级以上地方公安机关消防机构具体实施。

任何单位和个人在接受质量监督部门、工商行政管理部门和公安机关消防机构依法开展的消防产品质量监督检查时，应当如实提供有关情况和资料。任何单位和个人不得擅自转移、变卖、隐匿或者损毁被采取强制措施的物品，不得拒绝依法进行的监督检查。

2. 消防产品质量监督检查的内容

公安机关消防机构对使用领域的消防产品质量进行监督抽查，应当检查下列内容：①列入强制性产品认证目录的消防产品是否具备强制性产品认证证书，新研制的尚未制定国家标准、行业标准的消防产品是否具备技术鉴定证书；②按照强制性国家标准或者行业标准的规定，应当进行型式检验和出厂检验的消防产品，是否具备型式检验合格和出厂检验合格的证明文件；③消防产品的外观标志、规格型号、结构部件、材料、性能参数、生产厂名、厂址与产地等是否符合有关规定；④消防产品的关键性能是否符合消防产品现场检查判定规则的要求；⑤法律、行政法规规定的其他内容。

3. 消防产品质量监督检查的工作程序

公安机关消防机构实施消防产品质量监督抽查时，检查人员不得少于2人，并应当出示执法身份证件。实施消防产品质量监督抽查应当填写检查记录，由检查人员、被检查单位管理人员签名；被检查单位管理人员对检查记录有异议或者拒绝签名的，检查人员应当在检查记录中注明。

公安机关消防机构应当根据《消防产品监督管理规定》和消防产品现场检查判定规则，实施现场检查判定。对现场检查判定为不合格的，应当在3日内将判定结论送达被检查人。被检查人对消防产品现场检查判定结论有异议的，公安机关消防机构应当在5日内依照有关规定将样品送符合法定条件的产品质量检验机构进行监督检验，并自收到检验结果之日起3日内，将检验结果告知被检查人。检验抽取的样品由被检查人无偿供给，其数量不得超过检验的合理需要。检验费用在规定经费中列支，不得向被检查人收取。

被检查人对公安机关消防机构抽样送检的产品检验结果有异议的，可以自收到检验结果之日起5日内向实施监督检查的公安机关消防机构提出书面复检申请。公安机关消防机构受理复检申请，应当当场出具受理凭证。公安机关消防机构受理复检申请后，应当在5日内将备用样品送检，自收到复检结果之日起3日内，将复检结果告知申请人。复检申请以一次为限。复检合格的，费用列入监督抽查经费；不合格的，费用由申请人承担。

4. 消防产品质量举报投诉的处理程序

公安机关消防机构接到对消防产品质量问题的举报投诉，应当及时受理、登记，并按照公安部《公安机关办理行政案件程序规定》的相关规定和《消防产品监督管理规定》中消防产品质量监督检查程序处理。公安机关消防机构对举报投诉的消防产品质量问题进行核查后，对消防安全违法行为应当依法处理。核查、处理情况应当在3日内告知举报投诉人；无法告知的，应当在受理登记中注明。

质量监督部门、工商行政管理部门接到对消防产品质量问题的举报投诉，应当按职责及时依法处理。对不属于本部门职责范围的，应当及时移交或者书面通报有关部门。

5. 消防产品质量违规违法行为的处理程序

公安机关消防机构发现使用依法应当获得市场准入资格而未获得准入资格的消防产品或者不合格的消防产品、国家明令淘汰的消防产品等使用领域消防产品质量违法行为，应当依法责令限期改正。公安机关消防机构应当在收到当事人复查申请或者责令限期改正期限届满之日起3日内进行复查。复查应当填写记录。

公安机关消防机构对发现的使用领域消防产品质量违法行为,应当依法查处,并及时将有关情况书面通报同级质量监督部门、工商行政管理部门;质量监督部门、工商行政管理部门应当对生产者、销售者依法及时查处。质量监督部门、工商行政管理部门和公安机关消防机构应当按照有关规定,向社会公布消防产品质量监督检查情况、重大消防产品质量违法行为的行政处罚情况等信息。

5.4.5 消防产品质量监督管理的法律责任

1. 生产、销售不合格的消防产品或者国家明令淘汰的消防产品的处罚

生产、销售不合格的消防产品或者国家明令淘汰的消防产品的,由质量监督部门或者工商行政管理部门依照《中华人民共和国产品质量法》的规定从重处罚。有下列情形之一的,由公安机关消防机构责令改正,依照《中华人民共和国消防法》第五十九条处罚:①建设单位要求建设工程施工企业使用不符合市场准入的消防产品、不合格的消防产品或者国家明令淘汰的消防产品的;②建设工程设计单位选用不符合市场准入的消防产品,或者国家明令淘汰的消防产品进行消防设计的;③建设工程施工企业安装不符合市场准入的消防产品、不合格的消防产品或者国家明令淘汰的消防产品的;④工程监理单位与建设单位或者建设工程施工企业串通,弄虚作假,安装、使用不符合市场准入的消防产品、不合格的消防产品或者国家明令淘汰的消防产品的。

人员密集场所使用不符合市场准入的消防产品的,由公安机关消防机构责令限期改正;逾期不改正的,依照《中华人民共和国消防法》第六十五条第二款处罚。非人员密集场所使用不符合市场准入的消防产品、不合格的消防产品或者国家明令淘汰的消防产品的,由公安机关消防机构责令限期改正;逾期不改正的,对非经营性场所处500元以上1000元以下罚款,对经营性场所处5000元以上1万元以下罚款,并对直接负责的主管人员和其他直接责任人员处500元以下罚款。

2. 消防产品技术鉴定机构出具虚假文件的处罚

消防产品技术鉴定机构出具虚假文件的,由公安机关消防机构责令改正,依照《中华人民共和国消防法》第六十九条处罚。《消防法》第六十九条规定,消防产品质量认证、消防设施检测等消防技术服务机构出具虚假文件的,责令改正,处5万元以上10万元以下罚款,并对直接负责的主管人员和其他直接责任人员处1万元以上5万元以下罚款;有违法所得的,并处没收违法所得;给他人造成损失的,依法承担赔偿责任;情节严重的,由原许可机关依法责令停止执业或者吊销相应资质、资格。前款规定的机构出具失实文件,给他人造成损失的,依法承担赔偿责任;造成重大损失的,由原许可机关依法责令停止执业或者吊销相应资质、资格。

3. 消防产品质量监督执法工作人员违法行为的处罚

公安机关消防机构及其工作人员进行消防产品监督执法,应当严格遵守廉政规定,坚持公正、文明执法,自觉接受单位和公民的监督。公安机关及其工作人员不得指定消防产品的品牌、销售单位,不得参与或者干预建设工程消防产品的招投标活动,不得接受被检查单位、个人的财物或者其他不正当利益。

质量监督部门、工商行政管理部门、公安机关消防机构工作人员在消防产品监督管理中滥用职权、玩忽职守、徇私舞弊的,依法给予处分。违反规定,构成犯罪的,依法追究刑事责任。

【案例解读5-8 消防产品的质量不合格如何进行处罚?】

因某房地产公司的消防产品不合格,某市消防支队执法人员依法没收了其位于该市某楼盘正在使用的100具不合格灭火器,并对销售人苏某做出罚款和没收非法所得的处理。

消防产品的质量直接关系到消防安全和公共安全。消防产品属于安全类产品,其质量直接关系到火灾发生后消防产品能否有效地发挥作用,从而保障人身安全和财产安全。《消防法》第二十四条第一款规定,消防产品必须符合国家标准;没有国家标准的,必须符合行业标准。禁止生产、销售或者使用不合格的消防产品以及国家明令淘汰的消防产品。第六十五条规定,违反本法规定,生产、销售不合格的消防产品或者国家明令淘汰的消防产品的,由产品质量监督部门或者工商行政管理部门依照《中华人民共和国产品质量法》的规定从重处罚。人员密集场所使用不合格的消防产品或者国家明令淘汰的消防产品的,责令限期改正;逾期不改正的,处5000元以上5万元以下罚款,并对其直接负责的主管人员和其他直接责任人员处500元以上2000元以下罚款;情节严重的,责令停产整顿。

复习题

1. 简述建设单位、设计单位、施工单位及监理单位的消防安全职责。
2. 简述哪些建设工程需要进行消防设计审核和消防验收。
3. 简述建设工程消防设计审核和消防验收的审批流程及时限。
4. 简述建设工程消防设计和竣工验收备案需要提供的材料有哪些。
5. 简述建设工程消防监督管理过程中的禁止行为。
6. 简述消防监督检查的形式和内容。
7. 简述公众聚集场所在投入使用、营业前的消防安全检查的内容。
8. 简述对消防安全重点单位履行法定消防安全职责情况的监督抽查的内容。

9. 简述消防监督检查中发现火灾隐患的处理程序。
10. 简述公安派出所日常消防监督检查的内容。
11. 简述火灾事故调查的管辖职责。
12. 简述火灾事故现场调查的方法和内容。
13. 简述火灾事故认定结果的复核程序及要求。
14. 简述消防产品的市场准入制度。
15. 简述消防产品生产者、销售者和使用者的责任和义务。
16. 简述消防产品质量监督检查的内容。
17. 简述消防产品技术鉴定机构出具虚假文件的处罚规定。

参考法律法规及文件

《建设工程消防监督管理规定》（公安部令第119号）
《消防监督检查规定》（公安部令第120号）
《火灾事故调查规定》（公安部令第121号）
《消防产品监督管理规定》（公安部令第122号）

第6章 社会单位消防安全管理常用的法规

6.1 社会单位消防安全管理的法规

社会单位消防安全管理的主要法律依据为《机关、团体、企业、事业单位消防安全管理规定》。《机关、团体、企业、事业单位消防安全管理规定》(公安部令第61号) 于2001年10月19日公安部部长办公会议通过，自2002年5月1日起施行。《机关、团体、企业、事业单位消防安全管理规定》分"总则""消防安全责任""消防安全管理""防火检查""火灾隐患整改""消防安全宣传教育和培训""灭火、应急疏散预案和演练""消防档案""奖惩""附则"10章，共计48条。

6.1.1 社会单位消防安全管理的基本要求

社会单位应当遵守消防法律、法规、规章（以下统称消防法规），贯彻预防为主、防消结合的消防工作方针，履行消防安全职责，保障消防安全。法人单位的法定代表人或者非法人单位的主要负责人是单位的消防安全责任人，对本单位的消防安全工作全面负责。单位应当落实逐级消防安全责任制和岗位消防安全责任制，明确逐级和岗位消防安全职责，确定各级、各岗位的消防安全责任人。

消防安全管理将社会单位分为一般单位和消防安全重点单位。

6.1.2 消防安全重点单位与重点部位的确定

1. 消防安全重点单位的界定标准

依据公安部《机关、团体、企业、事业单位消防安全管理规定》，消防安全重点单位的界定标准如下：

（1）商场（市场）、宾馆（饭店）、体育场（馆）、会堂、公共娱乐场所等公众聚集场所。①建筑面积在1000m^2（含本数，下同）以上且经营可燃商品的商场（商店、市场）；②客房数在50间以上的（旅馆、饭店）；③公共的体育场（馆）、会堂；④建筑面积在200m^2以上的公共娱乐场所。公共娱乐场所是指向公众开放的下列室内场所：影剧院、录像厅、礼堂等演出、放映场所；舞厅、卡拉OK等歌舞娱乐场所；具有娱乐功能的夜总会、音乐茶座和餐饮场所；游艺、游乐场所；保龄球馆、旱冰场、桑拿浴室等营业性健身、休闲场所。

（2）医院、养老院和寄宿制的学校、托儿所、幼儿园。①住院床位在50张以上的医院；②老人住宿床位在50张以上的养老院；③学生住宿床位在100张以上的学校；④幼儿住宿床位在50张以上的托儿所、幼儿园。

（3）国家机关。①县级以上的党委、人大、政府、政协；②人民检察院、人民法院；③中央和国务院各部委；④共青团中央、全国总工会、全国妇联的办事机关。

（4）广播、电视和邮政、通信枢纽。①广播电台、电视台；②城镇的邮政和通信枢纽单位。

（5）客运车站、码头、民用机场。①候车厅、候船厅的建筑面积在500m^2以上的客运车站和客运码头；②民用机场。

（6）公共图书馆、展览馆、博物馆、档案馆以及具有火灾危险性的文物保护单位。①建筑面积在2000m^2以上的公共图书馆、展览馆；②博物馆、档案馆；③具有火灾危险性的县级以上文物保护单位。

（7）发电厂（站）和电网经营企业。

（8）易燃易爆化学物品的生产、充装、储存、供应、销售单位。①生产易燃易爆化学物品的工厂；②易燃易爆气体和液体的灌装站、调压站；③储存易燃易爆化学物品的专用仓库（堆场、储罐场所）；④易燃易爆化学物品的专业运输单位；⑤营业性汽车加油站、加气站，液化石油气供应站（换瓶站）；⑥经营易燃易爆化学物品的化工商店（其界定标准，以及其他需要界定的易燃易爆化学物品性质的单位及其标准，由省级公安机关消防机构根据实际情况确定）。

（9）服装、制鞋等劳动密集型生产、加工企业。生产车间员工在100人以上的服装、鞋帽、玩具等劳动密集型企业。

（10）重要的科研单位。界定标准由省级公安机关消防机构根据实际情况确定。

（11）高层公共建筑、地下铁道、地下观光隧道，粮、棉、木材、百货等物资仓库和堆场，重点工程的施工现场。①高层公共建筑的办公楼（写字楼）、公寓楼等；②城市地下铁道、地下观光隧道等地下公共建筑和城市重要的交通隧道；③国家储备粮库、总储备量在10000t以上的其他粮库；④总储量在500t以上的棉库；⑤总储量在10000m³以上的木材堆场；⑥总储存价值在1000万元以上的可燃物品仓库、堆场；⑦国家和省级等重点工程的施工现场。

其他发生火灾可能性较大以及一旦发生火灾可能造成人身重大伤亡或者财产重大损失的单位界定标准由省级公安机关消防机构根据实际情况确定。

2. 消防安全重点部位的确定

消防安全重点部位是指容易发生火灾、一旦发生火灾可能严重危及人身和财产安全以及对消防安全有重大影响的部位。单位应当确定消防安全重点部位，设置明确的防火标志，实行严格管理。

确定消防安全重点部位通常可以从以下几个方面来考虑：①容易发生火灾的部位，如化工生产车间、油漆、烘烤、熬炼、木工、电焊气割操作间；化验室、汽车库、化学危险品仓库；易燃、可燃液体储罐，可燃、助燃气体钢瓶仓库和储罐，液化石油气瓶或储罐；氧气站、乙炔站、氢气站；易燃的建筑群等。②发生火灾后对消防安全有重大影响的部位，如与火灾扑救密切相关的变配电站（室）、消防控制室、消防水泵房等。③性质重要、发生事故影响全局的部位，如发电站、变配电站（室），通信设备机房、生产总控制室，电子计算机房，锅炉房，档案室、资料、贵重物品和重要历史文献收藏室等。④财产集中的部位，如储存大量原料、成品的仓库、货场，使用或存放先进技术设备的实验室、车间、仓库等。⑤人员集中的部位，如单位内部的礼堂（俱乐部）、托儿所、集体宿舍、医院病房等。

6.1.3 社会单位的消防安全职责

《消防法》从法律角度确定了"社会单位消防安全责任主体就是单位自身"。社会单位的消防安全职责包括基本管理职责、组织火灾扑救和配合火灾调查的职责、按照国家法律法规规定完善消防行政许可或者备案的职责、消防安全重点单位的特殊职责等。

1. 基本管理职责

①落实消防安全责任制，制定本单位的消防安全制度、消防安全操作规程，制定灭火和应急疏散预案；②按照国家标准、行业标准配置消防设施、器材，设置消防安全标志，并定期组织检验、维修，确保完好有效；③对建筑消防设施每年应至少进行一次全面检测，确保完好有效，检测记录应当完整准确，存档备查；④保障疏散通道、安全出口、消防车通道畅通，保证防火防烟分区、防火间距符合消防技术标准；⑤组织防火检查，及时消除火灾隐患；⑥组织进行有针对性的消防演练；⑦法律、法规规定的其他消防安全职责。

2. 组织火灾扑救和配合火灾调查的职责

①单位发生火灾时，应当立即实施灭火和应急疏散预案，务必做到及时报

警，迅速扑救火灾，及时疏散人员；②邻近单位应当给予支援；③任何单位都应当无偿为报火警提供便利，不得阻拦报警；④单位应当为公安机关消防机构抢救人员、扑救火灾提供便利条件；⑤火灾扑灭后，发生火灾的单位和相关人员应当按照公安机关消防机构的要求保护现场，接受事故调查，如实提供火灾有关的情况，协助公安机关消防机构调查火灾原因，核定火灾损失，查明火灾责任；⑥未经公安机关消防机构同意，不得擅自清理火灾现场。

3. 按照国家法律法规定完善消防行政许可或者备案的职责

单位作为工程项目建设的总负责方，应当承担依法向公安机关消防机构申请建设工程消防设计审核、消防验收或者备案并接受监督检查，以合同约定设计、施工、工程监理单位执行消防法律法规和国家工程消防技术标准的责任。公众聚集场所在在投入使用、营业前，建设单位或者使用单位应当向场所所在地的县级以上地方人民政府公安机关消防机构申请消防安全检查。经消防安全检查合格后，方可使用或者开业。

4. 消防安全重点单位的特殊职责

在履行上述基本管理职责的基础上，消防安全重点单位还要履行下列消防安全职责：①确定消防安全管理人，组织实施本单位的消防安全管理工作；②建立消防档案，确定消防安全重点部位，设置防火标志，实行严格管理；③实行每日防火巡查，并建立巡查记录；④对职工进行岗前消防安全培训，定期组织消防安全培训和消防演练；每半年进行一次演练，并不断完善预案。

【案例解读6-1 社会单位的消防职责主要有哪些？】

某市万寿宫商城位于市区最繁华的商业街胜利路和中山路交汇处。该建筑外形仿宋，古今合璧，集娱乐、商业、办公和居民住宅于一体。商城占地1.74万m^2，总建筑面积10万m^2，其中商业区5万m^2，共分6个区，区内容纳了3000多户国有、集体、个体经营者，是省内最大的室内小商品批发市场。1993年5月13日21时30分，万寿宫商城二区二楼发生火灾。商城内居民发现火情后，只顾抢救财物，没有及时报警。直至22时07分该市消防支队才接到报警，此时大火已燃烧了近半个小时，该市14个消防中队的25辆消防车和消防人员立即赶到火场灭火。由于火场面积大，22时20分，火场调动6个企业专职消防队的9辆消防车增援。在火场指挥员的统一指挥下，在全力阻截火势蔓延的同时，迅速疏散被困群众，终于使350余名被困居民顺利脱险，无一伤亡。5月14日8时30分，经过长达11小时的奋战，大火被扑灭。这起火灾烧毁（损）、倒塌房屋面积12647m^2，造成123户的603名居民和209个集体、个体商业户受灾，568个摊位和部分机电设备被烧毁，直接经济损失586万元，间接经济损失261万元。事后查明，火灾由电线短路所致。

第6章 社会单位消防安全管理常用的法规

我国《消防法》规定：依法应当进行消防验收的建设工程，未经消防验收或者消防验收不合格的，禁止投入使用；其他建设工程经依法抽查不合格的，应当停止使用。但是，该商城的建设没有严格执行国家的有关建筑防火设计规范要求，商城从规划、设计、施工到竣工投入使用均没有报经公安消防监督部门审核、验收。商城属高层民用建筑，但设计却按多层建筑设计，造成商城消防安全"先天不足"，存在严重火险隐患。

根据我国《消防法》的规定，机关、团体、企业、事业等单位应落实消防安全责任制，制定本单位的消防安全制度、消防安全操作规程，制定灭火和应急疏散预案，并按照国家标准、行业标准配置消防设施、器材，设置消防安全标志，并定期组织检验、维修，确保完好有效。而该商城消防安全管理混乱，从业人员防火意识、安全意识差。①商城内部消防安全管理工作处于瘫痪状态。商城竣工后，该市工商行政管理局成立了"某市万寿宫商城工商市场管理处"，但该市场管理处没有按照"谁主管、谁负责"的原则把消防安全工作列入重要日程，没有配备专（兼）职防火人员，更没有落实领导负责的逐级防火责任制以及其他消防安全管理措施和制度。另外，商城管理处没有与各租赁经营单位签订消防安全责任书，致使消防安全工作责任不清，各自为政，相互推诿、扯皮。②没有按要求配置灭火器材，也没有在醒目处张贴、悬挂、书写防火警句或防火标语提醒人们注意防火，整个营业大厅内无一块安全疏散标志牌。同时，该商城消防装备落后，远远适应不了灭火救灾的需要。

【案例解读6-2　消防安全重点单位的消防职责有哪些？】

某市一录像厅在开业前，公安机关消防机构对其防火设施、条件进行了检查并通过。开业后不久，该录像厅负责人为了扩大营业面积，擅自对录像厅进行了改建，在改建过程中将原有的紧急出口封闭。同时，由于该录像厅经常违法播放一些淫秽录像，为了掩人耳目，在播放时经常从外面把门锁上。对该录像厅的行为，曾有群众向公安机关消防机构举报，但公安机关消防机构未予足够重视，没有及时对其进行检查。某天晚上，40多名观众正在厅里看录像，该录像厅突然起火，由于门被反锁，又没有紧急出口，导致40多名观众全部丧生火海，并导致附近一家服装店起火，直接经济损失达100多万元。

这是一起公安机关消防机构不对已经取得批准的生产经营单位依法进行监督检查，造成特大生产安全事故的案例。《消防法》规定，公安机关消防机构应当对机关、团体、企业、事业单位遵守消防法律、法规的情况依法进行监督检查。对消防安全重点单位应当定期监督检查。本案例中，录像厅在开业前曾依法通过了公安机关消防机构的消防验收，可以说，此时它是具备安全生产条件的。但此后录像厅擅自改建，封闭紧急防火出口，并经常反锁大门，实际上已经不再具备安全生产条件。公安机关消防机构多次接到群众的有关举报,对该录像厅的情况应当是了解的,但是却没有引起足够的重视,没有对该录像厅的安全生产条件进行及时检查,并撤销其消防安全的批准。因此,虽然造成事故的直接原因是录像厅负责人的违法改建行为,但公安机关消防机构未依法履行监督检查职责,也对这起特大事故的发生负有不可推卸的责任,应当依法追究其直接负责的有关主管人员和其他直接责任人员的法律责任,包括行政责任和刑事责任。

6.1.4 社会单位的消防管理制度

社会单位应当按照国家有关规定,结合本单位的特点,建立健全各项消防安全制度和保障消防安全的操作规程,并公布执行。单位消防安全制度主要包括以下内容:消防安全教育、培训;防火巡查、检查;安全疏散设施管理;消防(控制室)值班;消防设施、器材维护管理;火灾隐患整改;用火、用电安全管理;易燃易爆危险物品和场所防火防爆;专职和志愿消防队的组织管理;灭火和应急疏散预案演练;燃气和电气设备的检查和管理(包括防雷、防静电);消防安全工作考评和奖惩;其他必要的消防安全内容。

1. 消防安全教育、培训制度

主要内容包括:每年以创办消防知识宣传栏、开展知识竞赛等多种形式,提高全体员工的消防安全意识;定期组织员工学习消防法规和各项规章制度,做到依法治火;各部门应针对岗位特点进行消防安全教育培训;对消防设施维护保养和使用人员应进行实地演示和培训;对新员工进行岗前消防培训,经考试合格后方可上岗;因工作需要员工换岗前,必须进行再教育培训;消防控制中心等特殊岗位要进行专业培训,经考试合格,持证上岗。

2. 防火巡查、检查制度

主要内容包括:落实逐级消防安全责任制和岗位消防安全责任制,落实巡查检查制度;消防工作归口管理职能部门每日对公司进行防火巡查,每月对单位进行一次防火检查并复查追踪改善;检查中若发现火灾隐患,检查人员应填写防火检查记录,并按照规定,由有关人员在记录上签名;检查部门应将检查情况及时通知受检部门,各部门负责人应每日进行消防安全检查情况通知,若发现本单位存在火灾隐患,应及时整改;对检查中发现的火灾隐患未按规定时间及时整改的,根据奖惩制度给予处罚。

3. 安全疏散设施管理制度

主要内容包括:单位应保持疏散通道、安全出口畅通,严禁占用疏散通道,严禁在安全出口或疏散通道上安装栅栏等影响疏散的障碍物;应按规范设置符合国家规定的消防安全疏散指示标志和应急照明设施;应保持防火门、消防安全疏散指示标志、应急照明、机械排烟送风、火灾事故广播等设施处于正常状态,并定期组织检查、测试、维护和保养;严禁在营业或工作期间将安全出口上锁;严禁在营业或工作期间将安全疏散指示标志关闭、遮挡或覆盖。

4. 消防(控制室)值班制度

主要内容包括:熟悉并掌握各类消防设施的使用性能,保证扑救火灾过程中操作有序、准确迅速;做好消防值班记录和交接班记录,处理消防报警电话;按时交接班,做好值班记录、设备情况、事故处理等情况的交接手续,无交接班手续,值班人员不得擅自离岗;发现设备故障时,应及时报告,并通知有关部门及时修复;非工作所需不得使用消控中心内线电话,非消防(控制室)值班人员禁止进入值班室;上班时间不准在消控中心抽烟、睡觉、看书报等,离岗应做好交接班手续;发现火灾时,迅速按灭火作战预案紧急处理,同时拨打119电话通知公安消防部门并报告部门主管。

5. 消防设施、器材维护管理制度

主要内容包括:①消防设施日常使用管理由专职管理员负责,专职管理员每日检查消防设施的使用状况,保持设施整洁、卫生、完好。②消防设施及消防设备的技术性能的维修保养和定期技术检测由消防工作归口管理部门负责。③消防设施及消防设备定期测试。烟、温感报警系统的测试由消防工作归口管理部门负责组织实施,保安部参加,每个烟、温感探头至少每年轮测一次;消防水泵、喷淋水泵、水幕水泵每月试开泵一次,检查其是否完整好用;正压送风、防排烟系统每半年检测一次;室内消火栓、喷淋泄水测试每季度一次;其他消防设施的测试,根据不同情况决定测试时间。④消防器材管理。每年在冬防、夏防期间定期对灭火器进行两次普查换药,派专人管理,定期巡查消防器材,保证其处于完好状态;对消防器材应经常检查,发现丢失、损坏应立即补充并上报领导;各部门的消防器材由本部门管理,并指定专人负责。

6. 火灾隐患整改制度

主要内容包括:各部门对存在的火灾隐患应当及时予以消除;在防火安全检查中,应对所发现的火灾隐患进行逐项登记,并将隐患情况书面下发各部门限期整改,同时要做好隐患整改情况记录;在火灾隐患未消除前,各部门应当落实防范措施,确保隐患整改期间的消防安全,对确无能力解决的重大火灾隐患应当提出解决方案,及时向单位消防安全责任人报告,并由单位向上级主管部门或当地政府报告;对公安机关消防机构责令限期改正的火灾隐患,应当在规定的期限内改正并写出隐患整改的复函,报送公安机关消防机构。

7. 用火、用电安全管理制度

主要内容包括:①用电安全管理。严禁随意拉设电线,严禁超负荷用电,电气线路、设备安装应由持证电工负责,各部门下班后,该关闭的电源应予以关闭,禁止私用电热棒、电炉等大功率电器。②用火安全管理。严格执行动火审批制度，确需动火作业时，作业单位应按规定向消防工作归口管理部门申请"动火许可证"；动火作业前应清除动火点附近 5m 区域范围内的易燃易爆危险物品或做适当的安全隔离，并向保卫部借取适当种类、数量的灭火器材随时备用，结束作业后应即时归还，若有动用应如实报告；如在作业点就地动火施工，应按规定向作业点所在单位经理级（含）以上主管人员申请，申请部门需派人现场监督并不定时派人巡查。离地面 2m 以上的高架动火作业必须保证有一人在下方专职负责随时扑灭可能引燃其他物品的火花；未办理"动火许可证"擅自动火作业者，本单位人员予以记小过处分，严重的予以开除。

8. 易燃易爆危险物品和场所防火防爆制度

主要内容包括：易燃易爆危险物品应有专用的库房，配备必要的消防器材设施，仓管人员必须由消防安全培训合格的人员担任；易燃易爆危险物品应分类、分项储存，化学性质相抵触或灭火方法不同的易燃易爆化学物品，应分库存放；易燃易爆危险物品入库前应经检验部门检验，出入库应进行登记；库存物品应当分类、分垛储存，每垛占地面积不宜大于 $100m^2$，垛与垛间距不小于 1m，垛与墙间距不小于 0.5m，垛与梁、柱的间距不小于 0.5m，主要通道的宽度不小于 2m；易燃易爆危险物品存取应按安全操作规程执行，仓库工作人员应坚守岗位，非工作人员不得随意入内；易燃易爆场所应根据消防规范要求采取防火防爆措施，并做好防火防爆设施的维护保养工作。

9. 专职和志愿消防队的组织管理制度

主要内容包括：专职和志愿消防员应在消防工作归口管理部门领导下开展业务学习和灭火技能训练，各项技术考核应达到规定的标准；要结合对消防设施、设备、器材的维护检查，有计划地对每名专职和志愿消防员进行轮训，使每个人都具有实际操作技能；按照灭火和应急疏散预案定期进行演练，并结合实际不断完善预案；定期举行防火、灭火知识考核，对考核优秀者给予表彰；不断总结经验，提高防火灭火自救能力。

10. 灭火和应急疏散预案演练制度

主要内容包括：制定符合本单位实际情况的灭火和应急疏散预案；组织全员学习和熟悉灭火和应急疏散预案；每次组织预案演练前应精心开会部署，明确分工；应按制定的预案，至少每半年进行一次演练；演练结束后应召开讲评会，认真总结预案演练的情况，发现不足之处应及时修改和完善预案。

11. 燃气和电气设备的检查和管理制度

主要内容包括：应按规定正确安装、使用电气设备，相关人员必须经过必要的培训，获得相关部门核发的有效证书，方可操作；各类设备均需具备法律、法规规定的有效合格证明并经维修部确认后，方可投入使用；电气设备应由持证人员定期进行检查（至少每月一次）；防雷、防静电设施定期检查、检测，每季度至少检查一次、每年至少检测一次并记录；电气设备负荷应严格按照标准执行，接头牢固，绝缘良好，保险装置合格、正常并具备良好的接地，接地电阻应严格按照电气施工要求测试；各类线路均应以套管加以隔绝，特殊情况下，也应使用绝缘良好的铅皮或胶皮电缆线；各类电气设备及线路均应定期检修，随时排除因绝缘损坏可能引起的消防安全隐患；未经批准，严禁擅自加长电线，各部门应积极配合安全小组、维修部人员检查加长电线是否仅供紧急使用、外壳是否完好、是否有维修部人员检测后投入使用；电气设备、开关箱线路附近按照本单位标准划定黄色区域，严禁堆放易燃易爆物并定期检查、排除隐患；设备用毕应切断电源；未经试验正式通电的设备，安装、维修人员离开现场时应切断电源；除已采取防范措施的部门外，工作场所内严禁使用明火；使用明火的部门应严格遵守各项安全规定和操作流程，做到用火不离人、人离火灭；场所内严禁吸烟并张贴禁烟标识，每一位员工均有义务提醒其他人员共同遵守公共场所禁烟的规定。

12. 消防安全工作考评和奖惩制度

主要内容包括：对消防安全工作做出成绩的，予以通报表扬或物质奖励；对造成消防安全事故的责任人，将依据所造成后果的严重性予以不同的处罚。

【案例解读6-3 在仓库进行电焊工作需遵守什么规定？】

2009年5月10日，黑龙江省哈尔滨市某商场地下二层仓库因电焊工违章进行焊切操作引发火灾。2009年6月3日，在不到一个月的时间内，该商场地下二层简易库房因遗留火种又发生火灾。该商场在不到一个月的时间里连续发生两起火灾，反映出该商场的业主以及物业管理单位，不但防火意识淡薄，而且违反了《消防法》的有关规定。

《消防法》第二十一条规定，在具有火灾、爆炸危险的场所需要使用明火作业的，应当按照规定事先办理审批手续，采取相应的消防安全措施；作业人员应当遵守消防安全规定。本案例中火灾的发生，单位的消防安全负责人、商场的物业和电焊工都是有责任的。该区消防部门依据《消防法》的有关规定对该商场的物业管理部门进行了处罚，并责令该商场停产停业进行整改，对所属的物业进行了罚款处罚，对单位消防安全负责人给予罚款和行政拘留处罚，并对电焊工处以行政拘留的行政处罚。

6.1.5 社会单位的消防安全管理主要人员及部门的职责

1. 消防安全责任人的管理职责

单位的消防安全责任人应当履行下列消防安全职责：①贯彻执行消防法规，

保障单位消防安全符合规定，掌握本单位的消防安全情况；②将消防工作与本单位的生产、科研、经营、管理等活动统筹安排，批准实施年度消防工作计划；③为本单位的消防安全提供必要的经费和组织保障；④确定逐级消防安全责任，批准实施消防安全制度和保障消防安全的操作规程；⑤组织防火检查，督促落实火灾隐患整改，及时处理涉及消防安全的重大问题；⑥根据消防法规的规定建立专职消防队、志愿消防队；⑦组织制定符合本单位实际的灭火和应急疏散预案，并实施演练。

2. 消防安全管理人的职责

单位可以根据需要确定本单位的消防安全管理人。消防安全管理人对单位的消防安全责任人负责，实施和组织落实下列消防安全管理工作：①拟订年度消防工作计划，组织实施日常消防安全管理工作；②组织制订消防安全制度和保障消防安全的操作规程并检查督促其落实；③拟订消防安全工作的资金投入和组织保障方案；④组织实施防火检查和火灾隐患整改工作；⑤组织实施对本单位消防设施、灭火器材和消防安全标志的维护保养，确保其完好有效，确保疏散通道和安全出口畅通；⑥组织管理专职消防队和志愿消防队；⑦在员工中组织开展消防知识、技能的宣传教育和培训，组织灭火和应急疏散预案的实施和演练；⑧单位消防安全责任人委托的其他消防安全管理工作。消防安全管理人应当定期向消防安全责任人报告消防安全情况，及时报告涉及消防安全的重大问题。未确定消防安全管理人的单位，前面规定的消防安全管理工作由单位消防安全责任人负责实施。

3. 物业管理单位的消防安全职责

居民住宅区的物业管理单位应当在管理范围内履行下列消防安全职责：①制定消防安全制度，落实消防安全责任，开展消防安全宣传教育；②开展防火检查，消除火灾隐患；③保障疏散通道、安全出口、消防车通道畅通；④保障公共消防设施、器材以及消防安全标志完好有效。其他物业管理单位应当对受委托管理范围内的公共消防安全管理工作负责。

4. 多产权单位的消防安全管理职责

实行承包、租赁或者委托经营、管理时，产权单位应当提供符合消防安全要求的建筑物，当事人在订立的合同中依照有关规定明确各方的消防安全责任；消防车通道、涉及公共消防安全的疏散设施和其他建筑消防设施应当由产权单位或者委托管理的单位统一管理。承包、承租或者受委托经营、管理的单位应当遵守本规定，在其使用、管理范围内履行消防安全职责。对于有两个以上产权单位和使用单位的建筑物，各产权单位、使用单位对消防车通道、涉及公共消防安全的疏散设施和其他建筑消防设施应当明确管理责任，可以委托统一管理。

第6章 社会单位消防安全管理常用的法规

【案例解读6-4 物业服务企业如何履行消防职责？】

2006年4月10日夜间12点，某市发生了一起火灾，起火地点为一栋商住楼的底层商饭店，临近单位的一名值班人员发现后迅速报警。该市公安机关消防机构接警后赶到现场，对卷帘门进行破拆，把三个50kg的液化气钢瓶转移到安全地带，断电后出水灭火，控制了火势发展，未造成重大损失。此次火灾经勘查为电气火灾，大火烧毁了室内装修及部分物品，并引燃门口上方广告牌，对二楼住户造成了威胁。近几年来商住楼在各城市中迅猛增长，在许多城市道路两旁的建筑中，有65%以上是商住楼。

湖南衡阳"11·3"特大火灾坍塌事故发生后，商住楼的消防安全问题引起了全社会的普遍关注。商住楼的主要安全隐患有：①商住楼与其他场所不同，存在楼上住户集中、人员疏散困难、底商可燃物较多、起火因素繁多、火灾蔓延迅速、火灾扑救难度大等火灾危险性。一旦发生火灾，严重威胁楼上广大住户的安全，极易造成群死群伤的恶性事故。②商业营业厅部分营业面积大、电气设施多、可燃物多、人员密集且流动量大，易发生火灾事故，且灭火环境复杂、扑救难度极大，火灾之后整个建筑的结构完整性也遭到破坏，是商住楼建筑整体的重点防火部位。而商住楼底部的商业部分多为招租或买断，甚至买断后又出租，存在复杂的产权关系。因此，消防安全管理工作难以落实。③从建筑防火设计上分析，商住楼的商业部分在建筑初期用途不确定，有商店、饭店、公共娱乐场所等多种形式，初期设计无针对性，导致防火、疏散等问题得不到很好的处理；底商投入使用后又添加隔断，导致有的商业单元无消火栓等消防设施，再次破坏了初期设计。

商住楼火灾事故的发生给全社会敲响了警钟，物业管理单位应加强对商住楼的日常消防安全管理，加强防火巡查，及时消除火灾隐患。公安机关消防机构也应加大监督力度，在对商住楼的消防监督检查中，应侧重于商业营业厅的使用功能和安全疏散设施方面，并督促业主积极落实消防安全制度，严格用火用电制度，从而确保人民生命和财产安全。商住楼的底商部分常常由两个以上产权单位和经营单位拥有或经营，并且其中部分场所还可能存在租赁关系，再加上住宅部分住户，就形成了一个消防安全管理混乱、情况复杂的消防安全环境。在这种局面下，做好商住楼整体的消防安全管理工作非常困难，消防安全责任制、重点部位防火、消防设施管理、应急预案演练等消防安全制度很难落实，一旦在监督检查中发现消火栓缺少部件、损坏等情况，物业部门和商户就互相推诿扯皮，导致隐患无法消除。

依据《消防法》的有关规定，可将商住楼整体建筑视为一个小型社区，成立由物业管理单位和业主委员会组成的社区委员会，建立健全商住楼的消防安全管理组织网络。由社区委员会委托物业管理单位对商住楼整体消防安全进行统一管理。物业管理单位的法定代表人对商住楼整体消防安全工作负总责。物业管理单位应当与各底商经营单位签订消防安全协议，明确各自职责。物业单位还应制定商住楼消防安全制度和消防安全操作规程，建立健全各项消防业务档案，定期对商住楼进行消防安全检查，及时消除火灾隐患。物业管理单位应在管理费用中保证消防经费的落实，建立商住楼消防设施及器材的管理、维护资金保障制度并积极落实，及时维修、更换损坏的消防设施和器材，确保消防设施和器材处于完好有效的状态。各单位和居民在物业管理单位的领导下开展消防安全工作，并积极配合物业管理单位开展的各项消防工作。

【案例解读6-5　物业公司工作人员发现火灾后应怎么办？】

2003年7月30日，某工业园管理处当值安全员李某巡逻至7号职工宿舍时，突然发现5号职工宿舍楼601员工宿舍有浓烟从窗户向外冒出。李某敏感地意识到601室已发生火警（注：宿舍所属单位员工于上午集体外出活动），在这紧急关头，他即刻用对讲机通知4号巡逻岗，同时快速冲向宿舍提取灭火器赶赴事发现场。4号巡逻岗在得到火警信息后，第一时间启动大门警铃，并用对讲机通知各岗位。3分钟后，各班组人员按照管理处《志愿消防队作战方案》规定的相关流程，在总指挥的指挥下，全面展开灭火救援工作。在各班组通力协作下，于45分后将火源扑灭。事后，经管理处技术人员对火灾现场进行查看，初步查明引起此次火灾事故的主要原因是员工外出时未拔掉放在床铺上的小型录音机的变压器电源，变压器带电长时间工作造成线圈绝缘被击穿，导致短路燃烧，继而引起床铺易燃品起火而波及周边床铺等。

《消防法》明文规定，在火警确认后应在第一时间报警，而本案例中，物业公司在发现火灾后尽力进行灭火且成功把火源扑灭。但是，假如该物业公司最终没能扑灭火源，而是在无法扑灭火灾的情况下才拨打"119"，风险太大。即使将火扑灭，物业公司投入了大量的人力物力不说，如果方法不当、速度太慢，则可能加大损失；若不能及时将火扑灭，此时拨打"119"，已延误了最佳灭火时间，消防部门将会追究物业管理公司管理不当的责任。

在火灾扑灭后，需要鉴定火灾事故的原因和损失。我国《消防法》规定，公安机关消防机构有权根据需要封闭火灾现场，负责调查火灾原因，统计火灾损失，查明火灾事故责任。对于特大火灾事故，国务院或者省级人民政府认为必要时，可以组织调查。火灾扑灭后，发生火灾的单位和相关人员应当按照公安机关消防机构的要求保护现场，接受事故调查，如实提供火灾事实的情况。在本案例处理过程中，该物业公司应按照《消防法》的规定，请公安机关消防机构负责调查、核定，查明事故责任，而不是由物业公司的技术人员来确认。

本案例有以下几点启示：

第 6 章　社会单位消防安全管理常用的法规

（1）上述类型事件发生前，物业公司要按照国家以及当地政府的法规，明确消防设施等行业管理部门与物业公司之间应该维护或者管理服务的界限。对属于物业公司管理服务范围的，严格按照法规规定以及物业管理服务合同的约定履行义务。

（2）上述类型事件发生时，物业公司要根据国家规定制定预案，并在已经确认火灾发生时按照预案开展工作。同时，在火灾的整个救助过程中要符合相关法规，既不能不作为而引起违约，也不能充当公安机关消防机构履行属于公安机关消防机构的法定责任。在处理此类事件的过程中，还特别要注意保护员工的安全。

（3）上述类型事件发生后，物业公司应配合公安机关消防机构保护现场。火灾因各类责任问题需要鉴定的，应根据国家《消防法》的规定，由公安消防部门以及政府组织调查，认定火灾原因，统计火灾损失，查明火灾事故责任。

（4）物业公司还应按照消防预案组织消防演练，保证预案启动后的运行质量，加强员工培训，提高消防意识和消防技能，加大园区消防安全宣传，促进业主对日常生活中消防安全注意事项予以关注。对于消防隐患要及时处理，消防设施设备由物业公司负责维护的应制订日常维护计划，并在消防演练中保证运行良好；同时也可以以消防安全为专业分类，制订消防安全的管理方案。

【案例解读6-6　火灾现场的工作人员有哪些消防职责？】

河南省郑州市某娱乐场所发生火灾，该娱乐场所的现场工作人员李某、王某和张某等3名现场工作人员未履行引导人员疏散义务，只顾自己逃生，最终导致5名顾客疏散不及而中毒死亡。

我国《消防法》规定，人员密集场所发生火灾，该场所的现场工作人员应当立即组织、引导在场人员疏散。但是，该娱乐场所的工作人员却自顾逃生，而未履行法律规定的疏散在场人员的义务。公安机关可以根据火灾原因的认定及火灾事故责任的认定，依照《消防法》的有关规定，对该娱乐场所的3名现场工作人员处以拘留行政处罚。

【案例解读6-7　消防安全责任制不落实导致的特大火灾事故】

2005年6月10日11时40分左右，广东省汕头市潮南区峡山街道某宾馆突发大火，12时15分，湖南区消防中队接到报警后，立即赶赴现场进行扑救。消防中队到达现场时，熊熊的大火夹杂着滚滚浓烟，已从宾馆的几十个窗户喷涌而出，该宾馆的整幢楼都笼罩在浓浓的黑烟之中。而首先到达火灾现场的潮南区消防中队既没有云梯车，也没有配备救生垫，更为严重的是，有些窗户还被宾馆用防盗网固定死了。最终，该火灾过火面积为2800m^2，造成31人死亡，

43间房间被焚毁。事后广东省公安厅分析认为,导致重大人身伤亡的主要因素为:"报警迟缓延误了战机;宾馆大量使用易燃材料装修;火灾发生后没有及时组织疏散;住客缺乏消防常识和逃生技能。"

火灾事故通报指出,该宾馆自1996年开业以来,营业10年间未经消防设计审核验收,违反消防法规,擅自改变使用性质,存在通道狭窄且弯曲、安全出口不足、建筑消防设施欠缺、大量使用可燃材料装修等重大安全隐患。汕头市消防部门先后5次下达停业、限期整改行政处罚通知书,但该宾馆却屡查不改,停业整顿期间仍继续营业,从而为此次特别重大火灾事故埋下了祸根。最后认定火灾的直接原因是宾馆二楼南区一包厢门前吊顶上部电线短路故障引燃周围可燃物,从而引发了此次特别重大火灾事故。广东省公安厅表示,此次火灾暴露出地方上一些单位消防安全责任制度不落实、消防管理不到位、人员密集型场所消防安全专项治理工作抓得不实等问题。

从该省公安部门的通告中可以得出,该特别重大火灾的发生,既有电线短路引发火灾的偶然,也有地方相关监督部门的监督不到位导致火灾发生的必然。我国《消防法》明确规定,要求落实消防工作责任制,开展消防安全检查,及时督促整改火灾隐患。但是,当地有关部门存在责任不明、监管不力、执法不足的问题,对存在明显违反消防安全的营业场所没有严格执法,因此,应该依法追究相关责任人员的法律责任。

6.1.6 社会单位的防火巡查、防火检查及消防设施检查维修保养

1. 防火巡查

消防安全重点单位应当进行每日防火巡查,并确定巡查的人员、内容、部位和频次。其他单位可以根据需要组织防火巡查。巡查的内容应当包括:①用火、用电有无违章情况;②安全出口、疏散通道是否畅通,安全疏散指示标志、应急照明是否完好;③消防设施、器材和消防安全标志是否在位、完整;④常闭式防火门是否处于关闭状态,防火卷帘下是否堆放物品影响使用;⑤消防安全重点部位的人员在岗情况;⑥其他消防安全情况。

公众聚集场所在营业期间的防火巡查应当至少每2小时一次;营业结束时应当对营业现场进行检查,消除遗留火种。医院、养老院、寄宿制的学校、托儿所、幼儿园应当加强夜间防火巡查,其他消防安全重点单位可以结合实际组织夜间防火巡查。防火巡查人员应当及时纠正违章行为,妥善处置火灾危险,无法当场处置的,应当立即报告。发现初起火灾应当立即报警并及时扑救。防火巡查应当填写巡查记录,巡查人员及其主管人员应当在巡查记录上签名。

2. 防火检查

机关、团体、企业、事业单位应当至少每季度进行一次防火检查,其他单

位应当至少每月进行一次防火检查。检查的内容应当包括：①火灾隐患的整改情况以及防范措施的落实情况；②安全疏散通道、疏散指示标志、应急照明和安全出口情况；③消防车通道、消防水源情况；④灭火器材配置及有效情况；⑤用火、用电有无违章情况；⑥重点工种人员以及其他员工消防知识的掌握情况；⑦消防安全重点部位的管理情况；⑧易燃易爆危险物品和场所防火防爆措施的落实情况以及其他重要物资的防火安全情况；⑨消防（控制室）值班情况和设施运行、记录情况；⑩防火巡查情况；⑪消防安全标志的设置情况和完好、有效情况；⑫其他需要检查的内容。防火检查应当填写检查记录。检查人员和被检查部门负责人应当在检查记录上签名。

3. 消防设施检查维修保养

单位应当按照建筑消防设施检查维修保养有关规定的要求，对建筑消防设施的完好有效情况进行检查和维修保养。设有自动消防设施的单位，应当按照有关规定定期对其自动消防设施进行全面检查测试，并出具检测报告，存档备查。单位应当按照有关规定定期对灭火器进行维护保养和维修检查。对灭火器应当建立档案资料，记明配置类型、数量、设置位置、检查维修单位（人员）、更换药剂的时间等有关情况。

6.1.7 社会单位的灭火、应急疏散预案和演练

消防安全重点单位制定的灭火和应急疏散预案应当包括下列内容：①组织机构，包括灭火行动组、通信联络组、疏散引导组、安全防护救护组；②报警和接警处置程序；③应急疏散的组织程序和措施；④扑救初起火灾的程序和措施；⑤通信联络、安全防护救护的程序和措施。

消防安全重点单位应当按照灭火和应急疏散预案，至少每半年进行一次演练，并结合实际，不断完善预案。其他单位应当结合本单位实际，参照制订相应的应急方案，至少每年组织一次演练。消防演练时，应当设置明显标识并事先告知演练范围内的人员。

6.1.8 社会单位的消防档案

消防安全重点单位应当建立健全消防档案。消防档案应当包括消防安全基本情况和消防安全管理情况。消防档案应当翔实，全面反映单位消防工作的基本情况，并附有必要的图表，根据情况变化及时更新。单位应当对消防档案统一保管、备查。

消防安全基本情况应当包括以下内容：①单位基本概况和消防安全重点部位情况；②建筑物或者场所施工、使用或者开业前的消防设计审核、消防验收以及消防安全检查的文件、资料；③消防管理组织机构和各级消防安全责任人；

④消防安全制度；⑤消防设施、灭火器材情况；⑥专职消防队、志愿消防队人员及其消防装备配备情况；⑦与消防安全有关的重点工种人员情况；⑧新增消防产品、防火材料的合格证明材料；⑨灭火和应急疏散预案。

消防安全管理情况应当包括以下内容：①公安机关消防机构填发的各种法律文书；②消防设施定期检查记录、自动消防设施全面检查测试的报告以及维修保养的记录；③火灾隐患及其整改情况记录；④防火检查、巡查记录；⑤有关燃气、电气设备检测（包括防雷、防静电）等记录资料；⑥消防安全培训记录；⑦灭火和应急疏散预案的演练记录；⑧火灾情况记录；⑨消防奖惩情况记录。前面规定中的第②③④⑤项记录，应当记明检查的人员、时间、部位、内容、发现的火灾隐患以及处理措施等；第⑥项记录，应当记明培训的时间、参加人员、内容等；第⑦项记录，应当记明演练的时间、地点、内容、参加部门以及人员等。

其他单位应当将本单位的基本概况、公安机关消防机构填发的各种法律文书、与消防工作有关的材料和记录等统一保管备查。

6.2 大型群众性活动消防安全管理的法规

我国大型群众性活动安全管理的主要依据为《大型群众性活动安全管理条例》。《大型群众性活动安全管理条例》于2007年8月29日国务院第190次常务会议通过，自2007年10月1日起施行。《大型群众性活动安全管理条例》分"总则""安全责任""安全管理""法律责任""附则"5章，共计26条。

6.2.1 大型群众性活动消防安全管理的基本要求

大型群众性活动是指法人或者其他组织面向社会公众举办的每场次预计参加人数达到1000人以上的下列活动：①体育比赛活动；②演唱会、音乐会等文艺演出活动；③展览、展销等活动；④游园、灯会、庙会、花会、焰火晚会等活动；⑤人才招聘会、现场开奖的彩票销售等活动。影剧院、音乐厅、公园、娱乐场所等在其日常业务范围内举办的活动，不适用《大型群众性活动安全管理条例》的规定。

大型群众性活动的安全管理应当遵循安全第一、预防为主的方针，坚持承办者负责、政府监管的原则。县级以上人民政府公安机关负责大型群众性活动的安全管理工作。县级以上人民政府其他有关主管部门按照各自的职责，负责大型群众性活动的有关安全工作。

6.2.2 大型群众性活动的消防安全责任

大型群众性活动的承办者（以下简称承办者）对其承办活动的安全负责，

承办者的主要负责人为大型群众性活动的安全责任人。

1. 大型群众性活动承办者的消防安全职责

举办大型群众性活动，承办者应当制订大型群众性活动安全工作方案。大型群众性活动安全工作方案包括下列内容：①活动的时间、地点、内容及组织方式；②安全工作人员的数量、任务分配和识别标志；③活动场所消防安全措施；④活动场所可容纳的人员数量以及活动预计参加人数；⑤治安缓冲区域的设定及其标识；⑥入场人员的票证查验和安全检查措施；⑦车辆停放、疏导措施；⑧现场秩序维护、人员疏导措施；⑨应急救援预案。

承办者具体负责下列安全事项：①落实大型群众性活动安全工作方案和安全责任制度，明确安全措施、安全工作人员岗位职责，开展大型群众性活动安全宣传教育；②保障临时搭建的设施、建筑物的安全，消除安全隐患；③按照负责许可的公安机关的要求，配备必要的安全检查设备，对参加大型群众性活动的人员进行安全检查，对拒不接受安全检查的，承办者有权拒绝其进入；④按照核准的活动场所容纳人员数量、划定的区域发放或者出售门票；⑤落实医疗救护、灭火、应急疏散等应急救援措施并组织演练；⑥对妨碍大型群众性活动安全的行为及时予以制止，发现违法犯罪行为及时向公安机关报告；⑦配备与大型群众性活动安全工作需要相适应的专业保安人员以及其他安全工作人员；⑧为大型群众性活动的安全工作提供必要的保障。

承办者发现进入活动场所的人员达到核准数量时，应当立即停止验票；发现持有划定区域以外的门票或者持假票的人员，应当拒绝其入场并向活动现场的公安机关工作人员报告。在大型群众性活动举办过程中发生公共安全事故、治安案件的，安全责任人应当立即启动应急救援预案，并立即报告公安机关。

2. 大型群众性活动管理者的消防安全职责

大型群众性活动的场所管理者具体负责下列安全事项：①保障活动场所、设施符合国家安全标准和安全规定；②保障疏散通道、安全出口、消防车通道、应急广播、应急照明、疏散指示标志符合法律、法规、技术标准的规定；③保障监控设备和消防设施、器材配置齐全、完好有效；④提供必要的停车场地，并维护安全秩序。

3. 大型群众性活动参与者的消防安全职责

参加大型群众性活动的人员应当遵守下列规定：①遵守法律、法规和社会公德，不得妨碍社会治安、影响社会秩序；②遵守大型群众性活动场所治安、消防等管理制度，接受安全检查，不得携带爆炸性、易燃性、放射性、毒害性、腐蚀性等危险物质或者非法携带枪支、弹药、管制器具；③服从安全管理，不得展示侮辱性标语、条幅等物品，不得围攻裁判员、运动员或者其他工作人员，不得投掷杂物。

4. 公安机关在大型群众性活动中的消防安全职责

公安机关应当履行下列职责：①审核承办者提交的大型群众性活动申请材料，实施安全许可；②制订大型群众性活动安全监督方案和突发事件处置预案；③指导对安全工作人员的教育培训；④在大型群众性活动举办前，对活动场所组织安全检查，发现安全隐患及时责令改正；⑤在大型群众性活动举办过程中，对安全工作的落实情况实施监督检查，发现安全隐患及时责令改正；⑥依法查处大型群众性活动中的违法犯罪行为，处置危害公共安全的突发事件。

此外，对经安全许可的大型群众性活动，公安机关根据安全需要组织相应警力，维持活动现场周边的治安、交通秩序，预防和处置突发治安事件，查处违法犯罪活动。在大型群众性活动现场负责执行安全管理任务的公安机关工作人员，凭值勤证件进入大型群众性活动现场，依法履行安全管理职责。公安机关和其他有关主管部门及其工作人员不得向承办者索取门票。

6.2.3 大型群众性活动的安全许可制度

1. 大型群众性活动安全许可的前提条件

举办大型群众性活动应当符合下列条件：①承办者是依照法定程序成立的法人或者其他组织；②大型群众性活动的内容不得违反宪法、法律、法规的规定，不得违反社会公德；③具有符合本条例规定的安全工作方案，安全责任明确、措施有效；④活动场所、设施符合安全要求。

承办者应当在活动举办日的20日前提出安全许可申请，申请时，应当提交下列材料：①承办者合法成立的证明以及安全责任人的身份证明；②大型群众性活动方案及其说明，2个或者2个以上承办者共同承办大型群众性活动的，还应当提交联合承办的协议；③大型群众性活动安全工作方案；④活动场所管理者同意提供活动场所的证明。依照法律、行政法规的规定，有关主管部门对大型群众性活动的承办者有资质、资格要求的，还应当提交有关资质、资格证明。

2. 大型群众性活动的安全许可

公安机关对大型群众性活动实行安全许可制度。《营业性演出管理条例》对演出活动的安全管理另有规定的，从其规定。大型群众性活动的预计参加人数在1000人以上5000人以下的，由活动所在地县级人民政府公安机关实施安全许可；预计参加人数在5000人以上的，由活动所在地设区的市级人民政府公安机关或者直辖市人民政府公安机关实施安全许可；跨省、自治区、直辖市举办大型群众性活动的，由国务院公安部门实施安全许可。

公安机关收到申请材料应当依法做出受理或者不予受理的决定。对受理的申请，应当自受理之日起7日内进行审查，对活动场所进行查验，对符合安全条件的，做出许可的决定；对不符合安全条件的，做出不予许可的决定，并书面说明理由。

3. 大型群众性活动的安全许可变更

对经安全许可的大型群众性活动，承办者不得擅自变更活动的时间、地点、内容或者扩大大型群众性活动的举办规模。承办者变更大型群众性活动时间的，应当在原定举办活动时间之前向做出许可决定的公安机关申请变更，经公安机关同意方可变更。承办者变更大型群众性活动地点、内容以及扩大大型群众性活动举办规模的，应当依照《大型群众性活动安全管理条例》的规定重新申请安全许可。承办者取消举办大型群众性活动的，应当在原定举办活动时间之前书面告知做出安全许可决定的公安机关，并交回公安机关颁发的准予举办大型群众性活动的安全许可证件。

6.2.4 大型群众性活动消防安全管理的工作内容

大型群众性活动的消防安全管理包括防火巡查、防火检查以及制定灭火和应急疏散预案等内容。

1. 防火巡查

大型群众性活动应当组织具有专业消防知识和技能的巡查人员在活动举办前2小时进行一次防火巡查；在活动举办过程中全程开展防火巡查；活动结束时应当对活动现场进行检查，消除遗留火种。

防火巡查的内容应该包括：①及时纠正违章行为；②妥善处置火灾危险，无法当场处置的，应当立即报告；③发现初起火灾应当立即报警并及时扑救。防火巡查应当填写巡查记录，巡查人员及其主管人员应当在巡查记录上签名。

2. 防火检查

大型群众性活动应当在活动前12小时内进行防火检查。检查的内容应当包括：①公安机关消防机构所提意见的整改情况以及防范措施的落实情况；②安全疏散通道、疏散指示标志、应急照明和安全出口情况；③消防车通道、消防水源情况；④灭火器材配置及有效情况；⑤用电设备运行情况；⑥重点操作人员以及其他人员消防知识的掌握情况；⑦消防安全重点部位的管理情况；⑧易燃易爆危险物品和场所防火防爆措施的落实情况以及其他重要物资的防火安全情况；⑨防火巡查情况；⑩消防安全标志的设置情况和完好、有效情况；⑪其他需要检查的内容。防火检查应当填写检查记录。检查人员和被检查部门负责人应当在检查记录上签名。

3. 灭火和应急疏散预案

大型群众性活动的承办单位制定的灭火和应急疏散预案应当包括下列内容：①组织机构，包括灭火行动组、通信联络组、疏散引导组、安全防护救护组；②报警和接警处置程序；③应急疏散的组织程序和措施；④扑救初起火灾的程序和措施；⑤通信联络、安全防护救护的程序和措施。

承办单位应当按照灭火和应急疏散预案，在活动举办前至少进行一次演练，并结合实际，不断完善预案。消防演练时，应当设置明显标识并事先告知演练范围内的人员。

6.2.5 大型群众性活动违法行为的处罚

承办者擅自变更大型群众性活动的时间、地点、内容或者擅自扩大大型群众性活动的举办规模的，由公安机关处 1 万元以上 5 万元以下罚款；有违法所得的，没收违法所得。未经公安机关安全许可的大型群众性活动由公安机关予以取缔，对承办者处 10 万元以上 30 万元以下罚款。

承办者或者大型群众性活动场所管理者违反本条例规定致使发生重大伤亡事故、治安案件或者造成其他严重后果构成犯罪的，依法追究刑事责任；尚不构成犯罪的，对安全责任人和其他直接责任人员依法给予处分、治安管理处罚，对单位处 1 万元以上 5 万元以下罚款。

在大型群众性活动举办过程中发生公共安全事故，安全责任人不立即启动应急救援预案或者不立即向公安机关报告的，由公安机关对安全责任人和其他直接责任人员处 5000 元以上 5 万元以下罚款。

参加大型群众性活动的人员有违反《大型群众性活动安全管理条例》第九条规定行为的，由公安机关给予批评教育；有危害社会治安秩序、威胁公共安全行为的，公安机关可以将其强行带离现场，依法给予治安管理处罚；构成犯罪的，依法追究刑事责任。

有关主管部门的工作人员和直接负责的主管人员在履行大型群众性活动安全管理职责中，有滥用职权、玩忽职守、徇私舞弊行为的，依法给予处分；构成犯罪的，依法追究刑事责任。

【案例解读 6-8　"12·31"外滩陈毅广场拥挤踩踏事件调查报告】

2014 年 12 月 31 日 23 时 35 分，上海市黄浦区外滩陈毅广场东南角通往黄浦江观景平台的人行通道阶梯处发生拥挤踩踏，造成 36 人死亡，49 人受伤。经调查，联合调查组还原了事件全过程，查明了有关应对情况，分析了事件原因，认定了事件性质，对相关责任人提出了处理建议，并就加强城市公共安全相关工作提出了整改建议。

1. 事件发生地的基本情况

（1）外滩风景区。外滩风景区是黄浦区辖区内的公共区域，东起黄浦江防汛墙、西至中山东一路和中山东二路西侧人行道、南起东门路北侧人行道、北至苏州河南岸，面积 3.1 km²。

第6章 社会单位消防安全管理常用的法规

（2）陈毅广场。陈毅广场位于外滩风景区中部（与中山东一路335~309号段隔路相望）、与南京东路东端相邻、与中山东一路相连，公共活动面积约2877m^2。陈毅广场通过大阶梯及大坡道连接的黄浦江观景平台，是外滩风景区最佳观景位置。此外，陈毅广场附近交通便捷，距离轨道交通2号线、10号线南京东路站约580m，是外滩风景区人员流量最大、密度最高的区域。

（3）拥挤踩踏事发现场。事发现场位于陈毅广场东南角通往黄浦江观景平台的上下人行通道阶梯处。阶梯自上而下分为两组共17级，两组阶梯间距2.3m，阶梯两侧有不锈钢条状扶手。阶梯宽度6.2m，最高处距地面高度3.5m，纵深8.4m。

（4）外滩风景区周边情况。外滩风景区东侧黄浦江对岸是上海东方明珠和新落成的上海中心等标志性建筑所在的浦东陆家嘴地区，西侧沿中山东一路有外滩历史建筑群，并与延安东路、广东路、元芳弄、福州路、汉口路、九江路、南京东路、滇池路、北京东路、南苏州路等道路相通。市民游客可沿阶梯上至观景平台，观看黄浦江两岸的景观灯和建筑群。

外滩源位于中山东一路33号，邻近外滩风景区，与陈毅广场步行距离约550m，是事发当晚新年倒计时活动的举办地点。

2. 新年倒计时活动的变更和准备情况

（1）新年倒计时活动变更的有关情况。2011年起，黄浦区政府、上海市旅游局和上海广播电视台连续三年在外滩风景区举办新年倒计时活动。鉴于在安全等方面存在一定的不可控因素，黄浦区政府经与上海市旅游局、上海广播电视台协商后，于2014年11月13日向市政府请示，新年倒计时活动暂停在外滩风景区举行，将另择地点举行，活动现场观众将控制在3000人左右，主办单位是黄浦区政府和上海广播电视台。对此，市政府同意暂停在外滩风景区举办新年倒计时活动，并另择地点举办活动，明确要求"谁主办、谁负责"，坚决落实属地管辖，切实把责任落到实处。

2014年12月9日黄浦区政府第76次常务会议决定，2015年新年倒计时活动在外滩源举行，具体由黄浦区旅游局承办；同时，要求区有关部门落实活动的各项保障措施。12月26日，黄浦公安分局做出大型群众性活动安全许可决定书，同意区旅游局举办新年倒计时活动的申请。

（2）黄浦区的有关准备情况。具体如下：

1）黄浦区政府。2014年12月9日黄浦区政府第76次常务会议明确："区公安分局要会同区市政委（即黄浦区市政管理委员会，以下简称'黄浦区市政委'）等部门做好活动预案，尽快梳理活动当天全区范围内各类迎新活动，认真研究应对方案，做到统筹协调、有序安排，合理部署各类保障力量，确保外滩、人民广场、新天地等重点地区安全有序。"12月31日当晚，黄浦区政府未严格落实 24 小时专人值班和领导带班制度。

2）黄浦公安分局。12 月 25 日，黄浦公安分局制订了新年倒计时活动安全保卫工作方案，主要内容是成立新年倒计时活动安保工作指挥部，下设现场管控、外滩及南京路沿线秩序维护两个分指挥部。新年倒计时活动共安排安保警力 771 名、主办方保安 180 名。其中，外滩、南京路沿线秩序维护警力 350 名（陈毅广场 60 名、阶梯处 7 名），其余警力分别用于外滩源活动现场管控、反恐处突、综合保障、公共安全管理、机动力量武警等。

3）黄浦区市政委。12 月 31 日，黄浦区市政委及其下设的黄浦区外滩风景区管理办公室共安排了 108 名城市管理执法人员和社会辅助力量，参加外滩风景区中班时段的管理工作（中班日常工作时间为 14 时 15 分至 22 时 15 分，当日安排工作时间为 14 时 15 分至次日凌晨 1 时）。

4）黄浦区旅游局。2014 年 12 月 9 日黄浦区政府第 76 次常务会议，通过了黄浦区旅游局制定的在外滩源举办的新年倒计时活动方案。12 月 30 日上午 9 时 30 分，黄浦区新闻办召开新闻发布会，由黄浦区旅游局对外发布了新年倒计时活动信息。

（3）上海市公安局的有关工作情况。2014 年 12 月 19 日、24 日，上海市公安局先后召开两次党委会议，专题研究部署元旦春节安保维稳工作。12 月 25 日、28 日，又召开各公安分局领导专题会议，转发公安部《关于切实做好 2015 年元旦春节期间安保维稳工作的通知》，就做好元旦春节安保维稳工作提出明确要求。12 月 30 日，上海市公安局主要领导在安保维稳工作动员部署视频会上强调，上海中心的亮灯和灯光秀仪式可能造成陆家嘴、外滩等相关区域短时间内游客大量聚集，要按照"一活动一方案""一点一方案"的要求，制订周密的安保工作方案和应急处置预案，加强活动现场警力配置。

3. 事件发生当晚外滩风景区的人员流量变化及应对情况

（1）事发当晚外滩风景区人员流量的总体情况。事发当晚 20 时起，外滩风景区人员进多出少，大量市民游客涌向外滩观景平台，呈现人员逐步聚集态势。事后，根据上海市通信管理局、上海市公安局、地铁运营企业（即申通集团）等部门单位提供的数据综合分析，事发当晚外滩风景区的人员流量，20 时至 21 时约 12 万人，21 时至 22 时约 16 万人，22 时至 23 时约 24 万人，23 时至事件发生时约 31 万人。

（2）外滩风景区的人员流量监测和报告情况。20 时 12 分，上海市公安局指挥中心要求黄浦公安分局指挥中心整点上报外滩风景区和南京路步行街人员流量情况。20 时 20 分，黄浦公安分局指挥中心上报，外滩风景区观景平台人员流量 5 成（民警凭经验对人员密集程度的判断），南京路（河南路至中山东一路）人员流量 5~6 成。

20时27分，上海市公安局指挥中心要求黄浦公安分局指挥中心每半小时上报外滩风景区和南京路步行街人员流量情况。21时14分，黄浦公安分局指挥中心上报陈毅广场人员流量5成，情况正常；21时39分，黄浦公安分局指挥中心指挥员孙成致电外滩分指挥部蔡立新，询问外滩风景区和南京路步行街人员流量情况，蔡立新回复均为6~7成，但电台和电话记录未显示上报上海市公安局指挥中心；22时45分，黄浦公安分局上报，外滩风景区观景平台人员流量5~6成。

4. 事件发生和应急处置及救援情况

（1）事件发生经过。22时37分，外滩陈毅广场东南角北侧人行通道阶梯处的单向通行警戒带被冲破以后，现场值勤民警竭力维持秩序，仍有大量市民游客逆行涌上观景平台。23时23分至33分，上下人流不断对冲后在阶梯中间形成僵持，继而形成"浪涌"。23时35分，僵持人流向下的压力陡增，造成阶梯底部有人失衡跌倒，继而引发多人摔倒、叠压，致使拥挤踩踏事件发生。

（2）现场救援情况。23时35分拥挤踩踏事件发生后，在现场维持秩序的民警试图与市民游客一起将临近的摔倒人员拉出，但因跌倒人员仍被上方的人流挤压，多次尝试均未成功。此后，阶梯处多位市民游客在他人帮助下翻越扶手，阶梯上方人流在民警和热心市民游客的指挥下开始后退，上方人员密度逐步减小，民警和市民游客开始将被拥挤踩踏的人员移至平地进行抢救。许多市民游客自发用身体围成人墙，辟出一条宽约3m的救护通道。现场市民游客中的医生、护士都自发加入了抢救工作，对有生命体征的受伤人员进行紧急抢救。

23时41分22秒起，上海市"120"医疗急救中心陆续接到急救电话。23时49分起，先后有19辆救护车抵达陈毅广场，第一时间开展现场救治和伤员转运。上海市公安局及黄浦公安分局迅速开辟应急通道，调集警用、公交及其他社会车辆，将受伤市民游客就近送至瑞金医院、长征医院、上海市第一人民医院和黄浦区中心医院抢救。同时，迅速组织力量千方百计收集伤亡人员信息，及时联系伤亡人员所在单位和家属。

（3）事发后应急处置与善后情况。事件发生后，市委、市政府主要领导迅速赶赴现场指挥应急处置工作，并分别赶往医院看望慰问受伤人员和伤亡人员家属。同时，连夜召开紧急会议，决定成立医疗救治、善后处置等专项工作组和联合调查组，各组当即开展工作。

调动全市优质医疗资源全力以赴救治伤员，在专家会诊评估的基础上，按照"一人一方案、一人一专家"的要求，逐一明确医疗方案，尽一切可能挽救生命，截至1月20日，49名伤者中已有46人经诊治后出院（包括13名重伤员中的11人），3名伤员（2名重伤、1名轻伤）仍在院治疗。通过多种途径尽快确认伤亡人员身份，及时向社会公布遇难者名单，并对出院伤者进行随访；指派专人全力做好伤亡人员家属的接待、安抚，组织专业人士对受伤人员和伤亡人员家属进行心理疏导；通过组织集体采访、书面发布、"上海发布"政务微博及微信等形式，及时向媒体和社会发布相关信息。

1月1日上午，市委、市政府召开全市党政负责干部紧急会议，全面部署各项善后工作和全市面上安全防范工作，并在会议开始前向遇难者表示深切哀悼。1月4日，市领导分别参加市十四届人大三次会议各代表团会前组团活动和市政协十二届三十八次主席会议，会前全体与会人员肃立默哀，向遇难者表示深切哀悼。1月7日，市委、市政府召开全市安全工作会议，要求全面开展各类安全隐患排查，针对薄弱环节和短板，一个一个认真梳理，一件一件细致解决，切实做好人员密集场所的安全管理工作。

5. 原因分析

对事发当晚外滩风景区特别是陈毅广场人员聚集的情况，黄浦区政府和相关部门领导思想麻痹，严重缺乏公共安全风险防范意识，对重点公共场所可能存在的大量人员聚集风险未做评估，预防和应对准备严重缺失，事发当晚预警不力、应对措施不当，是这起拥挤踩踏事件发生的主要原因。

（1）对新年倒计时活动变更风险未做评估。大量市民游客认为外滩风景区仍会举办新年倒计时活动，南京路商业街和黄浦江对岸的上海中心、东方明珠等举办的相关活动吸引了部分市民游客专门至此观看。对此，黄浦区政府在新年倒计时活动变更时，未对可能的人员聚集安全风险予以高度重视，没有进行评估，缺乏应有认知，导致判断失误。

（2）新年倒计时活动变更信息宣传严重不到位。新年倒计时活动变更后，主办单位应当提前向社会充分告知活动信息。但是，直至12月30日，黄浦区旅游局才对外正式发布了新年倒计时活动信息，对"外滩"与"外滩源"的区别没有特别提醒和广泛宣传，信息公告不及时、不到位、不充分。

（3）预防准备严重缺失。黄浦公安分局未按照黄浦区政府常务会议要求，在编制的新年倒计时活动安全保卫工作方案中，仅对外滩源新年倒计时活动进行了安全评估，而未对外滩风景区安全风险进行专门评估。黄浦公安分局仅会同黄浦区市政委等有关部门在外滩风景区及南京路沿线布置了350名民警、108名城市管理和辅助人员、100名武警，安保人员配置严重不足。

（4）对监测人员流量变化情况未及时研判、预警，未发布提示信息。12月31日20时至事件发生时，外滩风景区人员流量呈上升趋势。黄浦公安分局指挥中心未严格落实上海市公安局指挥中心每半小时上报人员流量监测情况的工作要求，也未及时向黄浦区委区政府总值班室报告。黄浦公安分局对各时段人员流量快速递增的变动情况未及时采取有效措施，未报请黄浦区政府发布预警,控制事态发展。对上海市公安局多次提醒的形势研判要求,未做响应。

(5) 应对处置不当。针对事发当晚持续增加的人员流量,在现场现有警力配备明显不足的情况下,黄浦公安分局只对警力部署做了部分调整,没有采取其他有效措施,一直未向黄浦区政府和上海市公安局报告,未向上海市公安局提出增援需求,也未落实上海市公安局相关指令,处置措施不当。上海市公安局对黄浦公安分局处置措施不当指导监督不到位。黄浦区政府未及时向市政府报送事件信息。

6. 事件性质

这是一起对群众性活动预防准备不足、现场管理不力、应对处置不当而引发的拥挤踩踏并造成重大伤亡和严重后果的公共安全责任事件。

7. 责任分析

按照依法依规严肃问责的要求,依据《中华人民共和国突发事件应对法》《上海市实施〈中华人民共和国突发事件应对法〉办法》《上海市外滩风景区综合管理暂行规定》等法律法规和政府规章,以及市、区相关部门的"三定方案",黄浦区政府和相关部门对这起事件负有不可推卸的责任。责任分析如下:

(1) 黄浦区政府对事件负有主要管理责任。黄浦区政府依法负责本行政区域内的突发事件应急管理的领导工作。对新年倒计时活动场所变更后的风险预判不足;对包括黄浦公安分局、黄浦区市政委等相关部门落实黄浦区政府常务会议要求的情况未进行检查督促;未建立健全预警机制;未严格按照中办、国办的要求"严格执行24小时专人值班和领导带班制度";事件发生后,未按规定及时向市政府报告。

(2) 黄浦公安分局对事件负有直接管理责任。黄浦公安分局负责本行政区域内重大节庆、重要人员密集场所的安全保卫工作方案和专项安全保卫应急预案的制订与实施。未落实黄浦区政府常务会议提出的具体要求,未研究制订专门的应对方案;对12月31日监测到的人员流量变化情况风险评估不足,未及时提出预警;应对处置措施不到位;未及时向本级政府和上级主管部门报送突发事件信息;对上级主管部门的要求执行不力。

(3) 黄浦区市政委对事件负有管理责任。黄浦区市政委负责本行政区域内市容市貌和外滩风景区等重要地区的管理。未落实黄浦区政府常务会议提出的具体要求。

(4) 黄浦区旅游局对事件负有管理责任。黄浦区旅游局负责本行政区域内旅游经营活动的指导和监督管理。作为历年新年倒计时活动以及2015年新年倒计时活动的承办方,对活动场所变更风险未充分评估,变更信息向社会公众告知不充分。

(5) 黄浦区外滩风景区管理办公室对事件负有管理责任。黄浦区外滩风景区管理办公室具体负责外滩风景区内市容景观等公共事务管理的组织和协调工作。未具体落实黄浦区政府常务会议提出的工作要求；未依法制定外滩风景区域内相应的应急预案。

（6）上海市公安局对事件负有指导监督管理责任。上海市公安局负责全市范围内公共场所安全保卫工作的指导监督管理。对黄浦公安分局落实上海市公安局"'一点一方案'，制订周密的安保工作方案和应急处置预案，加强活动现场警力配置"的要求监督检查不到位；对黄浦公安分局12月31日外滩风景区安全保障工作的检查指导督促不够。

6.3 公共娱乐场所消防安全管理的法规

公共娱乐场所消防安全环境复杂，容易发生火灾或者造成群死群伤重大火灾事故，因此，要求公共娱乐场所消防安全条件标准高、管理水平高。《公共娱乐场所消防安全管理规定》（公安部第39号令）于1999年5月11日经公安部部长办公会议通过，自发布之日起施行，共23条。

6.3.1 公共娱乐场所消防安全管理的基本要求

"公共娱乐场所"，是指向公众开放的下列室内场所：①影剧院、录像厅、礼堂等演出、放映场所；②舞厅、卡拉OK厅等歌舞娱乐场所；③具有娱乐功能的夜总会、音乐茶座和餐饮场所；④游艺、游乐场所；⑤保龄球馆、旱冰场、桑拿浴室等营业性健身、休闲场所。

公众聚集的娱乐场所在使用或者开业前，必须具备消防安全条件，依法向当地公安机关或消防机构申报检查，经消防安全检查合格后，发给《消防安全检查意见书》，方可使用或者开业。

公众聚集场所应当在具备下列消防安全条件后，向当地公安机关消防机构申报进行消防安全检查，经检查合格后方可开业使用：①依法办理建筑工程消防设计审核手续，并经消防验收合格；②建立健全消防安全组织，消防安全责任明确；③建立消防安全管理制度和保障消防安全的操作规程；④员工经过消防安全培训；⑤建筑消防设施齐全、完好有效；⑥制定灭火和应急疏散预案。

6.3.2 公共娱乐场所的消防安全责任制

公共娱乐场所应当在法定代表人或者主要负责人中确定一名本单位的消防安全责任人。在消防安全责任人确定或者变更时，应当向当地公安机关消防机构备案。消防安全责任人应当依照《消防法》第十四条和第十六条规定履行消防安全职责，负责检查和落实本单位防火措施、灭火预案的制定和演练以及建筑消防设施、消防通道、电源和火源管理等。公共娱乐场所的房产所有者在与其他单位、个人发生租赁、承包等关系后，公共娱乐场所的消防安全由经营者负责。

公共娱乐场所应当建立全员防火安全责任制度，全体员工都应当熟知必要的消防安全知识，会报火警，会使用灭火器材，会组织人员疏散。新职工上岗前必须进行消防安全培训。

【案例解读6-9 如何加强公共娱乐场所的消防安全管理？】

1994年11月27日，辽宁省阜新市某KTV歌舞厅因客人玩火发生火灾，造成233人死亡、20人伤残。

1994年12月8日，新疆克拉玛依市某馆因舞台高温灯具与纱幕距离过近，引燃幕布发生火灾，造成323人死亡、120人伤残的严重事故。

2000年3月29日，河南省焦作市某影视厅因电热器使用时间过长，烤燃可燃物，引发大火，致使74人死亡。

2000年12月25日，河南省洛阳市某商厦因违章电焊引起冲天大火，309人葬身火海。

这些火灾事故严重影响了社会稳定，教训极其深刻。因此，必须大力加强公共娱乐场所消防安全管理。公共娱乐场所应当在法定代表人或者主要负责人中确定一名本单位的消防安全责任人。在消防安全责任人确定或者变更时，应报当地公安机关消防机构备案。消防安全责任人应当依照《消防法》的规定履行消防安全职责，负责检查和落实本单位防火措施、灭火预案的制定和演练以及建筑消防设施、消防通道、电源和火源管理等。公共娱乐场所安全出口不得设置门槛、台阶，疏散门应向外开启，不得采用卷帘门、转门、吊门和侧拉门，门口不得设置门窗、屏风等影响疏散的遮挡物。公共娱乐场所在营业时必须确保安全出口和疏散通道畅通无阻，严禁将安全出口上锁、阻塞。

6.3.3 公共娱乐场所装修的要求

新建、改建、扩建公共娱乐场所或者变更公共娱乐场所内部装修的，其消防设计应当符合国家有关建筑消防技术标准的规定。公共娱乐场所的内部装修设计和施工，应当符合《建筑内部装修设计防火规范》和有关建筑内部装饰装修防火管理的规定。

新建、改建、扩建公共娱乐场所或者变更公共娱乐场所内部装修的，建设或者经营单位应当依法将消防设计图报送当地公安机关消防机构审核，经审核同意方可施工；工程竣工时，必须经公安机关消防机构进行消防验收；未经验收或者经验收不合格的，不得投入使用。

6.3.4 公共娱乐场所选址的要求

公共娱乐场所宜设置在耐火等级不低于二级的建筑物内；已经核准设置在三级耐火等级建筑内的公共娱乐场所，应当符合特定的防火安全要求。公共娱乐场所不得设置在文物古建筑和博物馆、图书馆建筑内，不得毗连重要仓库或者危险物品仓库；不得在居民住宅楼内改建公共娱乐场所。公共娱乐场所与其他建筑相毗连或者附设在其他建筑物内时，应当按照独立的防火分区设置；商住楼内的公共娱乐场所与居民住宅的安全出口应当分开设置。

在地下建筑内设置公共娱乐场所，除符合《公共娱乐场所消防安全管理规定》其他条款的要求外，还应当符合下列规定：①只允许设在地下一层；②通往地面的安全出口不应少于两个，安全出口、楼梯和走道的宽度应当符合有关建筑设计防火规范的规定；③应当设置机械防烟排烟设施；④应当设置火灾自动报警系统和自动喷水灭火系统；⑤严禁使用液化石油气。

6.3.5 公共娱乐场所安全疏散的要求

（1）安全出口。公共娱乐场所的安全出口数目、疏散宽度和距离，应当符合国家有关建筑设计防火规范的规定。安全出口处不得设置门槛、台阶，疏散门应向外开启，不得采用卷帘门、转门、吊门和侧拉门，门口不得设置门帘、屏风等影响疏散的遮挡物。公共娱乐场所在营业时必须确保安全出口和疏散通道畅通无阻，严禁将安全出口上锁、阻塞。

（2）疏散指示标志及应急照明。安全出口、疏散通道和楼梯口应当设置符合标准的灯光疏散指示标志。指示标志应当设在门的顶部、疏散通道和转角处距地面一米以下的墙面上。设在走道上的指示标志的间距不得大于20m。公共娱乐场所内应当设置火灾事故应急照明灯，照明供电时间不得少于20分钟。

（3）火灾警报。卡拉OK厅及其包房内，应当设置声音或者视像警报，保证在火灾发生初期，将各卡拉OK房间的画面、音响消除，播送火灾警报，引导人们安全疏散。

（4）应急预案及安全管理制度。公共娱乐场所应当制定防火安全管理制度，制订紧急安全疏散方案。在营业时间和营业结束后，应当指定专人进行安全巡视检查。

6.3.6 公共娱乐场所的其他防火要求

公共娱乐场所在营业时，不得超过额定人数。公共娱乐场所内严禁带入和存放易燃易爆物品。演出、放映场所的观众厅内禁止吸烟和明火照明。

公共娱乐场所应当按照《建筑灭火器配置设计规范》配置灭火器材，设置报警电话,保证消防设施、设备完好有效。公共娱乐场所必须加强电气防火安全管理,及时消除火灾隐患。不得超负荷用电,不得擅自拉接临时电线。严禁在公共娱乐场所营业时进行设备检修、电气焊、油漆粉刷等施工、维修作业。

【案例解读 6-10 公众聚集场所的消防安全检查的特别规定是什么?】

王某的 KTV 歌舞厅因经营管理不善年年亏损,停业了半年多后,张某向王某承租该歌舞厅,对该歌舞厅的设计进行局部调整,并重新招聘了一些员工,但未经公安机关消防机构进行开业检查就擅自开业。

根据《消防法》第十五条规定,KTV 歌舞厅作为公众聚集场所,在投入使用、营业前,建设单位或使用单位应向有关单位申请消防安全检查。如果 KTV 歌舞厅因未经过消防验收而投入使用,根据《消防法》,消防部门应该首先责令 KTV 歌舞厅限期整改;如果整改不合格再罚款。为了杜绝 KTV 歌舞厅等公众聚集场所"带病上岗",《消防法》规定,在责令停工、改正的同时,消防部门甚至可以直接开出罚单。

6.4 火灾隐患的判定及整改

火灾隐患是指潜在的有直接引起火灾事故可能,或者火灾发生时能增加对人员、财产的危害,或者是影响人员疏散以及影响灭火救援的一切不安全因素。火灾隐患一般可分为一般火灾隐患和重大火灾隐患。

6.4.1 一般火灾隐患及隐患排查

《消防监督检查规定》(公安部第 120 号令)规定具有下列情形之一的,确定为火灾隐患:①影响人员安全疏散或者灭火救援行动,不能立即改正的;②消防设施未保持完好有效,影响防火灭火功能的;③擅自改变防火分区,容易导致火势蔓延、扩大的;④在人员密集场所违反消防安全规定,使用、储存易燃易爆危险品,不能立即改正的;⑤不符合城市消防安全布局要求,影响公共安全的;⑥其他可能增加火灾实质危险性或者危害性的情形。

单位通过以下方面的检查,排查火灾隐患:①消防法律、法规、规章、制度的贯彻执行情况;②消防安全责任制、消防安全制度、消防安全操作规程建立及落实情况;③单位员工消防安全教育培训情况;④单位灭火和应急疏散预案制定及演练情况;⑤建筑之间防火间距、消防通道、建筑安全出口、疏散通道、防火分区设置情况;⑥消火栓状况、火灾自动报警、自动灭火和防排烟系统等自动消防设施运行,灭火器材配置等情况;⑦电气线路敷设以及电气设备运行情况;⑧建筑室内装修装饰材料防火性能情况;⑨生产、储存、经营易燃易爆化学物品的单位场所设置位置情况；⑩"三合一"场所人员住宿与生产、储存、经营部分实行防火分隔，安全出口、疏散通道设置，消火栓、自动消防设施运行，电气线路敷设及电气设备运行等情况；⑪新建、改建、扩建工程消防设计审核、消防验收情况；⑫销售和使用领域的消防产品的质量情况。

【案例解读6-11 消防安全重点单位常见的火灾隐患有哪些？】

某酒吧经营面积990m^2，从业人员200余名。该单位未办理任何行政许可手续即开始营业，并重新装修营业，该酒吧主要存在的问题有：场所未与其他区域进行防火分隔；场内部装修材料为可燃易燃材料；场所缺少安全出口，且疏散宽度、疏散距离不符合规范要求；四层未经消防设计审核擅自施工等。此外，该酒吧还存在以下问题：在四层开设公共娱乐场所；在封闭楼梯间内设置休息室，防火门闭门器损坏，常闭式防火门处于开启状态；火灾自动报警系统、自动喷水灭火系统、室内消火栓系统出现故障；未按规范要求设置排烟设施；场所内未设置应急照明灯，疏散指示标志设置不符合规范要求；消防控制室无人值班；缺少消防安全制度，无灭火和应急疏散预案，无防火检查、巡查记录，消防设施、器材、消防安全标志无定期检验、维修记录，无员工消防安全培训记录，无电器产品的线路定期维护检查记录等。据了解，昆山消防部门曾结合日常监督和各类消防安全专项整治活动，通过集中夜查巡查、部门联合执法、召开隐患整改协调会等方式，多次推动该酒吧整改隐患，但是，由于该单位消防安全意识淡薄、整改不力，各种消防隐患一直存在，严重威胁到公共安全。

6.4.2 重大火灾隐患的判定

重大火灾隐患是指违反消防法律法规，不符合消防技术标准，可能导致火灾发生或火灾危害增大，并由此可能造成重大、特别重大火灾事故或严重社会影响的各类潜在不安全因素。重大火灾隐患判定的法律依据为《重大火灾隐患判定方法》（GB 35181—2017）。

《重大火灾隐患判定方法》（GB 35181—2017）于2017年12月29日由国家标准委批准发布，属于强制性国家标准，自2018年7月1日起正式实施。该标准为新《中华人民共和国标准化法》经全国人大常委会审议通过后，由国家标准化管理委员会批准发布的第一批消防领域强制性国家标准。该标准的目次分"前言""引言""范围""规范性引用文件""术语和定义""判定原则和程序""判定方法""直接判定要素""综合判定要素""参考文献"等。

1. 判定原则及程序

重大火灾隐患判定应坚持科学严谨、实事求是、客观公正的原则。

重大火灾隐患判定适用下列程序：①现场检查：组织进行现场检查，核实火灾隐患的具体情况，并获取相关影像和文字资料；②集体讨论：组织对火灾隐患进行集体讨论，做出结论性判定意见，参与人数不应少于3人；③专家技术论证：对于涉及复杂疑难的技术问题，按照该标准判定重大火灾隐患有困难的，应组织专家成立专家组进行技术论证，形成结论性判定意见，结论性判定意见应有2/3以上的专家同意。技术论证专家组应由当地政府有关行业主管部门、监督管理部门和相关消防技术专家组成，人数不应少于7人。集体讨论或技术论证时，可以听取业主和管理、使用单位等利害关系人的意见。

2. 判定方法

重大火灾隐患判定应按照规定的判定原则和程序实施，并根据实际情况选择直接判定方法或综合判定方法。

直接判定要素和综合判定要素均应为不能立即改正的火灾隐患要素。下列情形不应判定为重大火灾隐患：①依法进行了消防设计专家评审，并已采用相应技术措施的；②单位、场所已停产停业或停止使用的；③不足以导致重大、特别重大火灾事故或严重社会影响的。

重大火灾隐患的直接判定方法：①符合任意一条直接判定要素的，应直接判定为重大火灾隐患；②不符合任意一条直接判定要素的，应按规定进行综合判定。

重大火灾隐患的综合判定步骤：①确定建筑或场所类别；②确定该建筑或场所是否存在规定的综合判定要素的情形和数量；③按规定的判定原则和程序，对照相应的条件进行重大火灾经综合判定；④对照相应的条件排除不应判定为重大火灾隐患的情形。

重大火灾隐患的判定条件：①人员密集场所存在《重大火灾隐患判定方法》（以下简称《判定方法》）第7.3.1~7.3.9条以及第7.5条和第7.9.3条规定的"综合判定要素"3条以上（含本数，下同）；②易燃、易爆危险场所存在《判定方法》第7.1.1~7.1.3条以及第7.4.5条和第7.4.6条规定的"综合判定要素"3条以上；③人员密集场所、易燃易爆危险品场所、重要场所存在规定的任意综合判定要素4条以上；④其他场所存在《判定方法》第7章规定的任意综合判定要素6条以上。

3. 直接判定要素

（1）生产、储存和装卸易燃易爆危险品的工厂、仓库和专用车站、码头、储罐区，未设置在城市的边缘或相对独立的安全地带。

（2）生产、储存、经营易燃易爆危险品的场所与人员密集场所、居住场所设置在同一建筑物内，或与人员密集场所、居住场所的防火间距小于国家工程建设消防技术标准规定的75%。

（3）城市建成区内的加油站、天然气或液化石油气加气站、加油加气合建站的储量达到或超过 GB 50156 对一级站的规定。

（4）甲、乙类生产场所和仓库设置在建筑的地下或半地下室。

（5）公共娱乐场所、商店、地下人员密集场所的安全出口数量不足或其总净宽度小于国家工程建设消防技术标准规定值的 80%。

（6）旅馆、公共娱乐场所、商店、地下人员密集场所未按国家工程建设消防技术标准的规定设置自动喷水灭火系统或火灾自动报警系统。

（7）易燃可燃液体、可燃气体储罐（区）未按规定设置固定灭火、冷却、可燃气体浓度报警、火灾报警设施。

（8）在人员密集场所违反消防安全规定使用、储存或销售易燃易爆危险品。

（9）托儿所、幼儿园的儿童用房以及老年人活动场所，所在楼层位置不符合国家工程建设消防技术标准的规定。

（10）人员密集场所的居住场所采用彩钢夹芯板搭建，且彩钢夹芯板材的燃烧性能等级低于 GB 8624 规定的 A 级。

4. 综合判定要素

（1）总平面布局。具体如下：

1）未按国家工程建设消防技术标准的规定或城市消防规划的要求设置消防车道或消防车道被堵塞、占用。

2）建筑之间的既有防火间距被占用或小于国家工程建设消防技术标准的规定值的 80%，明火和散发火花地点与易燃易爆生产厂房、装置设备之间的防火间距小于国家工程建设消防技术标准的规定值。

3）在厂房、库房、商场中设置员工宿舍，或是在居住等民用建筑中从事生产、储存、经营等活动，且不符合 GA 703 的规定。

4）地下车站的站厅乘客疏散区、站台及疏散通道内设置商业经营活动场所。

（2）防火分隔。具体如下：

1）原有防火分区被改变并导致实际防火分区的建筑面积大于国家工程建设消防技术标准规定值的 50%。

2）防火门、防火卷帘等防火分隔设施损坏的数量大于该防火分区防火分隔设施数量的 50%。

3）丙、丁、戊类厂房内有火灾或爆炸危险的部位未采取防火分隔等防火防爆技术措施。

（3）安全疏散及灭火救援条件。具体如下：

1）建筑内的避难走道、避难间、避难层的设置不符合国家工程建设消防技术标准的规定，或避难走道、避难间、避难层被占用。

2）人员密集场所内疏散楼梯间的设置形式不符合国家工程建设消防技术标准的规定。

3）除"直接判定要素"第6项规定外的其他场所或建筑物的安全出口数量或宽度不符合国家工程建设消防技术标准的规定，或既有安全出口被封堵。

4）按国家工程建设消防技术标准的规定，建筑物应设置独立的安全出口货疏散楼梯而未设置。

5）商店营业厅内的疏散距离大于国家工程建设消防技术标准规定值的125%。

6）高层建筑和地下建筑未按国家工程建设消防技术标准的规定设置疏散指示标志、应急照明，或所设置设施的损坏率大于标准规定要求设置数量的30%；其他建筑未按国家工程建设消防技术标准的规定设置疏散指示标志、应急照明，或所设置设施的损坏率大于标准规定要求设置数量的50%。

7）设有人员密集场所的高层建筑的封闭楼梯间或防烟楼梯间门的损坏率超过其设置总数的20%，其他建筑的封闭楼梯间或防烟楼梯间的门的损坏率大于其设置数量的50%。

8）人员密集场所的疏散走道、疏散楼梯间、前室的室内的装修材料燃烧性能不符合GB 50222的规定。

9）人员密集场所的疏散走道、楼梯间、疏散门或安全出口设置栅栏、卷帘门。

10）人员密集场所的外窗被封堵或被广告牌等遮挡。

11）高层建筑的消防车道、救援场地设置不符合要求或被占用，影响火灾扑救。

12）消防电梯无法正常运行。

（4）消防给水及灭火设施。具体如下：

1）未按国家工程建设消防技术标准的规定设置消防水源、储存泡沫液等灭火剂。

2）未按国家工程建设消防技术标准的规定设置室外消防给水设施，或已设置但不符合标准的规定或不能正常使用。

3）未按国家工程建设消防技术标准的规定设置室内消火栓系统，或已设置但不符合标准的规定或不能正常使用。

4）除旅馆、公共娱乐场所、商店、地下人员密集场所外，其他场所未按国家工程建设消防技术标准的规定设置自动喷水灭火系统。

5）未按国家工程建设消防技术标准的规定设置除自动喷水灭火系统外的其他固定灭火设施。

6）已设置的自动喷水灭火系统或其他固定灭火设施不能正常使用或运行。

(5) 防烟排烟设施。人员密集场所、高层建筑和地下建筑未按国家工程建设消防技术标准的规定设置防烟、排烟设施，或已设置但不能正常使用或运行。

(6) 消防供电。具体如下：

1) 消防用电设备的供电负荷级别不符合国家工程建设消防技术标准的规定。

2) 消防用电设备未按国家工程建设消防技术标准的规定采用专用的供电回路。

3) 未按国家工程建设消防技术标准的规定设置消防用电设备末端自动切换装置，或已设置但不符合标准的规定或不能正常自动切换。

(7) 火灾自动报警系统。具体如下：

1) 除旅馆、公共娱乐场所、商店、地下人员密集场所规定外的其他场所未按国家工程建设消防技术标准的规定设置火灾自动报警系统。

2) 火灾自动报警系统不能正常运行。

3) 防烟排烟系统、消防水泵以及其他自动消防设施不能正常联动控制。

(8) 消防安全管理。具体如下：

1) 社会单位未按消防法律法规要求设置专职消防队。

2) 消防控制室操作人员未按 GB 25506 的规定持证上岗。

(9) 其他。具体如下：

1) 生产、储存场所的建筑耐火等级与其生产、储存物品的火灾危险性类别不相匹配，违反国家工程建设消防技术标准的规定。

2) 生产、储存、装卸和经营易燃易爆危险品的场所或有粉尘爆炸危险场所未按规定设置防爆电气设备和泄压设施，或防爆电气设备和泄压设施失效。

3) 违反国家工程建设消防技术标准的规定使用燃油、燃气设备，或燃油、燃气管道敷设和紧急切断装置不符合标准规定。

4) 违反国家工程建设消防技术标准的规定在可燃材料或可燃构件上直接敷设电气线路或安装电气设备，或采用不符合标准规定的消防配电线缆和其他供配电线缆。

5) 违反国家工程建设消防技术标准的规定在人员密集场所使用易燃、可燃材料装修、装饰。

6.4.3 火灾隐患整改

单位对存在的火灾隐患，应当及时予以消除。对下列违反消防安全规定的行为，单位应当责成有关人员当场改正并督促落实：①违章进入生产、储存易燃易爆危险物品场所的；②违章使用明火作业或者在具有火灾、爆炸危险的场所吸烟、使用明火等违反禁令的；③将安全出口上锁、遮挡，或者占用、堆放物品影响疏散通道畅通的；④消火栓、灭火器材被遮挡影响使用或者被挪作他用的；⑤常闭式防火门处于开启状态，防火卷帘下堆放物品影响使用的；⑥消防设施管理、值班人员和防火巡查人员脱岗的；⑦违章关闭消防设施、切断消防电源的；⑧其他可以当场改正的行为。违反前面规定的情况以及改正情况应当有记录并存档备查。

对不能当场改正的火灾隐患，消防工作归口管理职能部门或者专兼职消防管理人员应当根据本单位的管理分工，及时将存在的火灾隐患向单位的消防安全管理人或者消防安全责任人报告，提出整改方案。消防安全管理人或者消防安全责任人应当确定整改的措施、期限以及负责整改的部门、人员，并落实整改资金。在火灾隐患未消除之前，单位应当落实防范措施，保障消防安全。不能确保消防安全，随时可能引发火灾或者一旦发生火灾将严重危及人身安全的，应当将危险部位停产停业整改。

火灾隐患整改完毕，负责整改的部门或者人员应当将整改情况记录报送消防安全责任人或者消防安全管理人签字确认后存档备查。对于涉及城市规划布局而不能自身解决的重大火灾隐患，以及机关、团体、企业、事业单位的确无能力解决的重大火灾隐患，单位应当提出解决方案并及时向其上级主管部门或者当地人民政府报告。对公安机关消防机构责令限期改正的火灾隐患，单位应当在规定的期限内改正并写出火灾隐患整改复函，报送公安机关消防机构。

【案例解读6-12 对于存在消防隐患单位，公安机关消防机构如何处理？】

根据群众举报，某区消防大队执法人员联合该区派出所到某街道老殿巷一座五金加工厂进行检查，发现该加工厂位于该区某街道老殿巷一弄巷内，两间门面共三层，一层加工，二层和三层住人，房间用三合木板隔开，属于典型的"三合一"场所，因此存在严重的火灾隐患。

对此种情况，消防执法人员应当根据《消防法》五十四条有关规定，通知该工厂立即采取措施消除隐患，不及时消除隐患可能严重威胁公共安全的，消防执行人员应当依法对该单位实施查封措施。

【案例解读6-13 关闭有重大火灾隐患的市场而引发的纠纷案】

1. 基本案情

灵璧凤仪市场位于灵璧县解放中路以北、环城西路以东。汤某系该市场经营户，67号单层售货棚购房人。2009年1月21日，安徽省人民政府决定对全省50处整改难度较大的重大火灾隐患实行督办整改，要求各地定期梳理本地重大火灾隐患，及时进行政府挂牌警示和督办，并要紧紧盯住人员密集场所和易燃易爆场所，对存在危害公共安全的重大火灾隐患，要坚决责令停产、停业或者停止使用。灵璧凤仪市场属于该50处重大火灾隐患之一，存在主要隐患有：市场内用火用电管理混乱、占道经营现象严重、救援疏散通道数量不足、未经公安消防部门审核和验收。2015年6月3日，灵璧县人民政府做出灵政发〔2015〕10号《灵璧县人民政府关于关闭凤仪市场的通告》，载明"鉴于凤仪市场年代久远，存在重大消防安全隐患，为保障人民群众生命财产安全"，决定于2015年6月12日关闭凤仪市场。关闭后任何单位和个人不得继续在市场内从事经营活动，并告知凤仪市场各业主自本通告发布之日起到07-4号地块拆迁工作指挥部办公室，按照补偿安置方案办理相关搬迁安置手续，有序搬迁到另一商场。

汤某不服，向安徽省宿州市中级人民法院提起行政诉讼，请求确认灵璧县人民政府关闭凤仪市场的行为违法，并撤销灵政发〔2015〕10号通告，诉讼费由灵璧县人民政府负担。

2. 一审判决结果

一审法院认为，本案中，灵璧县人民政府具有做出关闭市场决定的法定职权。灵璧凤仪市场投入使用多年，属人员密集场所和易燃易爆场所。安徽省人民政府发出的《安徽省人民政府关于督办整改全省50处重大火灾隐患的通知》已认定凤仪市场存在市场内用火用电管理混乱、占道经营现象严重、救援疏散通道数量不足等重大火灾隐患，且未经公安消防部门审核和验收，不具备安全生产条件。灵璧县人民政府为保障人民群众生命财产安全，做出关闭凤仪市场的决定，并已告知凤仪市场各业主有权按照补偿安置方案办理相关搬迁安置手续。灵璧县人民政府做出的关闭凤仪市场的行政行为证据确凿，适用法律、法规正确，符合法定程序。汤某要求确认关闭市场行为违法并撤销灵政发〔2015〕10号通告的诉讼请求不能成立，判决驳回汤某的诉讼请求。

3. 二审判决结果

汤某不服一审判决，上诉称，省政府2009年1月的文件不能作为2015年6月关闭凤仪市场的法律依据。2009年2月县政府挂牌督办的火灾隐患在同年9月已经结束，时隔6年，今日拿来作为掩饰违法拆迁的幌子，缺乏合法性基础。本案行政执法证据不足，程序违法，超越职权；灵璧县人民政府关闭凤仪市场违反法律规定。请求二审法院撤销一审判决，支持上诉人的一审诉讼请求。

灵璧县人民政府答辩称，被上诉人按照安徽省人民政府《关于督办整改全省50处重大火灾隐患的通知》要求，为了消除凤仪市场安全隐患，根据《城乡集市贸易管理办法》《中华人民共和国安全生产法》等法律规定，做出了《关于关闭凤仪市场的通告》，证据确凿，法律适用准确，程序合法。请求二审法院驳回上诉，维持原判。

二审法院经审查认为，《中华人民共和国安全生产法》第一百零八条规定,生产经营单位不具备本法和其他有关法律、行政法规和国家标准或者行业标准规定的安全生产条件,经停产停业整顿仍不具备安全生产条件的,予以关闭。根据该规定,对于不具备安全生产条件的单位,行政机关应先责令其予以整顿,经整顿仍不具备安全生产条件的,才能予以关闭。本案中,安徽省人民政府2009年1月即将凤仪市场认定为存在重大火灾隐患的场所,要求挂牌督办,限期整改,整改工作应在当年9月底前完成。灵璧县人民政府提交的证据不能证明凤仪市场已经进行了停业整顿,且经整顿仍不具备安全生产条件,故其做出的关闭该市场的决定,主要证据不足,违反法定程序,依法本应予撤销。

但考虑到凤仪市场建成使用已近30年,基础设施落后,交通堵塞,卫生状况差,消防隐患突出,早已被纳入拆迁改造范围,目前市场内部分经营户已经与拆迁人达成补偿安置协议,其房屋亦已被拆除,市场已难以正常经营,如果撤销灵璧县人民政府做出的关闭市场决定,将会给公共利益造成重大损害。一审判决认定事实清楚,但适用法律、法规不当。依照《中华人民共和国行政诉讼法》第七十四条第(一)项、第八十九条第一款第(二)项规定,判决如下:①撤销安徽省宿州市中级人民法院〔2015〕宿中行初字第00093号行政判决;②确认灵璧县人民政府于2015年6月3日做出《灵璧县人民政府关于关闭凤仪市场的通告》行为违法。

4. 案例总结

重大火灾隐患的形成多有历史原因,整治应当符合法定程序。对于不具备安全生产条件的单位,行政机关应先责令其予以整顿,经整顿仍不具备安全生产条件的,才能予以关闭。灵璧县人民政府提交的证据不能证明凤仪市场已经进行了停业整顿,且经整顿仍不具备安全生产条件,故其做出的关闭该市场的决定,主要证据不足,违反法定程序,依法本应予以撤销。但如果撤销灵璧县人民政府做出的关闭市场决定,将会给公共利益造成重大损害。在此情形下,依法应予确认灵璧县人民政府做出的关闭市场行为违法。

【案例解读6-14　有重大火灾隐患的房屋租赁合同引发的纠纷案】

1. 基本案情

西街商行属于城市生活家大厦的一部分。2014年6月25日,西街商行业主王某、戚某,以西街商行为甲方,以谭某为乙方,签订了《mini西街商铺租赁合同书》,甲方将商铺出租给乙方,租赁期限自2014年5月1日至2017年4月30日。2012年2月1日,芙蓉区公安消防大队向城市生活家大厦下发了《重大火灾隐患限期整改通知书》。2014年7月8日,芙蓉区公安消防大队向城市生活家大厦下发了《同意延期整改通知书》,整改期限延期至2015年6月

30日前。谭某于2014年12月9日向湖南省长沙市芙蓉区人民法院提起诉讼，请求判令解除租赁合同，退还谭某租金、履约保证金、建设费等费用，赔偿谭某装修损失费8200元等。

2. 一审判决结果

一审法院认为，作为西街商行当时业主的王某应根据合同约定为谭某提供合法、可以正常经营的商铺；西街商行作为公众聚集场所，应在经过消防安全验收合格后才能投入使用。至2014年7月8日，消防部门认为包括西街商行在内的城市生活家大厦仍存在重大火灾安全隐患并责令整改，王某、戚某也未能提供证据证明西街商行已经消防验收合格，因王某未能向谭某提供可以合法经营的商铺，导致谭某的合同目的无法实现，谭某主张解除合同符合法律规定，原审法院予以支持；合同解除后，作为违约方的王某应将所收取的谭某的房屋租金、履约保证金等返回谭某，并赔偿谭某的损失。判决如下：①解除谭某与长沙市大铭西街商行2014年6月25日所签订的《mini西街商铺租赁合同书》；②王某自本判决生效之日起十日内返还谭某66394元；③王某自本判决生效之日起10日内赔偿谭某8000元；④驳回谭某对王某的其他诉讼请求；⑤驳回谭某对戚某的诉讼请求。

3. 二审判决结果

王某不服，向长沙市中级人民法院提出上诉，称消防部门并未要求停业，未影响谭某对承租房屋的使用。重大火灾隐患单位已进行公示，谭某在签订合同时应当已经知晓，其不应以此为由解除合同。合同解除前谭某已经占有并使用了承租的商铺，该期间的租金不应退还。

二审法院经审理认为，虽然西街商行在出租涉案商铺过程中存在过错，但谭某解除租赁合同前确实占用涉案商铺进行了经营活动，根据公平原则，谭某应当向王某支付该期间内的房屋使用费。原审判决认定事实清楚，适用法律正确，但处理不当，上诉人王某的上诉理由部分成立。据此，判决如下：①维持湖南省长沙市芙蓉区人民法院〔2014〕芙民初字第4372号民事判决第①③④⑤项；②变更湖南省长沙市芙蓉区人民法院〔2014〕芙民初字第4372号民事判决第二项为"王某自本判决生效之日起10日内返还谭某42097元"。

4. 案例总结

出租人本应保证租赁物无消防安全瑕疵，出租人在城市生活家大厦存在严重火灾安全隐患，消防部门已责令限期整改的情况下，依然进行出租，导致该商铺作为公共聚集场所，产生危及他人生命财产安全的事故风险，无法实现承租人经营商铺的合同目的。即使承租人与出租人签订租赁合同时知晓该商铺存在火灾安全隐患的事实，依然有权解除该合同并退还剩余租金、履约保证金、建设费等费用。

复 习 题

1. 社会单位消防安全责任人的职责有哪些?
2. 消防安全管理人的职责有哪些?
3. 单位有哪些消防安全管理制度?
4. 单位如何做好消防安全管理?
5. 如何做好消防安全重点部位的管理?
6. 消防档案包括哪些内容?
7. 简述大型群众性活动承办单位的法定职责。
8. 简述大型群众性活动消防安全管理工作实施。
9. 简述公共娱乐场所的选址要求。
10. 简述公共娱乐场所安全疏散的要求。
11. 简述一般火灾隐患排查的方法。
12. 简述重大火灾隐患判定原则及方法。

参考法律法规及文件

《中华人民共和国消防法》(2008 年)

《机关、团体、企业、事业单位消防安全管理规定》(公安部令第 61 号)

《大型群众性活动安全管理条例》(2007 年)

《公共娱乐场所消防安全管理规定》(公安部令第 39 号)

《重大火灾隐患判定方法》(GB 35181—2017)

第7章 施工现场消防安全管理常用的法规

《建设工程施工现场消防安全技术规范》对施工现场消防安全提出了基本的防火技术和安全管理要求。《建设工程施工现场消防安全技术规范》（GB 50720—2011）是由中华人民共和国住房和城乡建设部第1042号公告批准，2011年6月6日发布，自2011年8月1日起实施。该规范共分6章，主要内容有"总则""术语""总平面布局""建筑防火""临时消防设施""防火管理"。此外，《建设工程消防监督管理规定》对建设工程消防设计审核、消防验收和备案抽查分别明确了范围、内容、程序和具体要求；《机关、团体、企业、事业单位消防安全管理规定》明确了建筑工程施工现场的消防安全负责人。

7.1 建设工程施工现场消防安全管理的基本要求

建设工程施工现场是指新建、改建和扩建等各类建设工程施工现场，主要包括在建工程、临时用房、临时设施（含临时消防设施）、临时疏散通道、临时消防救援场地等。临时用房是指在施工现场建造的，为建设工程施工服务的各种非永久性建筑物，包括办公用房、宿舍、厨房操作间、食堂、锅炉房、发电机房、变配电房、库房等。临时设施是指在施工现场建造的，为建设工程施工服务的各种非永久性设施，包括围墙、大门、临时道路、材料堆场及其加工场、固定动火作业场、作业棚、机具棚、储水池及临时给水排水、供电、供热管线等。临时消防设施是指设置在建设工程施工现场，用于扑救施工现场火灾、引导施工人员安全疏散等各类消防设施。它包括灭火器、临时消防给水系统、消防应急照明、疏散指示标识、临时疏散通道等。临时疏散通道是指施工现场发生火灾或意外事件时，供人员安全撤离危险区域并到达安全地点或安全地带所经的路径。临时消防救援场地是指施工现场中供人员和设备实施灭火救援作业的场地。

建设工程施工现场的防火，必须遵循国家有关方针、政策，针对不同施工现场的火灾特点，立足自防自救，采取可靠防火措施，做到安全可靠、经济合理、方便适用。根据《中华人民共和国建筑法》《中华人民共和国消防法》《建设工程安全生产管理条例》《机关、团体、企业、事业单位消防安全管理规定》以及一些地区规章规定的要求，施工现场的消防安全管理应由施工单位负责。

施工现场实行施工总承包的，由总承包单位负责。总承包单位应对施工现场防火实施统一管理，并对施工现场总平面布局、现场防火、临时消防设施、防火管理等进行总体规划、统筹安排，确保施工现场防火管理落到实处。分包单位应向总承包单位负责，并应服从总承包单位的管理，同时应承担国家法律、法规规定的消防责任和义务。监理单位应对施工现场的消防安全管理实施监理。

施工单位应根据建设项目规模、现场消防安全管理的重点，在施工现场建立消防安全管理组织机构及志愿消防组织，并应确定消防安全负责人和消防安全管理人，同时应落实相关人员的消防安全管理责任。

【案例解读 7-1　死亡 10 人以上的建设工程施工现场典型火灾案例】

2010 年 5 月 3 日，内蒙古呼和浩特市榆林镇某在建铁路隧道工地民工彩钢板工棚发生火灾，造成 10 人死亡，14 人受伤。2012 年 10 月 10 日 5 时，陕西省西安市周至县某建筑工地一彩钢板活动房发生火灾，造成 12 人死亡，2 人失踪，24 人受伤。从进行的夹芯材料为聚苯乙烯泡沫的彩钢板燃烧实验可以看出，一栋面积约 $200m^2$ 的两层彩钢板建筑，从一楼房间的小火开始燃烧，火势越来越大，伴随着滚滚浓烟，不到 5 分钟的时间便化为乌有。这是因为高温使夹芯板和钢质支撑结构熔化变形，失去承重能力，造成建筑物倒塌。

2017 年，天津、江西等地相继发生死亡 10 人的建设工程施工现场重大火灾事故，给国家、社会、人民群众造成了巨大损失和严重影响，给人们敲响了警钟。

2017 年 12 月 1 日，天津市河西区某高层建筑发生火灾，造成 10 人死亡，5 人受伤。起火建筑为钢筋混凝土框架结构高层公寓，发生火灾时正在进行装修改造，经查，起火物为 38 层电梯间堆放的装修材料，该建筑在装修施工过程中，存在违规采用易燃可燃材料装修、擅自停用室内消火栓和自动喷水灭火系统、消防控制室未落实 24 小时值班制度、施工现场违规住人以及违规使用大功率电热器具等多项问题，以致发生火灾后迅速蔓延并致人伤亡。

2017 年 2 月 25 日，江西省南昌市红谷滩新区海航白金汇酒店 1 楼某 KTV 厅发生火灾，过火面积约 $1500m^2$，造成 10 人死亡，其中 3 人为酒店顾客，7 人为装修工人。经查，起火建筑为高层公共建筑，总面积约 4 万 m^2。起火层为某KTV厅的施工改造工地，火灾原因为工人违规焊割，高温熔融物掉落到楼梯下方，引燃堆放的废弃沙发蔓延成灾。经调查，施工单位不具备施工资质，焊割人员未经任何培训和取得相关资格违规动火，现场既无防火措施，又无安全监护人，同时为方便施工，私自切断消防电源、水源，造成发生火灾时无法使用消防设施，最终酿成惨剧。

2017年11月26日，黔西南州贞丰县永丰街道民族路某沙发批发部发生火灾事故，造成2人死亡，4人失踪，1人受伤，2300m^2钢架棚厂房及周边建筑被损毁，火灾直接经济损失600余万元。据调查，起火时该沙发批发部正在进行扩建施工，几名工人在未取得焊工操作证的情况下，对新厂房外墙面的围护结构进行焊接，未采取安全防护措施，造成焊渣掉落并引燃堆放的海绵等可燃物引发火灾。该沙发批发部属于违规违章搭建的轻钢结构厂房，厂房内无固定消防设施，不具备安全生产条件，厂房内堆积大量聚氨酯海绵，造成火灾迅速蔓延并产生大量有毒烟气，酿成了惨剧。

导致建设工程施工现场火灾事故频发、人员伤亡惨重的主要原因有：①为降低成本，违反国家技术标准，使用可燃、易燃夹芯材料的彩钢板搭建临时用房，在施工区域内设置人员住宿房间，一旦发生火灾，火势迅速蔓延，产生大量有毒浓烟，极易造成群死群伤。②无资质的人员进行电焊、气割作业，不严格落实动火审批制度，不对动火现场可燃物进行清理，不采取有效的安全防护措施，不派人进行安全监护，极易引发火灾事故。③不严格按照国家技术标准设置临时消防给水系统、灭火器、临时疏散通道、临时消防车道、临时消防救援场地，一旦发生火灾人员疏散难、火灾扑救难。

7.2 施工现场总平面布局

7.2.1 总平面布局的一般规定

临时用房、临时设施的布置应满足现场防火、灭火及人员安全疏散的要求。下列临时用房和临时设施应纳入施工现场总平面布局：①施工现场的出入口、围墙、围挡；②场内临时道路；③给水管网或管路和配电线路敷设或架设的走向、高度；④施工现场办公用房、宿舍、发电机房、配电房、可燃材料库房、易燃易爆危险品库房、可燃材料堆场及其加工场、固定动火作业场等；⑤临时消防车道、消防救援场地和消防水源。

施工现场出入口的设置应满足消防车通行的要求，并宜布置在不同方向，其数量不宜少于2个。当确有困难只能设置1个出入口时，应在施工现场内设置满足消防车通行的环形道路。

施工现场临时办公、生活、生产、物料存贮等功能区宜相对独立布置,防火间距应符合要求。固定动火作业场应布置在可燃材料堆场及其加工场、易燃易爆危险品库房等全年最小频率风向的上风侧;宜布置在临时办公用房、宿舍、可燃材料库房、在建工程等全年最小频率风向的上风侧。易燃易爆危险品库房应远离明火作业区、人员密集区和建筑物相对集中区。可燃材料堆场及其加工场、易燃易爆危险品库房不应布置在架空电力线下。

7.2.2 防火间距

易燃易爆危险品库房与在建工程的防火间距不应小于15m,可燃材料堆场及其加工场、固定动火作业场与在建工程的防火间距不应小于10m,其他临时用房、临时设施与在建工程的防火间距不应小于6m。

施工现场主要临时用房、临时设施的防火间距不应小于表7-1的规定,当办公用房、宿舍成组布置时,其防火间距可适当减小,但应符合以下要求:①每组临时用房的栋数不应超过10栋,组与组之间的防火间距不应小于8m;②组内临时用房之间的防火间距不应小于3.5m;当建筑构件燃烧性能等级为A级时,其防火间距可减少到3m。

表7-1 施工现场主要临时用房、临时设施的防火间距 (单位:m)

间距 名称	办公用房、 宿舍	发电机房、 变配电房	可燃材 料库房	厨房操 作间、 锅炉房	可燃材料 堆场及其 加工场	固定动火 作业场	易燃易爆危 险品库房
办公用房、宿舍	4	4	5	5	7	7	10
发电机房、变配电房	4	4	5	5	7	7	10
可燃材料库房	5	5	5	5	7	7	10
厨房操作间、锅炉房	5	5	5	5	7	7	10
可燃材料堆场及其加工场	7	7	7	7	7	10	10
固定动火作业场	7	7	7	7	10	10	12
易燃易爆危险品库房	10	10	10	10	10	12	12

注:1. 临时用房、临时设施的防火间距应按临时用房外墙外边线或堆场、作业场、作业棚边线间的最小距离计算,如临时用房外墙有突出可燃构件时,应从其突出可燃构件的外缘算起。
2. 两栋临时用房相邻较高一面的外墙为防火墙时,防火间距不限。
3. 本表未规定的,可按同等火灾危险性的临时用房、临时设施的防火间距确定。

7.2.3 消防车道

1. 临时消防车道

施工现场内应设置临时消防车道,临时消防车道与在建工程、临时用房、可燃材料堆场及其加工场的距离，不宜小于5m，且不宜大于40m；施工现场周边道路满足消防车通行及灭火救援要求时，施工现场内可不设置临时消防车道。

临时消防车道的设置应符合下列规定：①临时消防车道宜为环形，设置环形车道确有困难时，应在消防车道尽端设置尺寸不小于12m×12m的回车场；②临时消防车道的净宽度和净空高度均不应小于4m；③临时消防车道的右侧应设置消防车行进路线指示标识；④临时消防车道路基、路面及其下部设施应能承受消防车通行压力及工作荷载。

2. 环形临时消防车道

下列建筑应设置环形临时消防车道，设置环形临时消防车道确有困难时，除应按规范的规定设置回车场外，尚应按规定设置临时消防救援场地：①建筑高度大于24m的在建工程；②建筑工程单体占地面积大于3000m^2的在建工程；③超过10栋，且成组布置的临时用房。

3. 临时消防救援场地

临时消防救援场地的设置应符合下列规定：①临时消防救援场地应在在建工程装饰装修阶段设置；②临时消防救援场地应设置在成组布置的临时用房场地的长边一侧及在建工程的长边一侧；③临时消防救援场地宽度应满足消防车正常操作要求，且不应小于6m，与在建工程外脚手架的净距不宜小于2m，且不宜超过6m。

7.3 施工现场建筑防火

7.3.1 建筑防火的一般规定

临时用房和在建工程应采取可靠的防火分隔和安全疏散等防火技术措施。临时用房的防火设计应根据其使用性质及火灾危险性等情况进行确定。在建工程防火设计应根据施工性质、建筑高度、建筑规模及结构特点等情况进行确定。

7.3.2 临时用房防火

1. 宿舍、办公用房的防火设计

宿舍、办公用房的防火设计应符合下列规定：

（1）建筑构件的燃烧性能等级应为A级。当采用金属夹芯板材时，其芯材的燃烧性能等级应为A级。

（2）建筑层数不应超过3层，每层建筑面积不应大于300m^2。

（3）层数为3层或每层建筑面积大于200m^2时，应设置至少2部疏散楼梯，房间疏散门至疏散楼梯的最大距离不应大于25m。

（4）单面布置用房时，疏散走道的净宽度不应小于1.0m；双面布置用房时，疏散走道的净宽度不应小于1.5m。

（5）疏散楼梯的净宽度不应小于疏散走道的净宽度。

（6）宿舍房间的建筑面积不应大于30m^2，其他房间的建筑面积不宜大于100m^2。

（7）房间内任一点至最近疏散门的距离不应大于15m，房门的净宽度不应小于0.8m；房间建筑面积超过50m^2时，房门的净宽度不应小于1.2m。

（8）隔墙应从楼地面基层隔断至顶板基层底面。

2. 发电机房、变配电房、厨房操作间、锅炉房、可燃材料库房及易燃易爆危险品库房的防火设计

发电机房、变配电房、厨房操作间、锅炉房、可燃材料库房及易燃易爆危险品库房的防火设计应符合下列规定：

（1）建筑构件的燃烧性能等级应为A级。

（2）层数应为1层，建筑面积不应大于200m^2。

（3）可燃材料库房单个房间的建筑面积不应超过30m^2，易燃易爆危险品库房单个房间的建筑面积不应超过20m^2。

（4）房间内任一点至最近疏散门的距离不应大于10m，房门的净宽度不应小于0.8m。

3. 其他防火设计

其他防火设计应符合下列规定：

（1）宿舍、办公用房不应与厨房操作间、锅炉房、变配电房等组合建造。

（2）会议室、文化娱乐室等人员密集的房间应设置在临时用房的第一层，其疏散门应向疏散方向开启。

7.3.3 在建工程防火

1. 临时疏散通道的防火要求

在建工程作业场所的临时疏散通道应采用不燃、难燃材料建造，并应与在建工程结构施工同步设置，也可利用在建工程施工完毕的水平结构、楼梯。在建工程作业场所临时疏散通道的设置应符合下列规定：①耐火极限不应低于0.5小时；②设置在地面上的临时疏散通道，其净宽度不应小于1.5m；利用在建工程施工完毕的水平结构、楼梯做临时疏散通道时，其净宽度不应小于1.0m；用于疏散的爬梯及设置在脚手架上的临时疏散通道，其净宽度不应小于0.6m；③临时疏散通道为坡道，且坡度大于25°时，应修建楼梯或台阶踏步或设置防滑条；④临时疏散通道不宜采用爬梯，确需采用时，应采取可靠固定措施；⑤临时疏散通道的侧面为临空面时，必须沿临空面设置高度不小于1.2m的防护栏杆；⑥临时疏散通道设置在脚手架上时，脚手架应采用不燃材料搭设；⑦临时疏散通道应设置明显的疏散指示标识；⑧临时疏散通道应设置照明设施。

2. 既有建筑进行扩建、改建施工的防火要求

既有建筑进行扩建、改建施工时，必须明确划分施工区和非施工区。施工区不得营业、使用和居住；非施工区继续营业、使用和居住时，应符合下列规定：①施工区和非施工区之间应采用不开设门、窗、洞口的耐火极限不低于3小时的不燃烧体隔墙进行防火分隔；②非施工区内的消防设施应完好和有效，疏散通道应保持畅通，并应落实日常值班及消防安全管理制度；③施工区的消防安全应配有专人值守，发生火情应能立即处置；④施工单位应向居住和使用者进行消防宣传教育，告知建筑消防设施、疏散通道的位置及使用方法，同时应组织进行疏散演练；⑤外脚手架搭设不应影响安全疏散、消防车正常通行及灭火救援操作，外脚手架搭设长度不应超过该建筑物外立面周长的1/2。

3. 其他防火要求

外脚手架、支模架的架体宜采用不燃或难燃材料搭设。其中，下列工程的外脚手架、支模架的架体应采用不燃材料搭设：①高层建筑；②既有建筑改造工程。

下列安全防护网应采用阻燃型安全防护网：①高层建筑外脚手架的安全防护网；②既有建筑外墙改造时，其外脚手架的安全防护网；③临时疏散通道的安全防护网。

作业场所应设置明显的疏散指示标志，其指示方向应指向最近的临时疏散通道入口。作业层的醒目位置应设置安全疏散示意图。

【案例解读7-2 施工单位严重忽视施工现场的消防安全导致的特大火灾事故】

2012年10月10日5时许，位于陕西省西安市周至县辖区秦岭腹地，距离周至县城约60km的某引水工程施工工地一幢民工住宿的活动板房起火燃烧，并且迅速坍塌。这起事故共造成12人死亡，1人失踪，24人受伤。起火建筑为一幢3层彩钢板结构活动板房，属于临时建筑，总建筑面积约为1400m^2，主要用于施工人员住宿，有173张床位。经核查，该建筑无论是从每层的建筑面积、材料防火性能、安全疏散通道设置，还是灭火器材配置、临时消防设施设置等诸多方面，都严重违反了国家《建设工程施工现场消防安全技术规范》的规定要求。该起火灾事故在陕西全省火灾隐患大排查大整治会议上被确认为重大生产安全事故。

根据事故调查组对施工现场查看了解情况，事故原因包括以下方面：①该施工单位安全管理混乱。施工现场未成立任何安全管理组织，防火安全责任不明确，每日巡查无记录，防火安全制度形同虚设。②现场搭建的办公、住宿等临时用房耐火等级低。火灾发生后，很快蔓延造成大火。现场电气线路私接乱拉，宿舍内使用电炉子、千瓦棒等大功率电器和灯具，无任何防火安全措施。

③消防设施不到位。施工现场未设置消防设施、无临时消防水池,发生火灾后,无法有效组织扑救初起火灾。④安全宣传培训不落实。事故调查组对施工单位检查发现,施工单位未对员工进行过消防安全培训,未开展过灭火应急演练,施工人员的防火安全意识差,不熟悉基本的防火安全常识,不掌握基本的自救逃生方法。致使许多人员无法逃生而遇难。

经现场调查,施工单位严重忽视施工现场的消防安全,违章使用易燃可燃的聚氨酯泡沫夹芯板搭建集体宿舍,没有按规定设置疏散通道,宿舍内私接乱拉电线,随意使用电热器具,现场没有设置消防设施,没有对员工进行有效的消防安全常识教育。加之工地地处秦岭深处,消防施救力量鞭长莫及,因而事故损失惨重。

7.4 施工现场临时消防设施

7.4.1 临时消防设施的一般规定

施工现场应设置灭火器、临时消防给水系统和临时消防应急照明等临时消防设施。临时消防设施应与在建工程的施工同步设置。房屋建筑工程中,临时消防设施的设置与在建工程主体结构施工进度的差距不应超过3层。在建工程可利用已具备使用条件的永久性消防设施作为临时消防设施。当永久性消防设施无法满足使用要求时,应增设临时消防设施,并符合有关规定。

施工现场的消火栓泵应采用专用消防配电线路。专用消防配电线路应自施工现场总配电箱的总断路器上端接入,且应保持不间断供电。地下工程的施工作业场所宜配备防毒面具。临时消防给水系统的贮水池、消火栓泵、室内消防竖管及水泵接合器等应设置醒目标识。

7.4.2 灭火器

在建工程及临时用房的下列场所应配置灭火器:①易燃易爆危险品存放及使用场所;②动火作业场所;③可燃材料存放、加工及使用场所;④厨房操作间、锅炉房、发电机房、变配电房、设备用房、办公用房、宿舍等临时用房;⑤其他具有火灾危险的场所。

施工现场灭火器配置应符合下列规定:①灭火器的类型应与配备场所可能发生的火灾类型相匹配;②灭火器的最低配置标准应符合表7-2的规定;③灭火器的配置数量应按现行国家标准《建筑灭火器配置设计规范》(GB 50140)的有关规定经计算确定,且每个场所的灭火器数量不应少于2具;④灭火器的最大保护距离应符合表7-3的规定。

表7-2 灭火器的最低配置标准

项 目	固体物质火灾		液体或可熔化固体物质火灾、气体火灾	
	单具灭火器最小灭火级别	单具灭火级别最大保护面积/(m^2/A)	单具灭火器最小灭火级别	单具灭火级别最小保护面积/(m^2/B)
易燃易爆危险品存放及使用场所	3A	50	89B	0.5
固定动火作业场	3A	50	89B	0.5
临时动火作业点	2A	50	55B	0.5
可燃材料存放、加工及使用场所	2A	75	55B	1.0
厨房操作间、锅炉房	2A	75	55B	1.0
自备发电机房	2A	75	55B	1.0
变配电房	2A	75	55B	1.0
办公用房、宿舍	1A	100	—	—

表7-3 灭火器的最大保护距离　　　　　　（单位：m）

灭火器配置场所	固体物质火灾	液体或可熔化固体物质火灾、气体火灾
易燃易爆危险品存放及使用场所	15	9
固定动火作业场	15	9
临时动火作业点	10	6
可燃材料存放、加工及使用场所	20	12
厨房操作间、锅炉房	20	12
发电机房、变配电房	20	12
办公用房、宿舍等	25	—

7.4.3 临时消防给水系统

1. 临时消防水源

施工现场或其附近应设置稳定、可靠的水源，并应能满足施工现场临时消防用水的需要。消防水源可采用市政给水管网或天然水源。当采用天然水源时，应采取措施确保冰冻季节、枯水期最低水位时顺利取水的措施，并满足临时消防用水量的要求。

2. 临时消防用水量

临时消防用水量应为临时室外消防用水量与临时室内消防用水量之和。临时室外消防用水量应按临时用房和在建工程的临时室外消防用水量的较大者确定，施工现场火灾次数可按同时发生1次确定。

临时用房建筑面积之和大于1000m^2或在建工程单体体积大于10000m^3时，

应设置临时室外消防给水系统。当施工现场处于市政消火栓 150m 保护范围内，且市政消火栓的数量满足室外消防用水量要求时，可不设置临时室外消防给水系统。

临时用房的临时室外消防用水量不应小于表 7-4 的规定。

表 7-4　临时用房的临时室外消防用水量

临时用房的建筑面积之和	火灾延续时间/h	消火栓用水量/(L/s)	每支水枪最小流量/(L/s)
1000m² < 面积 ≤ 5000m²	1	10	5
面积 > 5000m²		15	5

在建工程的临时室外消防用水量不应小于表 7-5 的规定。

表 7-5　在建工程的临时室外消防用水量

在建工程（单位）体积	火灾延续时间/h	消火栓用水量/(L/s)	每支水枪最小流量/(L/s)
10000m³ < 体积 ≤ 30000m³	1	15	5
体积 > 30000m³	2	20	5

3. 临时室外消防给水系统

施工现场临时室外消防给水系统的设置应符合下列要求：①给水管网宜布置成环状；②临时室外消防给水干管的管径，应根据施工现场临时消防用水量和干管内水流计算速度计算确定，且不应小于 $DN100$；③室外消火栓应沿在建工程、临时用房和可燃材料堆场及其加工场均匀布置，与在建工程、临时用房及可燃材料堆场及其加工场的外边线的距离不应小于 5m；④消火栓的间距不应大于 120m；⑤消火栓的最大保护半径不应大于 150m。

4. 临时室内消防给水系统

建筑高度大于 24m 或单体体积超过 30000m³ 的在建工程，应设置临时室内消防给水系统。在建工程的临时室内消防用水量不应小于表 7-6 的规定。

表 7-6　在建工程的临时室内消防用水量

建筑高度、在建工程体积（单体）	火灾延续时间/h	消火栓用水量/(L/s)	每支水枪最小流量/(L/s)
24m < 建筑高度 ≤ 50m 或 30000m³ < 体积 ≤ 50000m³	1	10	5
建筑高度 > 50m 或体积 > 50000m³	2	15	5

在建工程临时室内消防竖管的设置应符合下列规定：①消防竖管的设置位置应便于消防人员操作，其数量不应少于 2 根，当结构封顶时，应将消防竖管设置成环状；②消防竖管的管径应根据在建工程临时消防用水量、竖管内水流计算速度计算确定，且不应小于 $DN100$。

设置室内消防给水系统的在建工程，应设置消防水泵接合器。消防水泵接合器应设置在室外便于消防车取水的部位，与室外消火栓或消防水池取水口的距离宜为15~40m。

设置临时室内消防给水系统的在建工程，各结构层均应设置室内消火栓接口及消防软管接口，并应符合下列规定：①消火栓接口及软管接口应设置在位置明显且易于操作的部位；②消火栓接口的前端应设置截止阀；③消火栓接口或软管接口的间距，多层建筑不应大于50m，高层建筑不应大于30m。

在建工程结构施工完毕的每层楼梯处应设置消防水枪、水带及软管，且每个设置点不少于2套。高度超过100m的在建工程，应在适当楼层增设临时中转水池及加压水泵。中转水池的有效容积不应少于$10m^3$，上、下两个中转水池的高度差不宜超过100m。

5. 其他设置要求

临时消防给水系统的给水压力应满足消防水枪充实水柱长度不小于10m的要求；给水压力不能满足要求时，应设置消火栓泵，消火栓泵不应少于2台，且应互为备用；消火栓泵宜设置自动启动装置。

当外部消防水源不能满足施工现场的临时消防用水量要求时，应在施工现场设置临时储水池。临时储水池宜设置在便于消防车取水的部位，其有效容积不应小于施工现场火灾延续时间内一次灭火的全部消防用水量。

施工现场临时消防给水系统应与施工现场生产、生活给水系统合并设置，但应设置将生产、生活用水转为消防用水的应急阀门。应急阀门不应超过2个，且应设置在易于操作的场所，并设置明显标识。

严寒和寒冷地区的现场临时消防给水系统应采取防冻措施。

7.4.4 应急照明

施工现场的下列场所应配备临时应急照明：①自备发电机房及变配电房；②水泵房；③无天然采光的作业场所及疏散通道；④高度超过100m的在建工程的室内疏散通道；⑤发生火灾时仍需坚持工作的其他场所。

作业场所应急照明的照度不应低于正常工作所需照度的90%，疏散通道的照度值不应小于0.5lx。临时消防应急照明灯具宜选用自备电源的应急照明灯具，自备电源的连续供电时间不应小于60分钟。

7.5 施工现场防火管理

7.5.1 防火管理的一般规定

施工单位应针对施工现场可能导致火灾发生的施工作业及其他活动，制定消防安全管理制度。消防安全管理制度应包括下列主要内容：①消防安全教育与培训制度；②可燃及易燃易爆危险品管理制度；③用火、用电、用气管理制度；④消防安全检查制度；⑤应急预案演练制度。

施工单位应编制施工现场防火技术方案，并应根据现场情况变化及时对其修改、完善。防火技术方案应包括下列主要内容：①施工现场重大火灾危险源辨识；②施工现场防火技术措施；③临时消防设施、临时疏散设施配备；④临时消防设施和消防警示标识布置图。

施工单位应编制施工现场灭火及应急疏散预案。灭火及应急疏散预案应包括下列主要内容：①应急灭火处置机构及各级人员应急处置职责；②报警、接警处置的程序和通信联络的方式；③扑救初起火灾的程序和措施；④应急疏散及救援的程序和措施。

施工人员进场时，施工现场的消防安全管理人员应向施工人员进行消防安全教育和培训。防火安全教育和培训应包括下列内容：①施工现场消防安全管理制度、防火技术方案、灭火及应急疏散预案的主要内容；②施工现场临时消防设施的性能及使用、维护方法；③扑灭初起火灾及自救逃生的知识和技能；④报警、接警的程序和方法。

施工作业前，施工现场的施工管理人员应向作业人员进行消防安全技术交底。消防安全技术交底应包括下列主要内容：①施工过程中可能发生火灾的部位或环节；②施工过程应采取的防火措施及应配备的临时消防设施；③初起火灾的扑救方法及注意事项；④逃生方法及路线。

施工过程中，施工现场的消防安全负责人应定期组织消防安全管理人员对施工现场的消防安全进行检查。消防安全检查应包括下列主要内容：①可燃物及易燃易爆危险品的管理是否落实；②动火作业的防火措施是否落实；③用火、用电、用气是否存在违章操作，电、气焊及保温防水施工是否执行操作规程；④临时消防设施是否完好有效；⑤临时消防车道及临时疏散设施是否畅通。

施工单位应依据灭火及应急疏散预案，定期开展灭火及应急疏散的演练。施工单位应做好并保存施工现场消防安全管理的相关文件和记录，建立现场消防安全管理档案。

7.5.2 可燃物及易燃易爆危险品管理

用于在建工程的保温、防水、装饰及防腐等材料的燃烧性能等级应符合设计要求。可燃材料及易燃易爆危险品应按计划限量进场。进场后，可燃材料宜存放于库房内，露天存放时，应分类成垛堆放，垛高不应超过2m，单垛体积不应超过50m³，垛与垛之间的最小间距不应小于2m，且应采用不燃或难燃材料覆盖；易燃易爆危险品应分类专库储存，库房内通风良好，并应设置严禁明火标志。室内使用油漆及其有机溶剂、乙二胺、冷底子油等易挥发产生易燃气体的物资作业时，应保持良好通风，作业场所严禁明火，并应避免产生静电。施工产生的可燃、易燃建筑垃圾或余料，应及时清理。

7.5.3 用火、用电、用气管理

1. 用火要求

施工现场用火应符合下列规定：①动火作业应办理动火许可证；动火许可证的签发人收到动火申请后，应前往现场查验并确认动火作业的防火措施落实后，再签发动火许可证。②动火操作人员应具有相应资格。③焊接、切割、烘烤或加热等动火作业前，应对作业现场的可燃物进行清理；作业现场及其附近无法移走的可燃物应采用不燃材料对其覆盖或隔离。④施工作业安排时，宜将动火作业安排在使用可燃建筑材料的施工作业前进行。确需在使用可燃建筑材料的施工作业之后进行动火作业时，应采取可靠的防火措施。⑤裸露的可燃材料上严禁直接进行动火作业。⑥焊接、切割、烘烤或加热等动火作业应配备灭火器材，并设置动火监护人进行现场监护，每个动火作业点均应设置1个监护人。⑦5级（含5级）以上风力时，应停止焊接、切割等室外动火作业；确需动火作业时，应采取可靠的挡风措施。⑧动火作业后，应对现场进行检查，并应在确认无火灾危险后，动火操作人员方可离开。⑨具有火灾、爆炸危险的场所严禁明火。⑩施工现场不应采用明火取暖。⑪厨房操作间炉灶使用完毕后，应将炉火熄灭，排油烟机及油烟管道应定期清理油垢。

2. 用电要求

施工现场用电应符合下列规定：①施工现场供用电设施的设计、施工、运行、维护应符合现行国家标准《建设工程施工现场供用电安全规范》（GB 50194）的有关规定。②电气线路应具有相应的绝缘强度和机械强度，严禁使用绝缘老化或失去绝缘性能的电气线路，严禁在电气线路上悬挂物品。破损、烧焦的插座、插头应及时更换。③电气设备与可燃、易燃易爆危险品和腐蚀性物品应保持一定的安全距离。④有爆炸和火灾危险的场所，应按危险场所等级选用相应的电气设备。⑤配电屏上每个电气回路应设置漏电保护器、过载保护器，距配电屏2m范围内不应堆放可燃物，5m范围内不应设置可能产生较多易燃、易爆气体、粉尘的作业区。⑥可燃材料库房不应使用高热灯具，易燃易爆危险品库房内应使用防爆灯具。⑦普通灯具与易燃物距离不宜小于300mm；聚光灯、碘钨灯等高热灯具与易燃物距离不宜小于500mm。⑧电气设备不应超负荷运行或带故障使用。⑨禁止私自改装现场供用电设施。⑩应定期对电气设备和线路的运行及维护情况进行检查。

3. 用气要求

施工现场用气应符合下列规定：

（1）储装气体的罐瓶及其附件应合格、完好和有效；严禁使用减压器及其他附件缺损的氧气瓶，严禁使用乙炔专用减压器、回火防止器及其他附件缺损的乙炔瓶。

（2）气瓶运输、存放、使用时，应符合下列规定：①气瓶应保持直立状态，并采取防倾倒措施，乙炔瓶严禁横躺卧放；②严禁碰撞、敲打、抛掷、滚动气瓶；③气瓶应远离火源，距火源距离不应小于10m，并应采取避免高温和防止暴晒的措施；④燃气储装瓶罐应设置防静电装置。

（3）气瓶应分类储存，库房内应通风良好；空瓶和实瓶同库存放时，应分开放置，两者间距不应小于1.5m。

（4）气瓶使用时，应符合下列规定：①使用前，应检查气瓶及气瓶附件的完好性，检查连接气路的气密性，并采取避免气体泄漏的措施，严禁使用已老化的橡皮气管；②氧气瓶与乙炔瓶的工作间距不应小于5m，气瓶与明火作业点的距离不应小于10m；③冬季使用气瓶，气瓶的瓶阀、减压器等发生冻结时，严禁用火烘烤或用铁器敲击瓶阀，严禁猛拧减压器的调节螺钉；④氧气瓶内剩余气体的压力不应小于0.1MPa；⑤气瓶用后应及时归库。

7.5.4 其他防火管理

施工现场的重点防火部位或区域应设置防火警示标识。施工单位应做好施工现场临时消防设施的日常维护工作，对已失效、损坏或丢失的消防设施应及时更换、修复或补充。临时消防车道、临时疏散通道、安全出口应保持畅通，不得遮挡、挪动疏散指示标识，不得挪用消防设施。施工期间，不应拆除临时消防设施及临时疏散设施。施工现场严禁吸烟。

【案例解读7-3 在施工现场进行动火作业须遵守什么规定？】

2000年12月25日，河南省洛阳市4名无证上岗的电焊工在某商厦地下一层违章焊接该层与地下2层分隔铁板时，电焊熔渣溅落到地下2层的可燃物上引发火灾，造成309人死亡。1993年2月14日，河北省唐山市某百货大楼家具厅在装修过程中，违章焊接，未按要求清理作业现场的泡沫塑料、地板革、化纤地毯、海绵床垫等可燃物，引发火灾，造成81人死亡，53人受伤。

施工现场的木料、油漆、防水材料、保温材料及密目网及其他化学品等较多，动火作业点多且不固定，动火人员素质又不高。所以，施工现场所有的动火作业要实行审批许可制度，包括使用明火加热、电焊、氩弧焊、气割、气体保护焊、有火星飞溅的打磨切割等作业。动火人员必须经过培训并持证上岗；在动火作业前，动火人员应该先对作业现场的易燃可燃物品进行清理，不能清理的要使用防火毯、防火布等进行覆盖；动火现场放置有效的灭火器、水桶、防火毯等；配备经过培训的安全监管人员对动火作业实时监控；高空动火作业时，先要将地面洞口等进行覆盖，其次要有火星收集措施，对火星加以控制，避免火星通过洞口、楼梯等飞溅到其他楼层引起火灾；动火人员对现场检查确认无危险后填写动火证，由安全监管人员现场检查确认签字后方可开始动火作业。安全监管人员在动火过程中要全程监督，一旦发现火情立即通知动火人员停止动火作业，并使用现场灭火设施将火扑灭。动火作业结束后，动火人员或安全监管人员应对动火现场进行检查，确认没有残余火星之后方可离开现场。安全监管人员应该对动火程序执行情况进行检查监督。

【案例解读7-4　上海"11·15"火灾事故给施工现场消防安全管理的启示】

2010年11月15日下午2点15分，上海市静安区一幢28层公寓楼发生特别重大火灾事故，共造成58人死亡，70人受伤。经初步调查分析，该公寓在装修作业中，施工脚手架搭建时，两名电焊工违规实施电焊作业引燃施工防护尼龙网和其他可燃物，在极短时间内形成大面积立体式大火，造成大量人员伤亡和财产损失。这是一起因违法违规行为导致的特别重大责任事故。事故暴露的违法违规问题主要有：①电焊工无特种作业人员资格证上岗作业，严重违反操作规程，且引发大火后逃离事故现场；②装修工程违法层层多次分包，导致安全责任不落实；③施工作业现场管理混乱，安全措施不落实，存在明显的抢工期、抢进度、突击施工行为；④事故现场违规使用大量尼龙网等易燃材料，导致大火迅速蔓延，人员伤亡和财产损失扩大；⑤有关部门安全监管不力，对停产后复工的建设项目安全管理不到位。

从上海"11·15"公寓楼重大火灾事故反映出"隐患险于明火，防范胜于救灾，责任重于泰山"的道理，这给施工现场安全防火的管理工作指明了方向：要从平时的防范抓起，真正做到对施工现场防火工作以"防消结合，以防为主"的方针。

怎样抓好施工现场的防火管理工作呢？

施工现场的防火安全管理始终是人们关注的重点。施工现场一旦发生火灾，会给人民群众生命财产安全造成巨大损失。施工现场发生火灾的原因主要有以下几点：①违章动火，其中80%以上是违章施焊引起建筑材料着火；②由吸烟引起可燃物着火；③由于配电用电不规范，电器、电缆等着火而引发火灾；④用电机具设备高温或飞溅火星引燃周围可燃易燃物，造成大火。那么，怎样才能有效防范施工现场火灾发生呢？从燃烧的三要素来分析：火＝可燃物＋

点火源+助燃物。要杜绝火灾发生，必须做到不让火的三要素（可燃物、点火源和助燃物）同时出现。作为助燃物的氧气是存在于空气中的，在一般的施工现场是无法杜绝的，所以，只有从控制可燃物和点火源两个因素着手。重点做好以下工作：

(1) 吸烟的管理与控制。首先应在项目安全管理计划中明确规定，在非吸烟点禁止吸烟，在与各个承包商签订合同时，将其列为安全条款中的一条，对违反者应该有相应的处罚措施；其次是进行安全教育宣传，对任何进入现场的人员，包括业主、总包、分包商、供应商、访客等进行防火知识教育；最后要根据工程进展情况，在施工现场合理设置吸烟点，吸烟点应设有烟灰缸（或沙桶、沙箱等）和灭火器、水桶等。

(2) 动火管理。施工现场80%以上的火灾都是因为动火作业引起的。焊割作业容易引发火灾，这是因为焊割作业是在高温燃烧下进行的明火作业；电焊的燃烧温度在$5000 \sim 7000℃$，气焊（割）的燃烧温度在$3000℃$以上，而焊割作业主要有电焊和气焊两种工艺。在作业过程中，除了金属本身具有传热的性能，还会产生大量的高温和金属熔渣（俗称焊渣、熔珠），一旦这些高温熔渣溅落到易燃可燃物上或遇到易燃气体，很容易引发火灾或爆炸事故。

(3) 用电管理。首先，在配电时严格按照2005年颁布实施的《施工现场临时用电安全技术规范》的要求，做到三级配电、两级保护、一机一闸。重点监督配电箱的规格和放置位置，电缆规格，电缆架空或埋地，开关选择，接零或接地，漏电保护器、过载保护器和用电机具等，确保配电用电硬件设施是安全的。安全管理人员应该对这些设施实行验收许可制度，只有按照现场的统一要求设置，并经安全管理层检查验收通过之后，方可开始使用。其次，在日常使用过程中，要求各个电气操作人员必须是专业电工，非专业电工严禁操作（接线、送电、断电等），临时电缆要按照要求架空，所有架空接触点要绝缘。最后，要定期对所有配电用电设施，工具进行检查维修整改，确保完好。

(4) 机械设备的管理。机械设备要做好进场检查验收，对于不符合现场安全要求、存在安全隐患的设备，坚决不允许进场。重点要有防护罩，防止油料泄漏；特殊区域要求有防火罩，采用防爆型或本安型的设备，并做好日常的检查维护保养。

(5) 可燃易燃材料的储存与管理。施工现场的易燃可燃材料可以说到处都是，如油漆、稀料、胶水、隔热保温材料、防水材料、木料、家具、地毯、材料及设备包装物、电器及其他建筑原材料和建筑废料垃圾等。这些材料要划定区域，集中堆放，统一管理，分类堆放整齐，做好警示维护，设置明显的提示警示标语，配置足够的灭火器材，定期巡查管理。正在施工的建筑物内严禁存放大量的可燃易燃材料，坚持当天使用多少，搬运多少，没有使用完的易燃材料要及时从现场带走。

（6）做好施工现场临时消防设施的维护管理。施工现场的正式消防设施正在安装过程中，还没有投入使用。施工期间的临时消防水系统应保证充足的水量和足够的水压；同时在施工现场，根据工程规模，在其各楼层、区域根据实际情况放置有效的灭火器；并教育所有人员正确使用灭火器材，一旦有火情，能够在火灾初期使用灭火器材将其消灭在萌芽状态。

（7）做好防火教育培训、宣传工作和应急演练。在入场安全教育内容中，将防火作为重点，使每一个进入现场的人员能了解、掌握基本的防火知识；对动火人员和安全监管人员进行系统的防火知识培训，使其掌握防火技能，熟练使用防火器材；在建筑物里面划定紧急疏散路线，张贴疏散标志；在建筑物外面设立紧急集合地点；制定消防应急疏散预案，并进行演练。

（8）加强日常安全监督检查。项目管理人员，尤其是安全管理人员应该将现场防火工作作为重点，检查督促落实好以上内容，定期对消防设施进行检查，确保完好。重点部位张贴防火禁烟标志。

总之，工程项目从破土动工到竣工使用，始终处在不停地变换之中，动火作业条件复杂多变；施工现场动火作业人员多、流动性大，接受的系统安全培训相对较少；施工现场易燃可燃物多、不易控制；施工用电设施多、不固定。这些都是导致施工现场火灾多发的原因。认真做好以上工作，可以有效地预防施工现场火灾发生。

复 习 题

1. 建设工程施工现场临时消防车道的设置要求是什么？
2. 建设工程施工现场内设置的宿舍、办公用房的防火设计要求是什么？
3. 在对既有建筑进行扩建、改建施工时，都有哪些防火设计要求？
4. 建设工程施工现场临时室外消防给水系统的设置应符合哪些要求？
5. 建设工程施工现场的哪些位置应配备临时应急照明？
6. 建设工程施工现场消防安全管理制度应包括哪些内容？
7. 为保证动火作业安全，施工现场动火作业应符合哪些要求？

参考法律法规及文件

《建设工程施工现场消防安全技术规范》（GB 50720—2011）
《建设工程消防监督管理规定》（公安部令第119号）
《机关、团体、企业、事业单位消防安全管理规定》（公安部令第61号）
《中华人民共和国消防法》（2008年）

第8章 消防宣传与教育培训常用的法规

8.1 消防宣传与教育培训概述

通过开展全民消防宣传与教育培训活动，树立"全民消防，生命至上"理念，激发公民关注消防安全、学习消防知识、参与消防工作的积极性和主动性，不断提升全民消防安全素质，夯实公共消防安全基础，减少火灾危害，为实现国民经济和社会发展的奋斗目标，全面建设小康社会，创造良好的消防安全环境。

8.1.1 消防宣传与教育培训的重要意义

（1）提高公众的消防安全意识。如今社会在发展，科学在进步，但人们的消防安全意识仍较淡薄，对火灾的麻痹和侥幸心理还普遍存在，因此，要通过各种媒体和其他形式报道重大火灾或具有典型教育意义的火灾，使人们认识到火灾的惨痛代价和对个人的威胁，以起到警钟长鸣的作用。所以，提高公众的消防安全意识是十分重要的。

（2）提升公众减少火灾危害的知识。人们日常生活环境的消防安全，包括家庭安全用电的知识，取暖、吸烟、使用蜡烛的防火知识，厨房安全用火知识，安全燃放烟花爆竹知识，防止小孩玩火的知识等。这些知识浅显易懂、涉及面广，如果让绝大多数人掌握，并在日常生活和工作中正确运用，火灾的发生率会明显下降。

（3）帮助公众掌握逃生处置知识。这些知识包括发生火灾时如何疏散逃生、如何报火警、如何扑救初起火灾等能减少火灾伤亡和火灾损失的知识，以及不要组织未成年人扑救火灾的道理等。

(4) 增强公民在防火安全方面的社会责任。这方面的教育包括不占用消防通道，在社区里发现小孩玩火等违反防火安全的行为及时劝阻，发现火灾时及时报警等责任，或在疏散时要及时通知邻居，疏散逃生时不要争先恐后等。

8.1.2 消防宣传与教育培训的区别和联系

消防宣传是利用一切可以影响人们消防意识形态的媒介，以提高人们的消防安全意识并进一步掌握各类消防常识为目的的社会行为。消防宣传主要有以下几种途径：①在电视、报纸、广播、网络等媒体上开设消防专栏；②发放消防宣传手册、宣传挂图、横幅等；③发放印有消防宣传知识的物品；④发送短信或开设微信公众号；⑤开展消防知识讲座；⑥在公共场所以板报的形式设消防专栏等。

消防教育培训是一种有组织的消防知识传递、消防技能传递、消防标准传递、消防信息传递、消防理念传递、消防管理训诫行为。消防教育培训通常是机关、团体、企业、事业单位组织进行的针对职工的消防技能培训，具有强制性的特点。

消防宣传与教育培训既有联系，又有区别。消防宣传与教育培训的原则和目标相同，都是通过一定的形式和手段帮助人们提高消防安全意识，掌握基本的消防常识和防灭火技能。两者的区别在于：消防宣传的对象是各个年龄层次的人民群众，在效果方面注重长期性，在内容上侧重于人民群众消防意识的提高和对基本消防常识的传播；消防教育培训的对象主要是特定的群体，在效果方面注重实效性，在内容上侧重于对消防技能的培训。

8.1.3 消防宣传与教育培训的要求

《消防法》第六条明确规定了政府、各职能部门和机关、团体、企业、事业单位消防宣传与教育培训工作职责。它从法律上营造了一个针对不同对象、充分发挥各自优势、采取各种形式、全面进行宣传的氛围，营造了一个能够全面覆盖社会生活各个领域的宣传网络。《社会消防安全教育培训规定》（公安部令第109号）明确了各相关职能部门应当履行的职责，细化了各类单位教育培训的内容及要求，提出了落实教育培训的奖惩制约措施。《全民消防安全宣传教育纲要（2011—2015）》就消防安全宣传教育的指导思想、工作目标、主要任务、职责分工和保障措施等提出了具体的意见和要求。

《社会消防安全教育培训规定》于2008年12月30日公安部部长办公会议通过，并经教育部、民政部、人力资源和社会保障部、住房和城乡建设部、文化部、广电总局、安全监管总局、国家旅游局同意，予以发布，自2009年6月1日起施行。该规定分"总则""管理职责""消防安全教育培训""消防安全培训机构""奖惩""附则"6章，共计37条。《社会消防安全教育培训规定》的发布施行，对进一步加强和规范社会消防安全教育培训工作，全面提高国民消防安全素质，有效预防火灾，减少火灾危害，发挥了积极作用。

《全民消防安全宣传教育纲要（2011—2015）》于 2011 年 7 月 25 日由中宣部、公安部、教育部、民政部、文化部、卫生部、广电总局、安全监管总局 8 个部门联合制定，并正式颁布。这是我国第一份多个职能部门参与制定的针对消防安全宣传教育的规范性文件。《全民消防安全宣传教育纲要（2011—2015）》的颁布实施，对提升全民消防安全素质，增强全社会抗御火灾能力，确保人民群众生命财产安全，保障和改善民生，促进社会和谐稳定，具有十分重要的现实意义和深远的历史意义。

【案例解读 8-1　液化气储罐站职工违章操作致使液化气泄漏导致火灾事故】

2002 年 8 月 10 日下午约 3 时，某地液化气储罐站职工杨某在分装液化气时，违章操作，致使泄漏的液化气遇静电起火，发生火灾，造成一人重伤，一人轻伤，经济损失数万元。而该站站长钱某擅离工作岗位，在大火发生后，未能及时有效组织救火行动，对火灾造成的重大损失负有不可推卸的责任。

该液化气储罐站职工违章操作，致使泄漏的液化气遇静电起火。事后查明，该单位职工未经有效消防培训即上岗工作，并且工作人员的防火意识薄弱，分装液化气时流速过快产生静电，以致引起火灾。而该单位负责人擅离工作岗位，并在大火发生后未能及时组织灭火，对火灾的发生以及造成的重大损失负有责任。该单位应该按照《消防法》的有关规定，对上岗职工进行有效的岗前防火培训，并明确防火责任，把责任落实到位。

8.2　社会消防安全教育培训的要求

8.2.1　社会消防安全教育培训的一般规定

机关、团体、企业、事业等单位（以下统称单位）、社区居民委员会、村民委员会依照《社会消防安全教育培训规定》开展消防安全教育培训工作。公安、教育、民政、人力资源和社会保障、住房和城乡建设、文化、广电、安全监管、旅游、文物等部门应当按照各自职能，依法组织和监督管理消防安全教育培训工作，并纳入相关工作检查、考评。各部门应当建立协作机制，定期研究、共同做好消防安全教育培训工作。

消防安全教育培训的内容应当符合全国统一的消防安全教育培训大纲的要求，主要包括：①国家消防工作方针、政策；②消防法律法规；③火灾预防知识；④火灾扑救、人员疏散逃生和自救互救知识；⑤其他应当教育培训的内容。

8.2.2 政府行政部门的消防教育培训职责

1. 公安机关应当履行的职责

公安机关应当履行下列职责，并由公安机关消防机构具体实施：①掌握本地区消防安全教育培训工作情况，向本级人民政府及相关部门提出工作建议；②协调有关部门指导和监督社会消防安全教育培训工作；③会同教育行政部门、人力资源和社会保障部门对消防安全专业培训机构实施监督管理；④定期对社区居民委员会、村民委员会的负责人和专（兼）职消防队、志愿消防队的负责人开展消防安全培训。

2. 教育行政部门应当履行的职责

教育行政部门应当履行下列职责：①将学校消防安全教育培训工作纳入教育培训规划，并进行教育督导和工作考核；②指导和监督学校将消防安全知识纳入教学内容；③将消防安全知识纳入学校管理人员和教师在职培训内容；④依法在职责范围内对消防安全专业培训机构进行审批和监督管理。

3. 民政部门应当履行的职责

民政部门应当履行下列职责：①将消防安全教育培训工作纳入减灾规划并组织实施，结合救灾、扶贫济困和社会优抚安置、慈善等工作开展消防安全教育；②指导社区居民委员会、村民委员会和各类福利机构开展消防安全教育培训工作；③负责消防安全专业培训机构的登记，并实施监督管理。

4. 人力资源和社会保障部门应当履行的职责

人力资源和社会保障部门应当履行下列职责：①指导和监督机关、企业和事业单位将消防安全知识纳入干部、职工教育、培训内容；②依法在职责范围内对消防安全专业培训机构进行审批和监督管理。

5. 住房和城乡建设行政部门应当履行的职责

住房和城乡建设行政部门应当指导和监督勘察设计单位、施工单位、工程监理单位、施工图审查机构、城市燃气企业、物业服务企业、风景名胜区经营管理单位和城市公园绿地管理单位等开展消防安全教育培训工作，将消防法律法规和工程建设消防技术标准纳入建设行业相关执业人员的继续教育和从业人员的岗位培训及考核内容。

6. 文化、文物行政部门应当履行的职责

文化、文物行政部门应当积极引导创作优秀消防安全文化产品，指导和监督文物保护单位、公共娱乐场所和公共图书馆、博物馆、文化馆、文化站等文化单位开展消防安全教育培训工作。

7. 广播影视行政部门应当履行的职责

广播影视行政部门应当指导和协调广播影视制作机构和广播电视播出机构，

制作、播出相关消防安全节目，开展公益性消防安全宣传教育，指导和监督电影院开展消防安全教育培训工作。

8. 安全生产监督管理部门应当履行的职责

安全生产监督管理部门应当履行下列职责：①指导、监督矿山、危险化学品、烟花爆竹等生产经营单位开展消防安全教育培训工作；②将消防安全知识纳入安全生产监管监察人员和矿山、危险化学品、烟花爆竹等生产经营单位主要负责人、安全生产管理人员以及特种作业人员培训考核内容；③将消防法律法规和有关消防技术标准纳入注册安全工程师培训及执业资格考试内容。

9. 旅游行政部门应当履行的职责

旅游行政部门应当指导和监督相关旅游企业开展消防安全教育培训工作，督促旅行社加强对游客的消防安全教育，并将消防安全条件纳入旅游饭店、旅游景区等相关行业标准，将消防安全知识纳入旅游从业人员的岗位培训及考核内容。

8.2.3 社会单位的消防安全教育培训职责

1. 一般社会单位的消防安全教育培训职责

单位应当根据本单位的特点，建立健全消防安全教育培训制度，明确机构和人员，保障教育培训工作经费，按照下列规定对职工进行消防安全教育培训：①定期开展形式多样的消防安全宣传教育；②对新上岗和进入新岗位的职工进行上岗前消防安全培训；③对在岗的职工每年至少进行一次消防安全培训；④消防安全重点单位每半年至少组织一次、其他单位每年至少组织一次灭火和应急疏散演练。单位对职工的消防安全教育培训应当将本单位的火灾危险性、防火灭火措施、消防设施及灭火器材的操作使用方法、人员疏散逃生知识等作为培训的重点。

2. 学校的消防安全教育职责

各级各类学校应当开展下列消防安全教育工作：①将消防安全知识纳入教学内容；②在开学初、放寒（暑）假前、学生军训期间，对学生普遍开展专题消防安全教育；③结合不同课程实验课的特点和要求，对学生进行有针对性的消防安全教育；④组织学生到当地消防站参观体验；⑤每学年至少组织学生开展一次应急疏散演练；⑥对寄宿学生开展经常性的安全用火用电教育和应急疏散演练。各级各类学校应当至少确定一名熟悉消防安全知识的教师担任消防安全课教员，并选聘消防专业人员担任学校的兼职消防辅导员。

中小学校和学前教育机构应当针对不同年龄阶段学生认知特点，保证课时或者采取学科渗透、专题教育的方式，每学期对学生开展消防安全教育。小学阶段应当重点开展火灾危险及危害性、消防安全标志标识、日常生活防火、火灾报警、火场自救逃生常识等方面的教育。初中和高中阶段应当重点开展消防法律法规、防火灭火基本知识和灭火器材使用等方面的教育。学前教育机构应当采取游戏、儿歌等寓教于乐的方式，对幼儿开展消防安全常识教育。

高等学校应当每学年至少举办一次消防安全专题讲座，在校园网络、广播、校内报刊等开设消防安全教育栏目，对学生进行消防法律法规、防火灭火知识、火灾自救他救知识和火灾案例教育。

国家支持和鼓励有条件的普通高等学校和中等职业学校根据经济社会发展需要，设置消防类专业或者开设消防类课程，培养消防专业人才，并依法面向社会开展消防安全培训。人民警察训练学校应当根据教育培训对象的特点，科学安排培训内容，开设消防基础理论和消防管理课程，并列入学生必修课程。师范院校应当将消防安全知识列入学生必修内容。

3. 施工单位的消防安全教育职责

在建工程的施工单位应当开展下列消防安全教育工作：①建设工程施工前应当对施工人员进行消防安全教育；②在建设工地醒目位置、施工人员集中住宿场所设置消防安全宣传栏，悬挂消防安全挂图和消防安全警示标识；③对明火作业人员进行经常性的消防安全教育；④组织灭火和应急疏散演练。在建工程的建设单位应当配合施工单位做好上述消防安全教育工作。

4. 社区居民委员会、村民委员会的消防安全教育职责

社区居民委员会、村民委员会应当开展下列消防安全教育工作：①组织制定防火安全公约；②在社区、村庄的公共活动场所设置消防宣传栏，利用文化活动站、学习室等场所，对居民、村民开展经常性的消防安全宣传教育；③组织志愿消防队、治安联防队和灾害信息员、保安人员等开展消防安全宣传教育；④利用社区、乡村广播、视频设备定时播放消防安全常识，在火灾多发季节、农业收获季节、重大节日和乡村民俗活动期间，有针对性地开展消防安全宣传教育。社区居民委员会、村民委员会应当确定至少一名专（兼）职消防安全员，具体负责消防安全宣传教育工作。

5. 公共场所的消防安全教育职责

歌舞厅、影剧院、宾馆、饭店、商场、集贸市场、体育场馆、会堂、医院、客运车站、客运码头、民用机场、公共图书馆和公共展览馆等公共场所应当按照下列要求对公众开展消防安全宣传教育：①在安全出口、疏散通道和消防设施等处的醒目位置设置消防安全标志、标识等；②根据需要编印场所消防安全宣传资料供公众取阅；③利用单位广播、视频设备播放消防安全知识。养老院、福利院、救助站等单位，应当对服务对象开展经常性的用火用电和火场自救逃生安全教育。

旅游景区、城市公园绿地的经营管理单位、大型群众性活动主办单位应当在景区、公园绿地、活动场所醒目位置设置疏散路线、消防设施示意图和消防安全警示标识，利用广播、视频设备、宣传栏等开展消防安全宣传教育。导游人员、旅游景区工作人员应当向游客介绍景区消防安全常识和管理要求。

6. 其他单位的消防安全教育职责

物业服务企业应当在物业服务工作范围内，根据实际情况积极开展经常性消防安全宣传教育，每年至少组织一次本单位员工和居民参加的灭火和应急疏散演练。由两个以上单位管理或者使用的同一建筑物，负责公共消防安全管理的单位应当对建筑物内的单位和职工进行消防安全宣传教育，每年至少组织一次灭火和应急疏散演练。

新闻、广播、电视等单位应当积极开设消防安全教育栏目，制作节目，对公众开展公益性消防安全宣传教育。公安、教育、民政、人力资源和社会保障、住房和城乡建设、安全监管、旅游部门管理的培训机构，应当根据教育培训对象的特点和实际需要进行消防安全教育培训。

8.2.4 消防安全教育培训的主要内容

1. 家庭、社区消防安全宣传教育

（1）家庭成员学习掌握安全用火、用电、用气、用油和火灾报警、初起火灾扑救、逃生自救常识，经常查找、消除家庭火灾隐患；教育未成年人不玩火；教育家庭成员自觉遵守消防安全管理规定，不圈占、埋压、损坏、挪用消防设施、器材，不占用消防车通道、防火间距，保持疏散通道畅通；提倡家庭制定应急疏散预案并进行演练。

（2）社区居民委员会、住宅小区业主委员会应建立消防安全宣传教育制度，制定居民防火公约，重要防火时期、"119 消防日"活动期间组织居民参加消防科普教育活动和消防安全自查、互查及灭火、逃生演练；发动社区老年协会、物业管理公司职工、消防志愿者、志愿消防队员参与消防安全宣传教育工作，与社区老弱病残、鳏寡孤居家庭结成帮扶对子，上门进行消防安全宣传教育，帮助查找消除火灾隐患，遇险情时帮助疏散逃生；为每栋住宅指定专兼职消防宣传员，绘制、张贴住宅楼疏散逃生示意图，开展楼内消防巡查，确保疏散通道畅通、防火门常闭、消防设施器材和标志标识完好。

（3）社区居民委员会、住宅小区业主委员会应在社区、住宅小区因地制宜设置消防宣传牌（栏）、橱窗等，适时更新内容；小区楼宇电视、户外显示屏、广播等应经常播放消防安全常识。

（4）街道办事处、乡镇政府等应引导城镇居民家庭和有条件的农村家庭配备必要的报警、灭火、照明、逃生自救等消防器材，其他农村家庭应储备灭火用水、沙土，配备简易灭火器材，并掌握正确的使用方法。

（5）街道办事处、乡镇政府等应将家庭消防安全宣传教育工作纳入"平安社区""文明社区""五好文明家庭"等创建、评定内容。

（6）各级党校、行政学院应将消防安全纳入领导干部培训内容。

2. 学校消防安全宣传教育

（1）学校应落实相关学科课程中消防安全教育内容，针对不同年龄段学生分类开展消防安全教育；每学年组织师生开展疏散逃生演练、消防知识竞赛、消防趣味运动会等活动；有条件的学校应组织学生在校期间至少参观一次消防科普教育场馆。

（2）学校应利用"全国中小学生安全教育日""防灾减灾日""科技活动周""119消防日"等集中开展消防宣传教育活动。

（3）小学、初级中学每学年应布置一次由学生与家长共同完成的消防安全家庭作业；普通高中、中等职业学校、高等学校应鼓励学生参加消防安全志愿服务活动，将学生参与消防安全活动纳入校外社会实践、志愿活动考核体系，每名学生在校期间参加消防安全志愿活动应不少于4小时。

（4）校园电视、广播、网站、报刊、电子显示屏、板报等，应经常播、刊、发消防安全内容，每月不少于一次；有条件的学校应建立消防安全宣传教育场所，配置必要的消防设备、宣传资料。

（5）学校教室、行政办公楼、宿舍及图书馆、实验室、餐厅、礼堂等，应在醒目位置设置疏散逃生标志等消防安全提示。

3. 农村消防安全宣传教育

（1）乡镇政府、村民委员会应制定完善消防安全宣传教育工作制度和村民防火公约，明确职责任务；指导村民建立健全自治联防制度，轮流进行消防安全提示和巡查，及时发现、消除火灾隐患。

（2）在人员相对集中的场所建立固定消防安全宣传教育阵地，教育村民安全用火、用电、用油、用气，引导村民开展消防安全隐患自查、自改行动；教育村民掌握火灾报警、初起火灾扑救和逃生自救的方法。

（3）农忙时节、火灾多发季节以及节庆、民俗活动期间，乡镇、村应集中开展有针对性的消防安全宣传教育活动。

（4）乡镇政府应在农村集市、场镇等场所设置消防宣传栏（牌）、橱窗等，并及时更新内容；举办群众喜闻乐见的消防文艺演出；督促乡镇企业开展消防安全宣传教育工作。

（5）乡镇、村应设专兼职消防宣传员，鼓励农村基干民兵、村镇干部和村民加入志愿消防队、消防志愿者队伍，与弱势群体人员结成帮扶对子，上门宣传消防安全知识、查找隐患，遇险时协助逃生自救。

4. 人员密集场所消防安全宣传教育

（1）人员密集场所应在安全出口、疏散通道和消防设施等位置设置消防安全提示；结合本场所情况，向顾客提示场所火灾危险性、疏散出口和路线、灭火和逃生设备器材位置及使用方法。

（2）人员密集场所应定期开展全员消防安全培训，落实从业人员上岗前消防安全培训制度；组织全体从业人员参加灭火、疏散、逃生演练，到消防教育场馆参观体验，确保人人具备检查消除火灾隐患能力、扑救初起火灾能力、组织人员疏散逃生能力。

（3）文化娱乐场所、商场市场、宾馆饭店以及大型活动现场应通过电子显示屏、广播或主持人提示等形式向顾客告知安全出口位置和消防安全注意事项。

（4）公共交通工具的候车（机、船）场所、站台等应在醒目位置设置消防安全提示，宣传消防安全常识；电子显示屏、车（机、船）载视频和广播系统应经常播放消防安全知识。

5. 单位消防安全宣传教育

（1）机关、团体、企业、事业单位应建立本单位消防安全宣传教育制度，健全机构，落实人员，明确责任，定期组织开展消防安全宣传教育活动。

（2）机关、团体、企业、事业单位应制定灭火和应急疏散预案，张贴逃生疏散路线图。消防安全重点单位至少每半年、其他单位至少每年组织一次灭火、逃生疏散演练。

（3）机关、团体、企业、事业单位应定期开展全员消防安全培训，确保全体人员懂基本消防常识，掌握消防设施器材使用方法和逃生自救技能，会查找火灾隐患、扑救初起火灾和组织人员疏散逃生。

（4）机关、团体、企业、事业单位应设置消防宣传阵地，配备消防安全宣传教育资料，经常开展消防安全宣传教育活动；单位广播、闭路电视、电子屏幕、局域网等应经常宣传消防安全知识。

8.2.5　消防安全培训机构

国家机构以外的社会组织或者个人利用非国家财政性经费，举办消防安全专业培训机构，面向社会从事消防安全专业培训的，应当经省级教育行政部门或者人力资源和社会保障部门依法批准，并到省级民政部门申请民办非企业单位登记。

成立消防安全专业培训机构应当符合下列条件：①具有法人条件，有规范的名称和必要的组织机构；②注册资金或者开办费100万元以上；③有健全的组织章程和培训、考试制度；④具有与培训规模和培训专业相适应的专（兼）职教员队伍；⑤有同时培训200人以上规模的固定教学场所、训练场地，具有满足技能培训需要的消防设施、设备和器材；⑥消防安全专业培训需要的其他条件。前面第④项所指专（兼）职教员队伍中，专职教员应当不少于教员总数的1/2；具有建筑、消防等相关专业中级以上职称，并有5年以上消防相关工作经历的教员不少于10人；消防安全管理、自动消防设施、灭火救援等专业课程应当分别配备理论教员和实习操作教员不少于2人。

【案例解读8-2　摩托车城业主防火安全意识淡薄引发火灾事故】

某摩托车城是隶属于某房地产开发公司的一栋综合性商住楼，集摩托车销售及配件批发、零售和住宅于一体，高23.4m，地上7层，地下1层，钢筋砖混结构，建筑耐火等级二级，建筑面积13500m^2，总投资927万元。该楼于1995年11月底动工兴建，1996年11月基本竣工并开始对外出租铺面，1997年4月28日正式营业。1997年12月16日23时40分，某信用社工地值班员发现摩托车城一门面房内起火。23时46分，该市消防支队接到过路行人的报警后，立即调出2辆消防车、9名消防官兵赶赴火场扑救。随后，根据火场情况，又相继调出公安和企业消防队的18辆消防车、180余名消防人员和155名公安干警赶赴现场增援，经奋力扑救，于次日5时许将火扑灭。火灾烧毁个体摊位57家、各种摩托车488辆及大量摩托车配件，1人跳楼摔死，10人烟熏中毒（其中9名为消防官兵），直接财产损失765.6万元。事后经当地公安消防部门查明，火灾的发生系该门面房内使用电暖器长时间通电，致使电暖器石英玻璃管内的电阻丝在带电状态下发生过热引燃易燃塑料底座及周围的可燃物导致。在灭火过程中发现，该摩托车城存在严重的消防设施不健全、消防管理混乱等问题。

在兴建摩托车城的过程中，摩托车城的业主严重违反了我国《消防法》有关在建工程报建、验收的规定：①在建设该摩托车城的过程中未向当地消防部门报建。该摩托车城于1995年11月开工建设，直到1996年7月才补办报建手续。②没有根据《消防法》的规定按原设计的要求在楼梯间的入口处设置乙级防火门，而擅自变更工程图，且中间敞开楼梯四周没有设防火卷帘和进行防火分隔。③擅自改变了设计要求，取消了大楼的消防水池、消防水泵及水泵接合器、屋顶消防水箱等消防设施，减少了室内消火栓的设置数量和缩小了消防进水管的管径。④该摩托车城建成投入使用后，未向公安消防部门申请消防验收，便私自投入使用，留下了许多先天性火灾安全隐患。该摩托车城在1997年4月投入使用后，一直存在消防管理混乱的问题：①未建立任何消防安全管理制度，无章可循，且业主防火安全意识淡薄；②为节省开支取消了原来已有的夜间值班；③将室内消火栓水源关闭，消防水带、水枪等存入仓库，使室内消防给水系统形同虚设。

【案例解读 8-3　消防宣传教育不到位导致青年肆意玩火引发火灾事故】

2001 年 8 月的一天中午，四川省某县青年陈某、张某、李某三人在帮人打谷子回家途中，路经一农村小纸厂（生产草纸）。由于天气炎热，三人便到小纸厂晾纸房内乘凉休息。在休息过程中，三人叫一小孩到附近商店买来了几瓶啤酒，边喝酒边抽烟边聊天。在喝完第二瓶啤酒的时候，陈某顺手在晾纸杆上抽出一摞纸用打火机点燃玩耍，并将点燃的草纸任意丢在了厂房附近。在临走的时候，陈某又将点燃的草纸扔在了厂房附近。三人走后不久，该纸厂便发生火灾，厂房和机器设备及成品草纸全部烧毁，直接经济损失 10 万余元。火灾发生后，当地公安机关及消防部门对火灾现场进行了勘查，对火灾原因进行了认真的调查。陈某等三人对在纸厂内抽烟、玩火供认不讳，经过调查和现场勘查后，排除了电气、自燃、其他人为火灾等因素，确认该起火灾系陈某玩火引起的。当地公安机关依法对陈某等三人进行了拘留。

陈某的行为是故意行为，主观上有烧毁公私财物的故意，客观上已造成了重大财产损失，危害了公共安全，故应构成放火罪。依据陈某的年龄和智力，应当知道在纸厂晾纸房玩火可能引发火灾，会造成社会危害，并且在讯问中，陈某也承认自己能够预见到在纸厂晾纸房玩火可能会发生火灾。但是，陈某对可能发生火灾这一结果持放任态度，仍然坚持实施了危害行为，在纸厂内两次玩火。陈某明知自己的玩火行为可能会发生危害社会的结果，但放任这一结果发生，已构成犯罪故意。陈某的行为不是过失的原因是，过失行为是指应当预见自己的行为可能会发生危害社会的结果，因为疏忽大意而没有预见，或者已经预见而轻信能够避免，以致发生这种结果的行为。犯罪过失分为疏忽大意的过失和过于自信的过失两种情况。显然陈某的行为不是疏忽大意的过失，因为陈某并非因为疏忽大意而没有预见到会发生危害社会的后果，而是已经预见到可能会发生火灾这一危害后果。陈某的行为也不属于过于自信的过失，过于自信的过失是行为人轻信危害结果能够避免的，并且有试图避免其发生的客观行为。过于自信的过失其实施危害社会的行为一般具有必须性，即该行为是在生产生活中必须实施的。陈某玩火这一行为不是必须实施的，且他两次玩火，均未将点燃的纸熄灭；他也没有试图避免火灾发生的客观行为，而是放任其发展。显然陈某的行为具有主观恶意性，所以其行为是间接故意行为。因此，陈某已构成间接故意的放火罪。

【案例解读 8-4　消防宣传教育不到位导致业务人员工作期间失火酿成火灾事故】

2006 年 7 月 20 日，婴儿王某出生 3 天后，因病危被送进河南省某县妇幼保健院监护室的暖箱（塑料制品）中实行特别看护。当晚 8 时左右，医院突然停电，为了便于观察，当时值班护士就在暖箱的塑料边上粘上了两根蜡烛。当天晚上10时50分，护士张某接班后，见蜡烛快烧完了，就在原位置又续上一根新蜡烛。第二天凌晨5时左右，张某在未告诉任何人的情况下，将婴儿一人独自留下去卫生间。当她返回后，发现蜡烛已经引燃了暖箱，婴儿王某因窒息而死亡。

  本案中，首先，护士张某使用明火擅离职守的行为不仅使王某窒息死亡，而且危害了公共安全，因为该监护室还有其他婴儿。其次，从客观角度来讲，张某是在工作过程中违反国家有关的安全管理规定和妇幼保健院的规章制度，违规擅自点蜡烛，并且没有坚守工作岗位，在没有采取有关措施、没有确保护理工作的安全时离开岗位，违背了自己的职责，从而引起火灾，造成王某的死亡，其行为和结果之间具有直接的因果关系。失火行为是张某点蜡烛照明不慎造成的。再次，张某是妇幼保健院的职工，属于事业单位的人员，并且是在工作一线的人员，是对工作安全负有直接责任的人员。最后，张某明知点蜡并且擅自离开是违反有关安全管理的规定和制度的，却自信其行为不会发生安全事故，结果因为轻信能够避免而发生火灾导致婴儿死亡的严重后果。可以看出，她的行为符合失火罪的构成要件。

复 习 题

1. 消防安全宣传与教育培训的区别和联系是什么？
2. 简述消防教育宣传与消防培训的重要意义。
3. 简述一般单位的消防安全宣传教育的职责。
4. 简述消防安全重点单位消防安全宣传教育的特殊要求。
5. 简述学校消防安全宣传教育的主要内容。
6. 人员密集场所消防安全宣传教育包括哪些内容？

参考法律法规及文件

《中华人民共和国消防法》（2008年）
《国务院关于加强和改进消防工作的意见》（2011年）
《全民消防安全宣传教育纲要（2011—2015）》（2011年）
《社会消防安全教育培训规定》（公安部令第109号）

第 9 章　与消防相关的犯罪及案例解读

《中华人民共和国刑法》（以下简称《刑法》）于 1979 年 7 月 1 日第五届全国人民代表大会第二次会议通过，并多次修订。目前，我国《刑法》规定的与消防相关的刑事犯罪主要包括放火罪，失火罪，消防责任事故罪，重大责任事故罪，重大劳动安全事故罪，大型群众性活动重大安全事故罪，生产、销售伪劣产品罪，生产、销售不符合安全标准的产品罪，贪污罪和受贿罪，滥用职权和玩忽职守罪等。

9.1　放火罪

9.1.1　放火罪的立案标准与刑罚

放火罪是指故意放火焚烧公私财物，危害公共安全的行为。

1. 立案标准

故意放火，足以危害公共安全的，应当立案追究：①造成死亡 1 人以上，或者重伤 3 人以上的；②造成公共财产或者他人财产直接经济损失 50 万元以上的；③造成 10 户以上家庭的房屋以及其他基本生活资料烧毁的；④造成森林火灾，过火有林地面积 2 公顷以上为重大案件，或者过火疏林地、灌木林地、未成林地、苗圃地面积 10 公顷以上的为特别重大案件；⑤其他造成严重后果的情形。

2. 刑罚

犯放火罪的，尚未造成严重后果的，处 3 年以上 10 年以下有期徒刑；致人重伤、死亡或使公私财产遭受重大损失的，处 10 年以上有期徒刑、无期徒刑或死刑。损害极端严重的，处死刑或无期徒刑。

9.1.2 放火罪案例解读

【案例解读 9-1　焚烧本人享有所有权的物品能否构成放火罪？】

1. 案情

2004年12月的一天，杨某与妻子发生矛盾，情绪激动，遂于深夜将自己家的房顶点着。由于家人及时发现，在周围邻居的帮助下，很快将火扑灭。公安机关将杨某刑事拘留。

2. 案件争议或法律问题

本案事实清楚，证据确凿、充分，而焦点在于对杨某放火焚烧自家房屋的行为应当如何定性。对此存在以下三种不同的意见：

第一种意见认为，杨某的行为不构成犯罪。其理由是杨某因家庭矛盾，放火焚烧自己的财物，未造成严重后果，也未危害公共安全，其行为不构成放火罪。

第二种意见认为，杨某的行为构成放火罪。其理由是杨某故意放火焚烧公私财物，时间在深夜，且其房子处在村子中间，系砖木结构，很容易燃烧，如果不及时扑救，足以危害四邻的安全，其行为符合放火罪的构成要件。

第三种意见认为，杨某的行为构成放火罪，但应认定为未遂。其理由是杨某放火烧自己的房子，但在家人和邻居的扑救下，因其意志以外的原因未得逞，故应视为未遂。

3. 参考结论及法理分析

第二种观点应该是正确的。本案例中，杨某因家庭矛盾而点火焚烧自己的房屋。由于时间是在深夜，如果不及时扑救，可能危害四邻的安全。虽然在杨某家人和邻居的扑救下，火被及时扑灭，未造成严重后果，但已经使不特定人的生命和财产安全处于危险状态，故杨某的行为构成放火罪。考虑到杨某是因家庭矛盾、情绪激动而放火焚烧自家房屋，又未造成严重后果，对其可以从轻处罚。

【案例解读 9-2　盗窃中起火应如何认定？】

1. 案情

李某是某炼油厂职工，2002年年初一个夜晚，李某到该炼油厂内，持塑料桶在一个储油罐的取样阀门处盗窃汽油。在盗窃过程中，他因为看不见而用打火机点火照明，导致汽油突然起火。李某情急之下去关阀门，双手被烧伤，但未能将火扑灭。在此情况下，李某逃离现场。发现火情的保安人员及时报警，消防人员及时赶到现场将火扑灭。火灾造成损失600余元。

李某逃跑后到某医院治疗（烧伤），出院后到公安局自首之后，该县公安局向检察院呈请批捕。检察院认为李某行为不构成放火罪，盗窃行为因数额较小亦不符批捕条件，故未予批捕，但未制作书面决定书。此后，李某被取保候审,在长达一年的时间里,公安局未再追究此事。不久,李某被炼油厂开除。

2003年6月20日,公安局重新对李某予以刑事拘留,并以放火罪名呈请检察院批捕。检察机关的批捕理由是:尽管起火时李某不存在希望或放任的心理状态,但起火后,李某对自己的行为造成的起火未采取有效的措施而逃跑,是对危险状态的一种放任,应构成故意放火罪(间接故意)。

2. 案件争议或法律问题

李某的行为是否构成放火罪(间接故意)?

3. 参考结论及法理分析

检察机关认为,尽管起火时李某不存在希望或放任的心理状态,但起火后李某未采取有效的措施而逃跑,是对危险状态的一种放任,所以应构成故意放火罪(间接故意)。

对检察机关的认识,应该认为是错误的。

从常识来说,用打火机照亮盗油很可能引燃汽油,这是每个正常的个人都能意识到的。本案中,行为人李某应该是已经预见到用打火机照亮盗油可能引起汽油起火,发生火灾,但他轻信凭自己的小心,打火机的火苗不会接触到汽油,不会引燃汽油发生火灾。结果却出乎他的意料引燃了汽油,之后他忙关阀门却未将火扑灭。他的行为完全符合刑法上过于自信的过失犯罪理论。

所以,本案例中李某的行为只能定性为失火罪,而非放火罪。

另外,李某盗窃汽油未遂,逃跑后到某医院治疗烧伤,出院后到公安局自首。这种情节应认定为自首。本案例中,行为人李某盗油的主观恶性不大,主动投案,真诚悔改,对其可以从宽处罚。

9.2 失火罪

9.2.1 失火罪的立案标准及刑罚

失火罪是指由于行为人的过失引起火灾,造成严重后果,危害公共安全的行为。

1. 立案标准

过失引起火灾,涉嫌下列情形之一的,应予以立案追诉:①造成死亡1人以上,或者重伤3人以上的;②导致公共财产或者他人财产直接经济损失50万元以上的;③造成10户以上家庭的房屋以及其他基本生活资料烧毁的;④造成森林火灾,过火有林地面积2公顷以上或者过火疏林地、灌木林地、未成林地、苗圃地面积4公顷以上的;⑤其他造成严重后果的情形。

2. 刑罚

犯失火罪的,处3年以上7年以下有期徒刑;情节较轻的,处3年以下有期徒刑或者拘役。

9.2.2 失火罪案例解读

【案例解读9-3 野外烧荒导致火灾构成失火罪还是放火罪?】

1. 案情

彭某,男,59岁。2004年2月14日,当地森林火险等级为五级。当天上午8时许,彭某到自家菜地里锄草。锄草中,彭某认为位于菜地靠山一侧距其菜地14m处的一芦苇丛中有一窝田鼠经常啃吃其菜地豆苗,欲将该芦苇丛烧掉。该芦苇丛距其村山场集体林约200m,中间各有一条宽约7m的公路和铁路与山场集体林阻隔,但路边两侧有芦苇、板栗树、灌木等植物茂密丛生。当日上午10时30分,彭某自信地认为距山场集体林较远,又有公路和铁路阻隔,不致引起森林火灾,同时为防止火扩散,他先用锄头将菜地旁芦苇丛的杂草劈除清理出2m左右的隔离带,然后掏出随身携带的打火机点燃了芦苇,让其燃烧,自己则回到菜地里继续锄草。半小时后,彭某抬头发现其所点的火已蔓延烧越公路,燃及了公路与铁路之间的茅草。此时,彭某害怕别人知道是他点的火,为逃避责任,不扑火也不报警呼救,悄悄离开现场回家,结果大火很快烧至山场,酿成了森林火灾。之后该村村民望见山场起火即赶来扑火,有8名村民在扑火中遇难死亡。案发后经勘查、鉴定,火灾造成林地过火面积413亩[⊖],直接经济损失43100元。

2. 案件争议或法律问题

本案在审理中出现了以下两种意见:

一种意见认为,彭某的行为应认定为放火罪。彭某烧芦苇丛,并非故意制造火灾,本应为失火行为。但是,当火烧至铁路旁芦苇时,由于彭某先前的失火行为可能会造成烧山的危险,彭某负有扑火、消除危险的义务。而彭某明知危险,即有火烧山的可能,既不扑火也不报案,而是为了逃避追究责任离开现场回家,对火烧芦苇和火烧山林有意持放纵态度。其整个行为中含有间接故意,并且间接故意占主导和决定地位而造成危险结果的发生。彭某的主观罪过已由过失转化为间接故意,符合间接故意放火罪的犯罪特征,应按放火罪认定追究其刑事责任。

另一种意见认为,彭某的行为应认定为失火罪。从本案例中彭某的行为看,其对造成森林火灾的后果是持否定态度的,即不希望发生森林火灾。彭某点燃芦苇丛的动机是灭鼠,对可能发生火灾的结果虽有预见,但对这种结果可

⊖ 1亩=666.6m²。

能转化为现实做出了错误的估计。从主观意识上彭某是希望不发生森林火灾的，对可能造成危害的结果持排斥态度，而其点燃芦苇丛之前，在芦苇丛附近劈除清理出2m左右的隔离带以防野火蔓延，之后自顾菜地锄草的事实，清楚地说明了他当时主观内在完全是处于一种过于自信的心理态度。

3. 参考结论及法理分析

彭某的行为应认定为失火罪而不是放火罪。

彭某出于过于自信的心理态度燃火后，从现象上看，其"负有先行行为引起的义务"，但事实上当其发现火势扩散蔓延，燃烧面积已达百余平方米时，非其所能控制或扑灭，即使其采取积极的扑火、报案行为也无法排除危险或防止危害结果的发生。就其主观愿意和客观效果上看，实际上存在着履行不能的问题，已不属因不履行先行行为所产生的义务而构成不作为犯罪的情况。牵强地、不适当地以其"不扑火也不报案"为根据，认定其主观上具有"有意持放纵态度"，显然是一种客观归罪的错误认定。按照第一种意见的逻辑，就必然得出"凡是失火后不救火不报案就构成故意放火罪"的荒谬结论。不容置疑，这一逻辑与准确适用法律的司法原则是相悖的。

就本案例而言，发生森林火灾的结果，并非彭某不扑火、不报案的行为引起的，其失火行为才是引起火灾发生最主要、最直接的原因，是彭某触犯《刑法》构成犯罪的本质特点；"不扑火不报案"的行为对火灾结果的发生而言，属非本质因素，只能作为过失犯罪中从重处罚的情节来看待。

9.3 消防责任事故罪

9.3.1 消防责任事故罪的立案标准及刑罚

消防责任事故罪是指违反消防管理法规，经消防监督机构通知采取改正措施而拒绝执行，造成严重后果，危害公共安全的行为。

1. 立案标准

违反消防管理法规，经消防监督机构通知采取改正措施而拒绝执行，涉嫌下列情形之一的，应予立案追诉：①导致死亡1人以上，或者重伤3人以上的；②直接经济损失50万元以上的；③造成森林火灾，过火有林地面积2公顷以上，或者过火疏林地、灌木林地、未成林地、苗圃地面积4公顷以上的；④其他造成严重后果的情形。

2. 刑罚

犯消防责任事故罪，处3年以下有期徒刑或者拘役；后果特别严重的，处3年以上7年以下有期徒刑。

9.3.2 消防责任事故罪案例解读

【案例解读 9-4　未严格执行消防整改导致的消防责任事故罪】

1. 案情

2004年1月21日，武汉市一名精神病职工李某在医院纵火，其未灭尽余火的被褥被放进住院部二楼楼梯库房后，因阴燃导致库房在22日（大年初一）5时许突发火灾，造成住院病人7人遇难、11人受伤的重大事故。

此前，消防部门于2003年7月及2014年1月曾两次下达改正通知，要求这家医院拆除楼梯间库房，保障安全出口畅通，消除火灾隐患。而曾某身为医院防火安全责任人，在收到改正通知书后，虽做了相关安排，但直到火灾发生仍未执行整改意见，被认为是"不作为"的典型。

2. 案件争议或法律问题

本案例中火灾由精神病患者李某纵火引发，医院防火责任人的"不作为"行为是否应该认定为消防责任事故罪？

3. 参考结论及法理分析

法院审理认为，曾某作为防火安全责任人，拒绝执行整改，造成严重后果，其行为触犯了《刑法》第一百三十九条，以消防责任事故罪判处其有期徒刑2年。但由于本案火灾的发生系多种因素综合引起，且火灾发生后曾某积极施救，归案后认罪态度较好，可适用缓刑。最终，区法院以消防责任事故罪判处曾某有期徒刑2年，缓刑3年。这是《刑法》增设"消防责任事故罪"以来，武汉首次以这一罪名追究当事人刑事责任。

【案例解读 9-5　北京市某幼儿园发生的一起消防责任事故罪案件】

1. 案情

某幼儿园阿姨李某外出买菜，幼儿园园长王某在休息，致使园内10名幼儿无人看管。幼儿在玩取暖器时引发火灾，其中9名幼儿及时脱险，而年仅2岁的玲玲（化名）不幸遇难。2010年9月3日下午，某区人民法院以过失致人死亡罪判处李某有期徒刑3年；以消防责任事故罪判处王某有期徒刑2年。

2008年4月，王某租用了一处有四间平房的农家小院，开办了幼儿园，她自称"在教委有备案"。但教育主管部门表示，该幼儿园不符合学前教育机构的标准，不是合法办学机构。乡文教科出具证明，2009年1月，区教委、安监局等部门对该幼儿园进行了专项检查。随后反馈的调查结果显示，该幼儿园存在安全隐患，建议家长把孩子送到正规幼儿园。区消防部门多次发出通知，要求王某消除幼儿园的安全隐患。据王某交代，她只是把裸露的电线遮住，并没做实质性整改。

2010年年初时，该幼儿园只剩下十几个孩子，仅有的两名老师相继离开。当时，王某声带水肿，在家里休息。整个幼儿园的教学、卫生、饮食等，都交给她哥哥的女友李某一人看管。李某说，2010年1月17日上午，只有10个孩子在园。其中一个孩子要吃饺子，她便答应下午加餐时包饺子。"厨房只有白菜，可有的孩子不喜欢吃。我想着买点土豆和肉，切成丁做馅儿。"李某打定主意，就让孩子们在宿舍睡觉，自己提着篮子出门买菜。当时，教室里的电热取暖器没有拔掉插头，一按开关就能启动。有孩子事后回忆说，午休期间，小朋友在教室玩取暖器，后来取暖器倒地后起火，火势蔓延到隔壁，点燃棉被，孩子们赶紧跑到院子里。

买菜回来的李某大呼救火，她自称曾两次冲进屋救人。消防队员赶到现场，很快将火扑灭，但年仅2岁的女童玲玲却不幸身亡。事发后，警方将王某和李某带走调查。4月底，检方以校方责任事故对王某提起公诉，以过失致人死亡罪对李某提起公诉。此前的庭审中，王某和李某互相推诿。王某说，她已经把幼儿园转给李某，出了事故应由李某承担责任。李某则表示，自己只有小学文化，根本不懂管理学校，作为园长的王某明知她没有资质还雇用，应承担主要责任。

2010年9月3日下午2点，李某刚被带进法庭，立即双膝跪地，放声大哭："法官大人，请原谅我……"待她情绪稳定后，法官宣判称，李某的行为已构成过失致人死亡罪，鉴于她有自首情节，自愿认罪，从轻判处有期徒刑3年。随后，王某被带至法庭。法官宣读判决书称，王某作为幼儿园园长，接到消防机构的整改通知后没有改正，以致发生火灾致一女童被烧死，其行为已构成消防责任事故罪，鉴于她自愿认罪，积极赔偿玲玲父母，从轻判处有期徒刑2年。

据了解，玲玲的父母已经对王某和李某提起50余万元的民事索赔，目前法院尚未立案。区一家正规幼儿园的园长说，按照相关规定，正规幼儿园不设阿姨，只有幼师。孩子们必须处于幼师的视线之内，这就要求幼师要不时抬头关注孩子，密切注意周围变化，随时保持警觉。"在幼儿园里，孩子们无论活动还是休息，旁边必须有成人看护，绝不允许出现园内无人看管的情况。"

2. 案件争议或法律问题

本案例中的两名被告人为什么只有幼儿园园长王某构成消防责任事故罪？

3. 参考结论及法理分析

本案例中，幼儿园园长王某不顾区消防部门针对该幼儿园存在的火灾安全隐患发出的责令改正通知，只是把裸露的电线遮住，没做实质性整改。王某的行为就是消防责任事故罪广义理解的第二种情况："采取的措施不得力，并不足以消除火灾隐患，不能有效地防止严重后果的发生，火灾隐患仍然存在。"被告人王某违反消防管理法规的行为最终导致了1人死亡的严重后果。在犯罪主观方面，被告人王某明知幼儿园营业期间违反了有关消防安全规定，埋下了火灾事故隐患，还是未彻底整改，只是敷衍了事，其对发生严重火灾事故的行为是过于自信的，相信其不整改火灾隐患的行为不会造成火灾的发生。

综合主、客观方面，本案例中只有王某符合消防责任事故罪的犯罪构成，因此，法院认定其为消防责任事故罪。而幼儿园雇用的阿姨李某在本案中的违法行为不符合消防责任事故罪的构成要件，因此，法院另以过失致人死亡罪对其定罪量刑。

9.4 重大责任事故罪

9.4.1 重大责任事故罪的立案标准及刑罚

重大责任事故罪是指在生产、作业中违反有关安全管理的规定，因而发生重大伤亡事故或者造成其他严重后果的行为。

1. 立案标准

在生产、作业中违反有关安全管理的规定，涉嫌下列情形之一的，应予以立案追诉：①造成死亡1人以上，或者重伤3人以上的；②造成直接经济损失50万元以上的；③发生矿山生产安全事故，造成直接经济损失100万元以上的；④其他造成严重后果的情形。

2. 刑罚

在生产、作业中违反有关安全管理的规定，因而发生重大伤亡事故或者造成其他严重后果的，处3年以下有期徒刑或者拘役；情节特别恶劣的，处3年以上7年以下有期徒刑。

9.4.2 重大责任事故罪的案例解读

【案例解读9-6 拖船上违规作业，明火加温柴油发生火灾，是重大责任事故罪还是消防责任事故罪？】

1. 案情

2005年5月，某农场储运站派拖船船长刘某将两个拖船队开回农场，由于气温低，拖船使用的重柴油呈凝固状态。刘某让船员将重柴油放到拖船厨房的铁锅内，然后用明火加温，为了安全，他还指定专人看守，并备了2个灭火器放在炉火旁。5月3日凌晨4时许，船队刚刚起航不久，被加热的重柴油滚沸溢出，遇到明火立刻燃烧起来，火势迅速蔓延并无法控制，发生重大火灾，导致1名船员被烧死，该拖船整体被烧毁。2006年11月，经区检察院提起公诉，法院以重大责任事故罪判处被告人刘某有期徒刑6个月，缓刑1年。

2. 案件争议或法律问题

被告人刘某的行为能否认定为重大责任事故罪？

3. 参考结论及法理分析

在本案例中，刘某作为拖船船长，在犯罪主体上符合重大责任事故罪的犯罪主体要件。因为重大责任事故罪的犯罪主体是特殊主体，即工厂、矿山、林场、建筑企业或者其他企事业单位中直接从事生产作业的职工或是领导、组织、指挥、管理生产的人员，刘某作为船长，是领导、组织人员，对船的行驶和操作等负有直接责任。作为一个普通人，应当知道不得明火加温汽油、柴油、燃气等易燃易爆物品；作为一名专业人员，更应遵循专门的安全规定。但刘某明知明火加温柴油可能引发火灾或造成事故，仍自信不会发生，并派专人看守，且准备了2个灭火器放在炉火旁，但最终并未阻止事故的发生，引发了火灾，造成船毁人亡的重大事故。这符合重大责任事故罪对犯罪客体、犯罪客观方面、犯罪主观方面的要求。

重大责任事故罪侵犯的客体是在生产、科研过程中发生的不特定或多数人的生命、健康或重大公私财产的安全，而刘某的行为侵犯了拖船上不特定多数人员的生命安全以及拖船本身的财产安全；重大责任事故罪在犯罪客观方面表现为违反安全管理规定，造成重大伤亡事故或者造成其他严重后果的行为，而刘某在拖船起航前后违反安全管理规定明火加温柴油，造成起火发生火灾，发生船员伤亡事故和拖船烧毁的严重后果；本罪在主观方面只能是过失，即应当知道自己违反安全管理规定的生产、作业行为或者强令他人违章冒险作业的行为可能会造成重大伤亡事故或者其他严重后果，因为疏忽大意而没有预见或者虽然已经预见，但轻信能够避免，因此造成重大伤亡事故或者其他严重后果。至于对违反安全管理的规定或者违章来说，行为人可能是明知的、故意的，本例案中，刘某是明知不能明火加温柴油，还指定专人看守，并备了2个灭火器，但仍自信不会发生事故，结果发生严重火灾事故，属于过失，对违反规章制度加温明火是故意的。所以，刘某的行为符合《刑法》规定的重大责任事故罪的构成要件，构成重大责任事故罪。

9.5 重大劳动安全事故罪

9.5.1 重大劳动安全事故罪的立案标准及刑罚

重大劳动安全事故罪是指安全生产设施或者安全生产条件不符合国家规定，因而发生重大伤亡事故或者造成其他严重后果的行为。

1. 立案标准

安全生产设施或者安全生产条件不符合国家规定，涉嫌下列情形之一的，应予以立案追诉：①造成死亡1人以上，或者重伤3人以上的；②造成直接经济损失50万元以上的；③发生矿山生产安全事故，造成直接经济损失100万元以上的；④其他造成严重后果的情形。

2. 刑罚

安全生产设施或者安全生产条件不符合国家规定，因而发生重大伤亡事故或者造成其他严重后果的，对直接负责的主管人员和其他直接责任人员，处3年以下有期徒刑或者拘役；情节特别恶劣的，处3年以上7年以下有期徒刑。

9.5.2 重大劳动安全事故罪的案例解读

【案例解读9-7 酒店安全生产、经营设施和条件不符合消防规定造成火灾应如何认定？】

1. 案情

甲自2005年5月经营A酒店以来，为了招揽顾客、牟取利益，在其经营的A酒店内为丙、丁、戊等多名妇女提供卖淫场所，供嫖娼者进行卖淫嫖娼活动。当地公安消防部门曾对其经营场所进行安全检查，发现A酒店"无疏散指示标志、电气线路未穿阻燃管、应急照明灯已坏、灭火器数量不足"等问题，于2006年2月24日向甲送达了"责令限期改正通知书"，限期令其整改。但甲并未按要求进行整改，且在安全设施仍不符合要求的状态下继续经营。2006年7月10日晚，乙到A酒店消费，甲安排丙作陪，乙在A酒店与他人饮酒至醉。晚12时许，丙到一楼6号房休息，因该房电灯已坏，甲便到6号房将以前用过的蜡烛点燃放在茶几上，此时，乙也随后前往6号房与丙同睡，后因室外有人喊乙，乙便将蜡烛吹灭，丙又要求乙将蜡烛点燃。之后，丙、乙先后离开6号房，均未吹灭蜡烛，致使留下火灾隐患。11日凌晨4时，6号房蜡烛燃尽引燃茶几，导致A酒店着火，将住在A酒店内的6人烧死，3人烧伤（直接经济损失20万元），并烧毁A酒店隔壁的一家时装店（直接损失11万元）。

2. 案件争议或法律问题

根据2006年修正后的《刑法》规定，甲、乙、丙三人应承担何种刑事责任？该三人是否构成共同犯罪？

3. 参考结论及法理分析

甲构成重大劳动安全责任事故罪和容留卖淫罪数罪处罚；乙、丙分别构成失火罪；三人不构成共同犯罪。

甲作为经营单位的主要负责人，经营场所的安全设施存在安全隐患，在消防部门下达"责令限期改正通知书"后，本人对安全隐患的存在和消除该隐患的义务应是明知的。尽管甲对经营场所进行了整改，但没有遵守消防部门的要求，也没有消除安全隐患，故应认定甲没有履行法定的作为义务，属于重大劳动安全事故罪客观方面的不作为。在这种不作为推动重大伤亡事故因果关系的进程中，介入了乙、丙的过失行为，由于过失行为引发了火灾且造成了重大伤亡事故，乙、丙分别构成失火罪，故甲构成重大劳动安全事故罪。因此，对甲应以重大劳动安全责任事故罪和容留卖淫罪数罪处罚。

甲的行为符合消防责任事故罪的认定，构成了消防责任事故罪。重大劳动安全责任事故罪是整体法，消防责任事故罪是部分法，包容竞合的适用原则是整体法优于部分法。因此，应优先适用《刑法》第一百三十五条规定的重大劳动安全责任事故罪，故对甲应以重大劳动安全责任事故罪论处。

虽然引发重大伤亡事故是由甲的不作为和乙、丙的过失行为共同作用造成的，但三人的行为都是过失行为。根据现行《刑法》规定，共同犯罪是二人以上共同故意犯罪。因此，过失犯罪不存在构成共同犯罪的可能性，因而三人的行为不能构成共同犯罪，故对他们应分别定罪处罚。

9.6 大型群众性活动重大安全事故罪

9.6.1 大型群众性活动重大安全事故罪的立案标准及刑罚

大型群众性活动重大安全事故罪是指举办大型群众性活动违反安全管理规定，因而发生重大伤亡事故或者造成其他严重后果的行为。

1. 立案标准

举办大型群众性活动违反安全管理规定，涉嫌下列情形之一的，应予以立案追诉：①造成死亡1人以上，或者重伤3人以上的；②造成直接经济损失50万元以上的；③其他造成严重后果的情形。

2. 刑罚

举办大型群众性活动违反安全管理规定，因而发生重大伤亡事故或者造成其他严重后果的，对直接负责的主管人员和其他直接责任人员，处3年以下有期徒刑或者拘役；情节特别恶劣的，处3年以上或者7年以下有期徒刑。

9.6.2 大型群众性活动重大安全事故罪的案例解读

【案例解读9-8 消防人员能否成为大型群众性活动重大安全事故罪的犯罪主体？】

1. 案情

2006年10月，某市消防部门要举办一场消防成果展览会，但鉴于经费问题，该部门负责人甲将展览会安排在了一个位于建筑物疏散通道、安全出口不符合规定的大型展览馆内。当时就有本单位工作人员提出需要进行整改的意见，被甲拒绝。在展览会举办过程中，因展览馆的电线老化，引发火灾，造成了2名参观者死亡，20名参观者被烧成重伤，公私财产损失达40余万元。

2. 案件争议或法律问题

根据2006年修正后的《刑法》规定，该消防部门负责人甲应承担何种刑事责任？

3. 参考结论及法理分析

在本案例中，由于发生特大伤亡事故不是源于外在的不可抗力，而是源于举办方某市消防部门疏于对大型群众性活动的安全管理，没有尽职尽责，所以不是意外事故。该消防部门负责人甲主要涉及两个罪名，即大型群众性活动重大安全事故罪和消防责任事故罪。

某市消防部门的工作人员为了保证消防成果展览会的安全，向负责人甲提出需要进行整改的意见，被拒绝，以致法定的安全义务未能履行，最终造成重大伤亡事故和财产损失的严重后果。负责人甲承担直接责任，构成大型群众性活动安全事故罪，提出整改建议的本单位工作人员不承担刑事责任。

如果本案例中某消防部门是国家机关，那么国家机关负责人甲的行为又构成何罪？作为举办方单位的国家机关主管人员，如果违反安全管理规定，不履行消除公众活动场所安全隐患的职责或义务，因而导致了重大伤亡事故或其他严重后果的，国家机关的主管人员和其他责任人员既构成大型群众性活动重大安全事故罪，又构成玩忽职守罪。这两罪之间是法条竞合，而不是想象竞合。大型群众性活动重大安全事故罪与玩忽职守罪都可以由国家机关工作人员构成，都是因为过失而导致严重后果。在这一点上，这两个罪的构成要件是吻合的。但大型群众性活动重大安全事故罪也可以由非国家机关工作人员构成，因此，两罪之间是交叉的法条竞合关系。法条竞合的法律适用原则一般是特别法优于普通法（一般法）、重法优于轻法。交叉关系的法条竞合的适用原则是重法优于轻法。但大型群众性活动重大安全事故罪与玩忽职守罪的法定刑轻重相同。

虽然两罪的法定刑相同，但大型群众性活动中的玩忽职守行为是指特定场合，即在大型活动举办过程中的玩忽职守行为，而玩忽职罪则泛指任何情况下的玩忽职守行为。而《刑法》第三百九十七条第二款还规定："本法另有规定的，依照规定。"因此，大型群众性活动重大安全事故罪与玩忽职守罪之间是特别法与一般法的关系。根据特别法优于普通法的原则，对行为人应以大型群众性活动重大安全事故罪定罪处罚。因此，本案例中，对国家机关负责人甲的行为仍应以大型群众性活动重大安全事故罪定罪处罚。

9.7 生产、销售伪劣产品罪

9.7.1 生产、销售伪劣产品罪的立案标准及刑罚

生产、销售伪劣产品罪是指生产者、销售者在产品中掺杂、掺假,以假充真、以次充好或者以不合格产品冒充合格产品,销售金额达 5 万元以上的行为。

1. 立案标准

生产者、销售者在产品中掺杂、掺假,以假充真、以次充好或者以不合格产品冒充合格产品,涉嫌下列情形之一的,应予立案追诉:①伪劣产品销售金额 5 万元以上的;②伪劣产品尚未销售,货值金额 15 万元以上的;③伪劣产品销售金额不满 5 万元,但将已销售金额乘以 3 倍后,与尚未销售的伪劣产品货值金额合计 15 万元以上的。

2. 刑罚

犯生产、销售伪劣产品罪,销售金额 5 万元以上不满 20 万元的,处 2 年以下有期徒刑或者拘役,并处或者单处销售金额 50% 以上 2 倍以下罚金;销售金额 20 万元以上不满 50 万元的,处 2 年以上 7 年以下有期徒刑,并处销售金额 50% 以上 2 倍以下罚金;销售金额 50 万元以上不满 200 万元的,处 7 年以上有期徒刑,并处销售金额 50% 以上 2 倍以下罚金;销售金额 200 万元以上的,处 15 年有期徒刑或者无期徒刑,并处销售金额 50% 以上 2 倍以下罚金或者没收财产。

9.7.2 生产、销售伪劣产品罪案例解读

【案例解读 9-9 以假公章冒名销售劣质消防产品应构成何罪】

1. 案情

2006 年 2 月,清城区法院审理了一桩涉嫌销售伪劣产品的刑事案件。被告人肖某为了获取钱财,利用假公章冒用他人公司名义销售质量不合格的无商标防火门,给买家造成了严重的损失,被该院以销售伪劣产品罪判处肖某有期徒刑 3 年,缓刑 3 年,并处罚金人民币 13 万元。

肖某曾在深圳消防产品生产公司 A 公司工作,于 2004 年 5 月离开了该公司。为了谋取钱财,其私自伪造了 A 公司公章,在 2004 年 8 月 10 日,利用假公章冒用 A 公司名义与某地产有限公司签订了防火门供销合同,合同标的为人民币 245440 元。肖某向某地产有限公司承诺供给项目部的防火门为 A 公司生产的合格防火门,某地产有限公司为此支付了贷款人民币 22 万元。肖某并没有按照合同约定履行义务,而是背地里委托无资质的工场制造劣质产品交货,直至某大厦

在接受消防部门进行消防系统验收时因防火门不合格而不能通过，才知道购买安装的防火门是不合格、无商标的伪劣产品，经报案后将肖某抓获。

2. 案件争议或法律问题

在本案例中，行为人肖某的行为应如何认定？

3. 参考结论及法理分析

在本案例中，肖某明知自己已不是 A 公司的职工，也没有受到委托或者指派从事销售公司的产品，为了谋取钱财，虚构事实，私自伪造 A 公司公章，冒用公司名义，欺骗某地产有限公司项目部并与其签订了防火门数额较大的供销合同。在履行合同过程中，肖某委托无资质的工厂生产伪劣的防火门交货，骗取对方的财物非法占有，扰乱了国家对市场的管理秩序，侵犯了他人的财产所有权，构成了合同诈骗罪。行为人肖某的一系列行为具有手段和目的的关系：伪造公章的直接目的是签订供销合同，伪造公章是手段，签订和履行销售合同是目的；签订供销合同与销售伪劣产品之间也是手段与目的的关系，签订供销合同又变成了手段，销售伪劣防火门是目的。最终目的是销售伪劣防火门，而达到这个目的的手段有两个，分别是伪造公章和签订供销合同，这两个手段之间是连续递进的关系，也具有独立的手段与目的的关系。也可以这样理解，签订和履行合同是销售伪劣防火门的手段，是预备行为，销售伪劣防火门是目的行为，也是实行行为，销售行为与诈骗行为形成了目的行为与手段行为的关系。根据实行行为吸收预备行为的原则，应以实行行为构成的犯罪定罪处罚，即以销售伪劣产品罪定罪处罚。这样伪造公章与销售伪劣防火门就形成了直接的手段与目的的关系，两者都构成犯罪。根据牵连犯择一重罪处罚的处罚原则，以销售伪劣产品罪定罪从重处罚。

9.8 生产、销售不符合安全标准的产品罪

9.8.1 生产、销售不符合安全标准的产品罪的立案标准及刑罚

生产、销售不符合安全标准的产品罪是指生产不符合保障人身、财产安全的国家标准、行业标准的电器、压力容器、易燃易爆产品或者其他不符合保障人身、财产安全的国家标准、行业标准的产品，或者销售明知是以上不符合保障人身、财产安全的国家标准、行业标准的产品，造成严重后果的行为。

1. 立案标准

生产不符合保障人身、财产安全的国家标准、行业标准的电器、压力容器、易燃易爆产品或者其他不符合保障人身、财产安全的国家标准、行业标准的产品，或者销售明知是以上不符合保障人身、财产安全的国家标准、行业标准的

产品，涉嫌下列情形之一的，应予立案追诉：①造成人员重伤或者死亡的；②造成直接经济损失10万元以上的；③其他造成严重后果的情形。

2. 刑罚

生产不符合保障人身、财产安全的国家标准、行业标准的电器、压力容器、易燃易爆产品或者其他不符合保障人身、财产安全的国家标准、行业标准的产品，或者销售明知是以上不符合保障人身、财产安全的国家标准、行业标准的产品，造成严重后果的，处5年以下有期徒刑，并处销售金额50%以上2倍以下罚金；后果特别严重的，处5年以上有期徒刑，并处销售金额50%以上2倍以下罚金。

9.8.2 生产、销售不符合安全标准的产品罪案例解读

【案例解读9-10 从某医院大火来探析生产、销售不合格电缆引起火灾应承担的刑事责任】

1. 案情

始建于1947年的吉林省某医院是当地最大的医院，门诊部、住院部、办公楼连在一起，呈"口"字形，总共四层，一、二层是门诊，三、四层是住院处。2005年5月至7月，某电气安装队根据合同，负责医院两期配电改造工程的施工和装修。由于该安装队在施工中使用相关企业、个人生产、销售的不合格电缆，并违规敷设电缆，医院有关人员未认真履行监管职责，进行违规操作等原因，从而留下重大事故隐患。同年12月15日16时20许，某医院停电。16时30分，某医院电工班班长张某值班时突然发现医院全楼断电，随即来到二楼配电室，在未查明停电原因的情况下强行送电，之后离开配电室。在其违规进行操作恢复供电二三分钟后，配电室发出"噼啪"响声，张某返回时发现配电室已冒烟，他未采取扑救措施，而是跑到院外去拉变电器刀闸开关，再返回二楼时火势已蔓延开来。出现火情后，该医院相关人员没有及时采取报警、紧急疏散人员等有效措施，致使灾情扩大。当时医院共有登记住院的245名患者和72名医护人员被困在火中。下午5时2分，当消防队员赶到的时候，火势已经变得难以控制了。在着火之后的1个小时内，医护人员和救援人员从火中一共抢救出183人，转移到市内其他医院。晚上10时左右，大火被扑灭，搜救工作随即展开。在熊熊大火中，大楼北侧第四层被烧毁，三层部分过火，南侧一至四层基本烧毁。此次火灾造成39名患者死亡（在火灾现场死亡24人，患者转移过程中死亡15人），46人重伤，49人轻伤，烧毁建筑面积5714m^2，直接财产损失8219214元。

国务院特大火灾事故调查组宣布，造成这起火灾事故的直接原因是中心医院配电室内供电电缆短路引燃可燃物。

案发后，检察机关对生产、销售不合格电缆、违规施工操作、未认真履行监管职责的13名责任人提起公诉。2007年6月12日，该医院火灾案在市中级人民法院做出一审宣判。施工安装方责任人赵某、孙某被以重大责任事故罪分别判处有期徒刑7年、6年；医院负有责任的院长王某、副院长李某、原副院长金某被以同样的罪名分别判处有期徒刑1～5年；判处电工班长张某有期徒刑6年；判处总务科长赵某有期徒刑3年，缓刑3年；销售环节责任人王某、电线电缆有限公司经理宋某、电线电缆有限公司经理魏某、电线电缆销售处业主杜某被以销售不符合安全标准的产品罪，分别判处有期徒刑4年或者3年；电线电缆公司法定代表人于某被以销售不符合安全标准的产品罪判处有期徒刑2年，缓刑2年；生产环节责任人于某被以生产不符合安全标准的产品罪判处有期徒刑3年，并处罚金8万元。

2. 案件争议或法律问题

本案例中生产、销售电缆的行为应构成什么罪？

3. 参考结论及法理分析

在本案例中，销售环节责任人王某、宋某、魏某、杜某及法定代表人于某的销售行为应构成销售不符合安全标准的产品罪，生产环节责任人于某生产不符合标准的电缆的行为应构成生产不符合安全标准的产品罪。

9.9 贪污罪和受贿罪

9.9.1 贪污罪的立案标准及刑罚

贪污罪是指国家工作人员和受国家机关、国有公司、企业、事业单位、人民团体委托管理、经营国有财产的人员，利用职务上的便利，侵吞、窃取、骗取或者以其他手段非法占有公共财物的行为。

1. 立案标准

贪污罪作为一般贪污行为的特殊形式，除具有一般贪污违法行为的共性外，还具有自身的特性。构成贪污罪的贪污行为，还具有贪污数额和情节上的要求。因此，认定贪污罪与一般贪污违法行为时，应把握以下方面：①要看行为人贪污的数额是否达到5000元。其中，贪污的数额按累计方法计算。对于行为人贪污的数额达到5000元的，无论其情节如何，均构成贪污罪；而对于贪污的数额尚未达到5000元的，一般应视为一般贪污违法行为。②要看行为人的贪污情节。其中，贪污情节主要针对贪污数额不满5000元的贪污行为。如果贪污数额不满5000元，贪污情节较轻时，对该贪污行为就应认定为一般贪污违法行为；如果贪污数额不满5000元，但贪污情节较重时，对该贪污行为就应认定为贪污罪。

其中，贪污情节是属于较重还是较轻的范围，一般应从以下方面进行综合分析、界定：一看行为人的一贯表现；二看行为人贪污行为的动机和目的；三看行为人所贪污的公共（国有）财物或非国有单位财物的性质、用途；四看行为人贪污的手段；五看贪污行为所造成的后果；六看行为人的悔罪表现。根据1999年9月16日最高人民检察院发布施行的《关于人民检察院直接受理立案侦查案件立案标准的规定（试行）》的规定，个人贪污数额不满5000元，但具有贪污救灾、抢险、防汛、防疫、优抚、扶贫、移民、救济款物及募捐款物、赃款赃物、罚没款物、暂扣款物，以及贪污手段恶劣、毁灭证据、转移赃物等情节的，应予立案。

2. 刑罚

对犯贪污罪的，根据情节轻重，分别依照下列规定处罚：①贪污数额较大或者有其他较重情节的，处3年以下有期徒刑或者拘役，并处罚金；②贪污数额巨大或者有其他严重情节的，处3年以上10年以下有期徒刑，并处罚金或者没收财产；③贪污数额特别巨大或者有其他特别严重情节的，处10年以上有期徒刑或者无期徒刑，并处罚金或者没收财产；数额特别巨大，并使国家和人民利益遭受特别重大损失的，处无期徒刑或者死刑，并处没收财产。对多次贪污未经处理的，按照累计贪污数额处罚。

犯第一款罪，在提起公诉前如实供述自己罪行、真诚悔罪、积极退赃，避免、减少损害结果的发生，有第一项规定情形的，可以从轻、减轻或者免除处罚；有第二项、第三项规定情形的，可以从轻处罚。犯第一款罪，有第三项规定情形被判处死刑缓期执行的，人民法院根据犯罪情节等情况可以同时决定在其死刑缓期执行2年期满依法减为无期徒刑后，终身监禁，不得减刑、假释。

9.9.2 受贿罪的立案标准及刑罚

受贿罪是指国家工作人员利用职务上的便利，索取他人财物的，或者非法收受他人财物，为他人谋取利益的行为。

1. 立案标准

根据1993年9月16日最高人民检察院发布施行的《关于人民检察院直接受理立案侦查案件立案标准的规定（试行）》的规定，涉嫌下列情形之一的，应予立案：①个人受贿数额在5000元以上的；②个人受贿数额不满5000元，但具有下列情形之一的：因受贿行为而使国家或者社会利益遭受重大损失的；故意刁难、要挟有关单位、个人，造成恶劣影响的；强行索取财物的。

2. 刑罚

对犯贪污罪的，根据情节轻重，分别依照下列规定处罚：①个人贪污数额在10万元以上的，处10年以上有期徒刑或者无期徒刑，可以并处没收财产；情节特别严重的，处死刑，并处没收财产。②个人贪污数额在5万元以上不满10

万元的，处 5 年以上有期徒刑，可以并处没收财产；情节特别严重的，处无期徒刑，并处没收财产。③个人贪污数额在 5000 元以上不满 5 万元的，处 1 年以上 7 年以下有期徒刑；情节严重的，处 7 年以上 10 年以下有期徒刑。个人贪污数额在 5000 元以上不满 1 万元，犯罪后有悔改表现、积极退赃的，可以减轻处罚或者免于刑事处罚，由其所在单位或者上级主管机关给予行政处分。④个人贪污数额不满 5000 元，情节较重的，处 2 年以下有期徒刑或者拘役；情节较轻的，由其所在单位或者上级主管机关酌情给予行政处分。对多次贪污未经处理的，按照累计贪污数额处罚。

9.9.3 贪污罪与受贿罪案例解读

【案例解读 9-11 企业消防人员虚开发票能否构成贪污罪？】

1. 案情

2004 年 4 月，某市检察院在接到群众反映某发电厂原消防队队长普某贪污公款的举报材料后，立即立案侦查。检察机关查明，2003—2004 年期间，犯罪嫌疑人普某利用担任消防队队长职务之便趁在某消防器材维修厂购买消防器材之机，以虚开发票、虚报价格手段，4 次共计将公款 40119 元据为己有，已涉嫌构成贪污罪。2005 年 11 月，市检察院以涉嫌贪污公款对普某提起公诉。市法院判决普某 2 年有期徒刑。

2. 案件争议或法律问题

本案例中行为人普某能否构成贪污罪？

3. 参考结论及法理分析

根据本案例中的案件事实，行为人普某的行为符合贪污罪的犯罪构成要件。在犯罪主体上，普某是发电厂原消防队队长，是受委托从事公务的人员，是法律规定的国家工作人员。在犯罪客观方面，贪污罪的贪污手段多种多样，但归纳起来不外乎采取侵吞、窃取、骗取或者其他手段非法占有公共财物。本案例中，普某利用担任消防队队长职务之便趁在消防器材维修厂购买消防器材之机，以虚开发票、虚报价格的手段，4 次共计贪污公款 40119 元，是以骗取手段非法占用国有钱财的行为。在犯罪客体上，普某的行为侵害了国有单位的正常活动和国家消防工作人员职务行为的廉洁性，以及其他单位的财产权利。所以，行为人普某的行为符合贪污罪的犯罪构成要件，构成贪污罪。

【案例解读 9-12 公安消防人员侵吞、索取、收受财物的行为应如何认定？】

1. 案情

王某，现年 39 岁，时任某县消防大队教导员，身为国家工作人员利用职务之便，在 2003 年 3 月至 2004 年 1 月不足一年的时间里，采取收取辖区内加油站改造费、以消防大队的名义索要油料和购车拉赞助等名义收入不入账的手段，贪污公款共9笔，合计人民币56600元；还以给其父治病、自己交通肇事、消防不合格为由向辖区内加油站索取、收受贿赂共9笔，合计人民币35500元。被告人王某从侦查到庭审，拒不承认犯罪事实，百般抵赖。2006年2月24日，由某县人民检察院提起公诉的王某贪污、受贿一案，在该县人民法院刑事审判庭开庭，法院经审理当庭宣判被告人王某犯贪污罪，判处有期徒刑5年，犯受贿罪，判处有期徒刑2年，数罪并罚，决定执行有期徒刑5年。

2. 案件争议或法律问题

对本案例中被告人王某的行为应认定为何罪，如何处罚？

3. 参考结论及法理分析

在本案例中，根据反贪局侦察查明的事实和法庭审理认定的犯罪事实和证据，行为人王某的行为符合贪污罪和受贿罪的犯罪构成客观方面的要件。王某是消防大队教导员，属于国家公安机关消防机构工作人员。《刑法》第九十三条第一款规定："本法所称国家工作人员，是指国家机关中从事公务的人员。"公安机关消防机构是国家行政机关，自然属于国家机关，公安机关消防机构工作人员属于刑警人员，是行使消防职务的在国家机关中从事公务的人员，是国家工作人员，因此，行为人王某符合上述两罪对犯罪主体的要求。王某凭借自己主管加油站消防安全检查、验收、改建的职务之便，假借执行公务，大肆贪污公款，还以各种名义索贿受贿他人财产，贪污受贿数额符合《刑法》对贪污罪和受贿罪的规定，其行为侵害了国家机关的正常活动和国家工作人员职务行为的廉洁性，以及他人的财产权利。在犯罪主观方面，王某故意以收入不入账的手段贪污公款非法占为己有，利用职务上的便利，故意向辖区内加油站索取、收受他人贿赂为他人谋取利益，符合贪污罪和受贿罪的主观方面的内容。行为人王某的行为符合贪污罪和受贿罪的犯罪构成要件，构成了贪污罪和受贿罪。

本案例中，王某在法院判决前犯有贪污罪和受贿罪两罪，法院对两罪分别量刑，其中对贪污罪判处有期徒刑5年，对受贿罪判处有期徒刑2年。根据《刑法》第六十九条的规定和上述数罪并罚的原则，由于对王某的判决都是有期徒刑，应采取限制加重原则，即在数刑的综合刑期以下、数刑中，最高刑期以上酌情决定执行的刑期。本案法院对王某判决的有期徒刑中，最高刑期是5年有期徒刑，综合刑期为5年与2年的和即7年有期徒刑，法院可以在5~7年这个刑罚幅度内根据犯罪性质、情节等综合决定应执行的刑期。法院最终决定执行有期徒刑5年，这是符合《刑法》规定和数罪并罚的原则的。综上所述，法院的判决是正确的。

消防法规

【案例解读 9-13　公安消防人员与其他国家工作人员参与"干股分红"的行为应如何认定?】

1. 案情

犯罪嫌疑人罗某，某市公安局分局户政股股长兼某消防队队长。1997年，某消防公司负责人肖某（另案处理）为扩大消防工程业务，找到了某镇镇长李某、城建办主任黄某（现因其已经死亡，撤销案件）以及消防队长罗某，向每人派送了该公司的23%的"干股"。1998年1月，罗某收下了肖某送来的第一笔"红利"——23万元现金支票。据悉，1998—2000年，罗某曾数次接受李某赠予的"红利"，共计人民币161万元。

经调查核实，罗某多次给肖某的公司提供消防信息，并为该公司"介绍"了10多个消防工程。在指定队员审核、验收消防工程的时候，罗某通常会优先给肖某的公司办理消防相关手续。

2006年5月7日，市人民检察院以受贿罪对罗某（案发时系环境保护局某分局局长）提起公诉，市中级人民法院依法审理了此案。鉴于罗某犯罪后在尚未采取强制措施前，主动向检察机关交代了犯罪事实，有自首情节，并积极退清全部赃款，有明显悔罪表现，市中级人民法院依法减轻处罚，以受贿罪判处罗某有期徒刑5年，没收全部赃款。

2006年8月10日，某镇镇长李某在某市中级人民法院受审。李某涉嫌挪用公款罪、受贿罪、贪污罪。检方资料称，李某通过"干股分红"获利，合计受贿171万元。1994—2001年，李某在担任副镇长期间，分管外经工作，此时这家消防工程公司是经营消防设备的工程单位。1997年，该消防工程公司法人代表肖某（另案处理）为了优先办理消防审批、验收手续和介绍消防工程，分别向时任副镇长的李某、城建办主任黄某和消防队长罗某派送该公司的"干股"。李某等三人并未向消防工程公司投入资金，也未参与经营，却以"干股分红"的形式收受钱财等。

在法庭上，检察机关指控李某以"干股分红"的名义收受171万元贿赂。李某和辩护人自始至终否认自己的行为属于受贿。李某辩解，自己的行为并不构成受贿罪，公诉人对他的指控是不公平的，公诉人对其指挥的所谓"受贿罪"只是他投资的利润"分红"。李某称，当时消防工程公司已经快不行了，其法人代表肖某找到他表示要合作经营，并签订了合作的协议书，他占23%的股份，也就是17万元资金。当时他没有立即支付资金，分红的时候，他的股份资金从分红里扣除了。李某表示，作为国家公务人员从事经营活动是不合适的，但当时是20世纪90年代，比较普遍，应该可以理解。他的本意是真正做生意，而且他当时是副镇长，分管外经工作，与消防根本没有关系。李某根本没有必要向一个管不到自己行业的人行贿。更何况，后来他当上了镇长，按理说官做大了，肖某更应行贿才对，但是肖某新成立了公司，他却已经没有股份了。所以，李某认为自己不构成受贿罪。公诉人反驳道，行贿人看中了李某掌管外经工作，负责招商引资，能够为其公司招揽消防业务，所以才会给其"干股分红"。所以，该案依然与李某的职务有关，符合受贿罪的规定。

2. 案件争议或法律问题

(1) 本案例中被告人罗某构成何种性质的犯罪？

(2) 本案例中被告人李某的行为是否构成受贿罪？

3. 参考结论及法理分析

就本案例而言，根据本案例中行为人罗某的行为事实，其行为应当认定为受贿罪。在犯罪主体上，罗某是消防队队长，属国家军事机关工作人员，自然是国家工作人员，符合受贿罪对犯罪主体的要求。在犯罪客观方面，罗某收受消防公司负责人肖某的红利共计161万元，还利用职务便利给肖某提供消防信息，优先给肖某的公司办理消防相关手续。罗某非法所得161万元在总数上符合构成受贿罪的数额要求。在犯罪客体上，罗某的行为侵害了国家消防机关的正常活动和国家消防工作人员职务行为的廉洁性，以及其他有关单位的财产权利。在犯罪主观方面，罗某明知利用其消防队队长这一职务便利收受某些消防公司的红利等金钱为自己谋取私利会损害国家工作人员职务行为的廉洁性和国家机关的良好形象，仍然故意为之。所以，行为人罗某的行为符合受贿罪的犯罪构成要件，应认定为受贿罪。

关于被告人李某，根据检察机关指控的事实和有关证据，行为人李某的行为符合受贿罪的犯罪构成要件。在犯罪主体方面，李某是原镇党委副书记、镇长，属于国家机关工作人员，符合受贿罪对犯罪主体的要求。在犯罪客观方面和犯罪主观方面，李某借"干股分红"的名义，利用分管外经职务上负责招商引资的便利，以便为消防工程公司招揽消防业务，投资消防工程公司的股份，非法占有投资利润的"分红"，实质是非法收受他人的财物，为他人谋取利益。在犯罪客体方面，李某的行为侵害了国家机关的正常活动和国家工作人员职务行为廉洁性，以及他人的财产权利。在犯罪主观方面，李某是故意为他人公司投资以获取不应得的利益。所以，行为人李某的行为符合受贿罪的犯罪构成要件，构成受贿罪，应以受贿罪论处。

9.10 滥用职权罪和玩忽职守罪

9.10.1 滥用职权罪的立案标准及刑罚

滥用职权罪是指国家机关工作人员故意逾越职权，不按或违反法律决定、处理其无权决定、处理的事项，或者违反规定处理公务，致使侵吞公共财产、国家和人民遭受重大财产损失等行为。

1. 立案标准

国家机关工作人员超越职权，违法决定、处理其无权决定、处理的事项，或者违反规定处理公务，致使公共财产、国家和人民利益遭受重大损失的，涉嫌下列情形之一的，应予立案：①造成死亡1人以上，或者重伤2人以上，或者重伤1人、轻伤3人以上，或者轻伤5人以上的；②导致10人以上严重中毒的；③造成个人财产直接经济损失10万元以上，或者直接经济损失不满10万元，但间接经济损失50万元以上的；④造成公共财产或者法人、其他组织财产直接经济损失20万元以上，或者直接经济损失不满20万元，但间接经济损失100万元以上的；⑤虽未达到③④两项数额标准，但③④两项合计直接经济损失20万元以上，或者合计直接经济损失不满20万元，但合计间接经济损失100万元以上的；⑥造成公司、企业等单位停业、停产6个月以上，或者破产的；⑦弄虚作假，不报、缓报、谎报或者授意、指使、强令他人不报、缓报、谎报情况，导致重特大事故危害结果继续、扩大，或者致使抢救、调查、处理工作延误的；⑧严重损害国家声誉，或者造成恶劣社会影响的；⑨其他致使公共财产、国家和人民利益遭受重大损失的情形。

2. 刑罚

国家机关工作人员滥用职权或者玩忽职守，致使公共财产、国家和人民利益遭受重大损失的，处3年以下有期徒刑或者拘役；情节特别严重的，处3年以上7年以下有期徒刑。国家机关工作人员徇私舞弊，犯前款罪的，处5年以下有期徒刑或者拘役；情节特别严重的，处5年以上10年以下有期徒刑。刑法另有规定的，依照规定。

9.10.2 玩忽职守罪的立案标准及刑罚

玩忽职守罪是指国家机关工作人员严重不负责任，不履行或不认真履行自己的工作职责，致使国家、公共财产、国家和人民利益遭受重大损失的行为。

1. 立案标准

国家机关工作人员严重不负责任，不履行或者不认真履行职责，致使公共财产、国家和人民利益遭受重大损失的，涉嫌下列情形之一的，应予立案：①造成死亡1人以上，或者重伤3人以上，或者重伤2人、轻伤4人以上，或者重伤1人、轻伤7人以上，或者轻伤10人以上的；②导致20人以上严重中毒的；③造成个人财产直接经济损失15万元以上，或者直接经济损失不满15万元，但间接经济损失75万元以上的；④造成公共财产或者法人、其他组织财产直接经济损失30万元以上，或者直接经济损失不满30万元，但间接经济损失150万元以上的；⑤虽未达到③④两项数额标准，但③④两项合计直接经济损失30万元以上的，或者合计直接经济损失不满30万元，但合计间接经济损失150万元以上的；⑥造成公司、企业等单位停业、停产1年以上，或者破产的；⑦海关、外汇管理部门的工作人员严重不负责任，造成100万美元以上外汇被骗购或者逃汇1000万美元以上的；⑧严重损害国家声誉，或者造成恶劣社会影响的；⑨其他致使公共财产、国家和人民利益遭受重大损失的情形。

2. 刑罚

国家机关工作人员滥用职权或者玩忽职守，致使公共财产、国家和人民利益遭受重大损失的，处3年以下有期徒刑或者拘役；情节特别严重的，处3年以上7年以下有期徒刑。国家机关工作人员徇私舞弊，犯前款罪的，处5年以下有期徒刑或者拘役；情节特别严重的，处5年以上10年以下有期徒刑。刑法另有规定的，依照规定。

9.10.3 滥用职权罪和玩忽职守罪案例解读

【案例解读9-14 公安消防人员徇私舞弊失职造成火灾应如何认定？】

1. 案情

2008年2月27日凌晨4时许，某大厦一楼某再生物资回收有限公司非法废品回收加工站发生重大火灾，造成15人死亡，3人受伤，过火面积近1500m²，直接经济损失达1400多万元。火灾发生后，当地消防部门一共派出了5个消防中队、15台消防车、78名消防队员前往扑救。大火一直持续到早上7时才被扑灭。

在对此次事故负有相关责任的人员中，9人被司法机关逮捕，7名行政人员受到党纪政纪处分，1名行政人员被免职。在被司法机关按照司法程序进行处理的9人中，5人为失火场地所属企业某再生物资回收公司和某金属公司的企业责任人，4名为行政机关干部，其中包括消防大队政委黄某、防火科副科长曾某、防火科主任科员林某。

法院查实，2007年1月28日，消防大队接到区安全管理委员会办公室督办函，称某大厦内有两家公司存在消防安全隐患问题，消防大队政委黄某批示并通知该大队防火科副科长曾某安排辖区防火员姚某去检查。姚某检查发现，某大厦存在重大消防安全隐患及产权不明、层层转租、管理混乱等严重问题。随后，姚某拟写了一份报告，要求提请有关部门统一协调处理，经曾口头同意，将报告呈交黄某批示。

在此期间，某金属公司董事长詹某得知该情况后，即通过某市消防局某人向曾某打招呼，要求免除处罚。曾某将说情的情况报告黄某后，黄某表示同意给予该金属公司关照，从轻处理。此后，黄某、曾某等未再对金属公司进行检查及进一步采取相关措施。

法院认为，黄某在分管防火工作期间接受上级领导的说情，对存在重大火灾隐患的违法违规单位降格处罚，且顾及上级领导的关系，未督促执行责令停产停业的决定，从而导致"2·27"火灾事故的发生，其行为构成徇私舞弊滥用职权。法院同时认定，曾某在履行职务时，接受上级领导和防火责任人的说情，明知某再生物资回收有限公司以及某金属公司未按要求整改，仍表示不予追究，也没有安排人员进行跟踪、检查，从而导致"2·27"火灾事故发生，其行为同样构成徇私舞弊滥用职权。

虽然两人在2007年12月后不再主管防火业务，但"2·27"火灾事故发生在2008年2月，法院认定两人对火灾的发生负有责任，均构成滥用职权罪，各判处有期徒刑5年；曾某同时还利用职务之便，收受他人财物，为他人谋取利益，数额较大，其行为已构成受贿罪，判处1年6个月，两罪并罚执行刑期6年。

2008年12月10日，消防大队政委黄某因犯滥用职权罪、防火科副科长曾某因犯滥用职权罪和受贿罪，防火员林某（另案处理）犯玩忽职守罪，分别被区法院一审判处有期徒刑5年、6年、4年的刑罚。

对上述3人，在司法机关依法处理后，又按照法定程序给予党纪、政纪处分。

2. 案件争议或法律问题

本案例中，法院判决公安消防人员的行为构成滥用职权罪、受贿罪和玩忽职守罪是否正确？

3. 参考结论及法理分析

本案例中，林某身为国家消防机关工作人员，时任消防大队防火科主任科员，对再生物资回收有限公司和金属公司存在消防安全隐患问题负有直接监管责任。但其严重不负责任，还虚报隐患整治情况，明知违反工作纪律和规定，应当预见可能会发生火灾致使公共财产、国家和人民利益遭受重大损失，仍不履行自己的监管职责，其失职渎职行为最终导致重大火灾，其行为侵犯了国家消防机关工作人员职务活动的勤政性，符合玩忽职守罪的构成要件，构成玩忽职守罪。

【案例解读9-15　单位安全主管人员失职造成火灾应如何定性？】

1. 案情

某县中心市场始建于1995年，号称中南地区最大的县级批发市场，拥有摊位近3000个，从业人员近5000人。2003年11月24日，该市场因工作人员维修渗漏作业违规操作，引发特大火灾，造成市场内325户门面和摊位受灾，过火面积 13865.83m², 直接经济损失 423.29 万元。

该案责任人彭某于 2003 年 2 月,从县农业局调任县城中心市场副主任,具体分管消防、保安、水电设备、计划生育、纪检监察、工会和综合治理工作。因中心市场个体经营户反映二楼阳台渗漏,要求进行维修,彭某便安排市场管理处水电部主任李某负责让人维修。2003 年 11 月 22 日,陈某(另案处理)承包了中心市场的防渗漏工程,并安排 3 名工人于同年 11 月 24 日前往中心市场管理处准备施工。上午 9 时许,彭某只安排了中心市场管理处水电部的邓某将通往渗漏地方的门打开,让施工人员进入施工现场,但未安排专人在现场负责值班及安全施工,之后,彭某也未亲到施工现场了解施工过程及施工方案。3 名工人携带液化气罐、喷火枪、SBS 防水材料进入市场营业厅二楼 D 区 10 号门面及 11 号门面南侧外走道,违反规定擅自使用喷火枪动用明火作业。当日中午 12 时许,喷火枪火焰引燃了 11 号门面南侧卷闸门底部的塑料薄膜,再蔓延至门面内的床上用品,从而引发了中心市场"11·24"特大火灾。

2. 案件争议或法律问题

对本案例中被告人彭某能否认定为玩忽职守罪?

3. 参考结论及法理分析

彭某身为国家机关工作人员,在任县中心市场管理处副主任期间,具体分管消防、保安、水电设备、纪检监察、综合治理等工作。但其不认真履行自己的工作职责,在未了解防渗漏施工人员施工过程及施工方案的情况下,安排施工人员进入施工现场,且又不交代施工有关规定未派专人现场监护,致使施工人员违规操作,引发了中心市场特大火灾,使国家和人民利益遭受重大损失,其行为完全符合玩忽职守罪的构成要件,应构成玩忽职守罪。2004 年 11 月 23 日,县中心市场"11·24"特大火灾案审结,县人民法院依法以玩忽职守罪判处案件责任人彭某有期徒刑 2 年,缓刑 2 年;同时,法院认为,彭某归案后认罪态度较好,有悔罪表现,平时表现一贯较好,在任市场管理处副主任分管消防等工作方面也做了一些有益的工作,且任职时间不长,加之当时市场停水、消防设施不全等客观因素,酿成特大火灾,可酌情从轻处罚。故依法做出如上判决。

附　　录

《中华人民共和国消防法》1998年版与2008年版对照表

1998年版	2008年版
第一章　总则	第一章　总则
第一条　为了预防火灾和减少火灾危害，保护公民人身、公共财产和公民财产的安全，维护公共安全，保障社会主义现代化建设的顺利进行，制定本法。	第一条　为了预防火灾和减少火灾危害，保护公民人身、公共财产和公民财产的安全，维护公共安全，保障社会主义现代化建设的顺利进行，制定本法。
第二条　消防工作贯彻预防为主、防消结合的方针，坚持专门机关与群众相结合的原则，实行防火安全责任制。	第二条　消防工作贯彻预防为主、防消结合的方针，按照政府统一领导、部门依法监管、单位全面负责、公民积极参与的原则，实行消防安全责任制，建立健全社会化的消防工作网络。
第三条　消防工作由国务院领导，由地方各级人民政府负责。各级人民政府应当将消防工作纳入国民经济和社会发展计划，保障消防工作与经济建设和社会发展相适应。	第三条　国务院领导全国的消防工作。地方各级人民政府负责本行政区域内的消防工作。 各级人民政府应当将消防工作纳入国民经济和社会发展计划，严格督查考评，保障消防工作与经济社会发展相适应。
第四条　国务院公安部门对全国的消防工作实施监督管理，县级以上地方各级人民政府公安机关对本行政区域内的消防工作实施监督管理，并由本级人民政府公安机关消防机构负责实施。军事设施、矿井地下部分、核电厂的消防工作，由其主管单位监督管理。 森林、草原的消防工作，法律、行政法规另有规定的，从其规定。	第四条　国务院公安部门对全国的消防工作实施监督管理。县级以上地方人民政府公安机关对本行政区域内的消防工作实施监督管理，并由本级人民政府公安机关消防机构负责实施。军事设施的消防工作，由其主管单位监督管理，公安机关消防机构协助；矿井地下部分、核电厂、海上石油天然气设施的消防工作，由其主管单位监督管理。 县级以上人民政府其他有关部门在各自的职责范围内，依照本法和其他相关法律、法规的规定做好消防工作。 法律、行政法规对森林、草原的消防工作另有规定的，从其规定。

（续）

1998年版	2008年版
第五条 任何单位、个人都有维护消防安全、保护消防设施、预防火灾、报告火警的义务。任何单位、成年公民都有参加有组织的灭火工作的义务。	第五条 任何单位和个人都有维护消防安全、保护消防设施、预防火灾、报告火警的义务。任何单位和成年人都有参加有组织的灭火工作的义务。
第六条 各级人民政府应当经常进行消防宣传教育，提高公民的消防意识。 教育、劳动等行政主管部门应当将消防知识纳入教学、培训内容。 新闻、出版、广播、电影、电视等有关主管部门，有进行消防安全宣传教育的义务。	第六条 各级人民政府应当组织开展经常性的消防宣传教育，提高公民的消防安全意识。 机关、团体、企业、事业等单位，应当加强对本单位人员的消防宣传教育。 公安机关及其消防机构应当加强消防法律、法规的宣传，并督促、指导、协助有关单位做好消防宣传教育工作。 教育、人力资源行政主管部门和学校、有关职业培训机构应当将消防知识纳入教育、教学、培训的内容。 新闻、广播、电视等有关单位，应当有针对性地面向社会进行消防公益宣传教育。 工会、共产主义青年团、妇女联合会等团体应当结合各自工作对象的特点，组织开展消防宣传教育。 村民委员会、居民委员会应当协助人民政府及公安机关等部门，加强消防宣传教育。
第七条 对在消防工作中有突出贡献或者成绩显著的单位和个人，应当予以奖励。	第七条 国家鼓励、支持消防科学研究和技术创新，推广使用先进的消防和应急救援技术、设备；鼓励、支持社会力量开展消防公益活动。 对在消防工作中有突出贡献的单位和个人，应当按照国家有关规定给予表彰和奖励。
第二章 火灾预防	第二章 火灾预防
第八条 城市人民政府应当将包括消防安全布局、消防站、消防供水、消防通信、消防车通道、消防装备等内容的消防规划纳入城市总体规划，并负责组织有关主管部门实施。公共消防设施、消防装备不足或者不适应实际需要的，应当增建、改建、配置或者进行技术改造。 对消防工作，应当加强科学研究，推广、使用先进消防技术、消防装备。	第八条 地方各级人民政府应当将包括消防安全布局、消防站、消防供水、消防通信、消防车通道、消防装备等内容的消防规划纳入城乡规划，并负责组织实施。 城乡消防安全布局不符合消防安全要求的，应当调整、完善；公共消防设施、消防装备不足或者不适应实际需要的，应当增建、改建、配置或者进行技术改造。
第九条 生产、储存和装卸易燃易爆危险物品的工厂、仓库和专用车站、码头，必须设置在城市的边缘或者相对独立的安全地带。易燃易爆气体和液体的充装站、供应站、调压站，应当设置在合理的位置，符合防火防爆要求。 原有的生产、储存和装卸易燃易爆危险物品的工厂、仓库和专用车站、码头，易燃易爆气体和液体的充装站、供应站、调压站，不符合前款规定的，有关单位应当采取措施，限期加以解决。	

(续)

1998 年版	2008 年版
	第九条　建设工程的消防设计、施工必须符合国家工程建设消防技术标准。建设、设计、施工、工程监理等单位依法对建设工程的消防设计、施工质量负责。
第十条　按照国家工程建筑消防技术标准需要进行消防设计的建筑工程，设计单位应当按照国家工程建筑消防技术标准进行设计，建设单位应当将建筑工程的消防设计图及有关资料报送公安消防机构审核；未经审核或者经审核不合格的，建设行政主管部门不得发给施工许可证，建设单位不得施工。 经公安消防机构审核的建筑工程消防设计需要变更的，应当报经原审核的公安消防机构核准；未经核准的，任何单位、个人不得变更。 按照国家工程建筑消防技术标准进行消防设计的建筑工程竣工时，必须经公安消防机构进行消防验收；未经验收或者经验收不合格的，不得投入使用。	第十条　按照国家工程建设消防技术标准需要进行消防设计的建设工程，除本法第十一条另有规定的外，建设单位应当自依法取得施工许可之日起七个工作日内，将消防设计文件报公安机关消防机构备案，公安机关消防机构应当进行抽查。
第十一条　建筑构件和建筑材料的防火性能必须符合国家标准或者行业标准。 公共场所室内装修、装饰根据国家工程建筑消防技术标准的规定，应当使用不燃、难燃材料的，必须选用依照产品质量法的规定确定的检验机构检验合格的材料。	
	第十一条　国务院公安部门规定的大型的人员密集场所和其他特殊建设工程，建设单位应当将消防设计文件报送公安机关消防机构审核。公安机关消防机构依法对审核的结果负责。
	第十二条　依法应当经公安机关消防机构进行行动设计审核的建设工程，未经依法审核火灾审核不合格的，负责审批该工程施工许可的部门不得给予施工许可，建设单位、施工单位不得施工；其他设计工程取得施工许可后经依法抽查不合格的，应当停止施工。
	第十三条　按照国家工程建设消防技术标准需要进行消防设计的建设工程竣工，依照下列规定进行消防验收、备案： （一）本法第十一条规定的建设工程，建设单位应当向公安机关消防机构申请消防验收； （二）其他建设工程，建设单位在验收后应当报公安机关消防机构备案，公安机关消防机构应当进行抽查。 依法应当进行消防验收的建设工程，未经消防验收或者消防验收不合格的，禁止投入使用；其他建设工程经依法抽查不合格的，应当停止使用。

(续)

1998 年版	2008 年版
	第十四条　建设工程消防设计审核、消防验收、备案和抽查的具体办法，由国务院公安部门规定。
第十二条　歌舞厅、影剧院、宾馆、饭店、商场、集贸市场等公众聚集的场所，在使用或者开业前，应当向当地公安消防机构申报，经消防安全检查合格后，方可使用或者开业。	第十五条　公众聚集场所在投入使用、营业前，建设单位或者使用单位应当向场所所在地的县级以上地方人民政府公安机关消防机构申请消防安全检查。 　　公安机关消防机构应当自受理申请之日起十个工作日内，根据消防技术标准和管理规定，对该场所进行消防安全检查。未经消防安全检查或者经检查不符合消防安全要求的，不得投入使用、营业。
第十三条　举办大型集会、焰火晚会、灯会等群众性活动，具有火灾危险的，主办单位应当制定灭火和应急疏散预案，落实消防安全措施，并向公安消防机构申报，经公安消防机构对活动现场进行消防安全检查合格后，方可举办。	
第十四条　机关、团体、企业、事业单位应当履行下列消防安全职责： 　　（一）制定消防安全制度、消防安全操作规程； 　　（二）实行防火安全责任制，确定本单位和所属各部门、岗位的消防安全责任人； 　　（三）针对本单位的特点对职工进行消防宣传教育； 　　（四）组织防火检查，及时消除火灾隐患； 　　（五）按照国家有关规定配置消防设施和器材、设置消防安全标志，并定期组织检验、维修，确保消防设施和器材完好、有效； 　　（六）保障疏散通道、安全出口畅通，并设置符合国家规定的消防安全疏散标志。 　　居民住宅区的管理单位，应当依照前款有关规定，履行消防安全职责，做好住宅区的消防安全工作。	
第十五条　在设有车间或者仓库的建筑物内，不得设置员工集体宿舍。 　　在设有车间或者仓库的建筑物内，已经设置员工集体宿舍的，应当限期加以解决。对于暂时确有困难的，应当采取必要的消防安全措施，经公安消防机构批准后，可以继续使用。	

(续)

1998年版	2008年版
第十六条 县级以上地方各级人民政府公安机关消防机构应当将发生火灾可能性较大以及一旦发生火灾可能造成人身重大伤亡或者财产重大损失的单位，确定为本行政区域内的消防安全重点单位，报本级人民政府备案。 消防安全重点单位除应当履行本法第十四条规定的职责外，还应当履行下列消防安全职责： （一）建立防火档案，确定消防安全重点部位，设置防火标志，实行严格管理； （二）实行每日防火巡查，并建立巡查记录； （三）对职工进行消防安全培训； （四）制定灭火和应急疏散预案，定期组织消防演练。	
	第十六条 机关、团体、企业、事业等单位应当履行下列消防安全职责： （一）落实消防安全责任制，制定本单位的消防安全操作规程，制定灭火和应急疏散预案； （二）按照国家标准、行业标准配置消防设施、器材，设置消防安全标志，检验、维修，确保完好有效； （三）对建筑消防设施每年至少进行一次全面检测，确保完好有效，检测记录应当完整准备，存档备查； （四）保障疏散通道、安全出口、消防车通道畅通，保证防火防烟分区、防火间距符合消防技术标准； （五）定期组织防火检查，及时消除火灾隐患； （六）组织进行有针对性的消防演练； （七）法律、法规规定的其他消防安全职责。 单位的主要负责人是本单位的消防安全责任人。
第十七条 生产、储存、运输、销售或者使用、销毁易燃易爆危险物品的单位、个人，必须执行国家有关消防安全的规定。 生产易燃易爆危险物品的单位，对产品应当附有燃点、闪点、爆炸极限等数据的说明书，并且注明防火防爆注意事项。对独立包装的易燃易爆危险物品应当贴附危险品标签。 进入生产、储存易燃易爆危险物品的场所，必须执行国家有关消防安全的规定。禁止携带火种进入生产、储存易燃易爆危险物品的场所。禁止非法携带易燃易爆危险物品进入公共场所或者乘坐公共交通工具。 储存可燃物资仓库的管理，必须执行国家有关消防安全的规定。	

(续)

1998 年版	2008 年版
第十八条 禁止在具有火灾、爆炸危险的场所使用明火；因特殊情况需要使用明火作业的，应当按照规定事先办理审批手续。作业人员应当遵守消防安全规定，并采取相应的消防安全措施。 进行电焊、气焊等具有火灾危险的作业的人员和自动消防系统的操作人员，必须持证上岗，并严格遵守消防安全操作规程。	
	第十七条 县级以上地方人民政府公安机关消防机构应当将发生火灾可能性较大以及发生火灾可能造成重大人身伤亡或者财产损失的单位，确定为本行政区域内的消防安全重点单位，并由公安机关报本级人民政府备案。 消防安全重点单位除应当履行本法第十六条规定的职责外，还应当履行下列消防安全职责： （一）确定消防安全管理人，组织实施本单位的消防安全管理工作； （二）建立消防档案，确定消防安全重点部位，设置防火标志，实行严格管理； （三）实行每日防火巡查，并建立巡查记录； （四）对职工进行岗前消防安全培训，定期组织消防安全培训和消防演练。
	第十八条 同一建筑物由两个以上单位管理或者使用的，应当明确各方的消防安全责任，并确定责任人对共用的疏散通道、安全出口、建筑消防设施和消防车通道进行统一管理。 住宅区的物业服务企业应当对管理区域内的共用消防设施进行维护管理，提供消防安全防范服务。
	第十九条 生产、储存、经营易燃易爆危险品的场所不得与居住场所设置在同一建筑物内，应当与居住场所保持安全距离。 生产、储存、经营其他物品的场所与居住场所设置在同一建筑物内的，应当符合国家工程建设消防技术标准。
	第二十条 举办大型群众性活动，承办人应当依法向公安机关申请安全许可，制定灭火和应急疏散预案并组织演练，明确消防安全责任分工，确定消防安全管理人员，保持消防设施和消防器材配置齐全、完好有效，保证疏散通道、安全出口、疏散指示标志、应急照明和消防车通道符合消防技术标准和管理规定。

（续）

1998 年版	2008 年版
	第二十一条　禁止在具有火灾、爆炸危险的场所吸烟、使用明火。因施工等特殊情况需要使用明火作业的，应当按照规定事先办理审批手续，采取相应的消防安全措施；作业人员应当遵守消防安全规定。 　　进行电焊、气焊等具有火灾危险作业的人员和自动消防系统的操作人员，必须持证上岗，并遵守消防安全操作规程。
	第二十二条　生产、储存、装卸易燃易爆危险品的工厂、仓库和专用车站、码头的设置，应当符合消防技术标准。易燃易爆气体和液体的充装站、供应站、调压站，应当设置在符合消防安全要求的位置，并符合防火防爆要求。 　　已经设置的生产、储存、装卸易燃易爆危险品的工厂、仓库和专用车站、码头，易燃易爆气体和液体的充装站、供应站、调压站，不再符合前款规定的，地方人民政府应当组织、协调有关部门、单位限期解决，消除安全隐患。
	第二十三条　生产、储存、运输、销售、使用、销毁易燃易爆危险品，必须执行消防技术标准和管理规定。 　　进入生产、储存易燃易爆危险品的场所，必须执行消防安全规定。禁止非法携带易燃易爆危险品进入公共场所或者乘坐公共交通工具。 　　储存可燃物资仓库的管理，必须执行消防技术标准和管理规定。
第十九条　消防产品的质量必须符合国家标准或者行业标准。禁止生产、销售或者使用未经依照产品质量法的规定确定的检验机构检验合格的消防产品。 　　禁止使用不符合国家标准或者行业标准的配件或者灭火剂维修消防设施和器材。 　　公安消防机构及其工作人员不得利用职务为用户指定消防产品的销售单位和品牌。	第二十四条　消防产品必须符合国家标准；没有国家标准的，必须符合行业标准。禁止生产、销售或者使用不合格的消防产品以及国家明令淘汰的消防产品。 　　依法实行强制性产品认证的消防产品，由具有法定资质的认证机构按照国家标准、行业标准的强制性要求认证合格后，方可生产、销售、使用。实行强制性产品认证的消防产品目录，由国务院产品质量监督部门会同国务院公安部门制定并公布。 　　新研制的尚未制定国家标准、行业标准的消防产品，应当按照国务院产品质量监督部门会同国务院公安部门规定的办法，经技术鉴定符合消防安全要求的，方可生产、销售、使用。 　　依照本条规定经强制性产品认证合格或者技术鉴定合格的消防产品，国务院公安部门消防机构应当予以公布。

（续）

1998 年版	2008 年版
	第二十五条　产品质量监督部门、工商行政管理部门、公安机关消防机构应当按照各自职责加强对消防产品质量的监督。
	第二十六条　建筑构件、建筑材料和室内装修、装饰材料的防火性能必须符合国家标准；没有国家标准的，必须符合行业标准。 人员密集场所室内装修、装饰，应当按照消防技术标准的要求，使用不燃、难燃材料。
第二十条　电器产品、燃气用具的质量必须符合国家标准或者行业标准。电器产品、燃气用具的安装、使用和线路、管路的设计、敷设，必须符合国家有关消防安全技术规定。	第二十七条　电器产品、燃气用具的产品标准，应当符合消防安全的要求。 电器产品、燃气用具的安装、使用及其线路、管路的设计、敷设、维护保养、检测，必须符合消防技术标准和管理规定。
第二十一条　任何单位、个人不得损坏或者擅自挪用、拆除、停用消防设施、器材，不得埋压、圈占消火栓，不得占用防火间距，不得堵塞消防通道。 公用和城建等单位在修建道路以及停电、停水、截断通信线路时有可能影响消防队灭火救援的，必须事先通知当地公安消防机构。	第二十八条　任何单位、个人不得损坏、挪用或者擅自拆除、停用消防设施、器材，不得埋压、圈占、遮挡消火栓或者占用防火间距，不得占用、堵塞封闭疏散通道、安全出口、消防车通道。人员密集场所的门窗不得设置影响逃生和灭火救援的障碍物。
	第二十九条　负责公共消防设施维护管理的单位，应当保持消防供水、消防通信、消防车通道等公共消防设施的完好有效。在修建道路以及停电、停水、截断通信线路时有可能影响消防队灭火救援的，有关单位必须事先通知当地公安机关消防机构。
	第三十条　地方各级人民政府应当加强对农村消防工作的领导，采取措施加强公共消防设施建设，组织建立和督促落实消防安全责任制。
第二十二条　在农业收获季节、森林和草原防火期间、重大节假日期间以及火灾多发季节，地方各级人民政府应当组织开展有针对性的消防宣传教育，采取防火措施，进行消防安全检查。	第三十一条　在农业收获季节、森林和草原防火期间、重大节假日期间以及火灾多发季节，地方各级人民政府应当组织开展有针对性的消防宣传教育，采取防火措施，进行消防安全检查。
第二十三条　村民委员会、居民委员会应当开展群众性的消防工作，组织制定防火安全公约，进行消防安全检查。乡镇人民政府、城市街道办事处应当予以指导和监督。	第三十二条　乡镇人民政府、城市街道办事处应当指导、支持和帮助村民委员会、居民委员会开展群众性的消防工作。村民委员会、居民委员会应当确定消防安全管理人，组织制定防火安全公约，进行防火安全检查。

(续)

1998 年版	2008 年版
第二十四条　公安消防机构应当对机关、团体、企业、事业单位遵守消防法律、法规的情况依法进行监督检查。对消防安全重点单位应当定期监督检查。 公安消防机构的工作人员在进行监督检查时，应当出示证件。 公安消防机构进行消防审核、验收等监督检查不得收取费用。	
第二十五条　公安消防机构发现火灾隐患，应当及时通知有关单位或者个人采取措施，限期消除隐患。	
	第三十三条　国家鼓励、引导公众聚集场所和生产、储存、运输、销售易燃易爆危险品的企业投保火灾公众责任保险。具体办法由国务院规定。鼓励保险公司承保火灾公众责任保险。
	第三十四条　消防产品质量认证、消防设施检测、消防安全监测等消防技术服务机构和执业人员，应当依法获得相应的资质、资格；依照法律、行政法规、国家标准、行业标准和执业准则，接受委托提供消防安全技术服务，并对服务质量负责。
第三章　消防组织	第三章　消防组织
第二十六条　各级人民政府应当根据经济和社会发展的需要，建立多种形式的消防组织，加强消防组织建设，增强扑救火灾的能力。	第三十五条　各级人民政府应当加强消防组织建设，根据经济和社会发展的需要，建立多种形式的消防组织，加强消防技术人才培养，增强火灾预防、扑救和应急救援的能力。
第二十七条　城市人民政府应当按照国家规定的消防站建设标准建立公安消防队、专职消防队，承担火灾扑救工作。 镇人民政府可以根据当地经济发展和消防工作的需要，建立专职消防队、义务消防队，承担火灾扑救工作。 公安消防队除保证完成本法规定的火灾扑救工作外，还应当参加其他灾害或者事故的抢险救援工作。	第三十六条　县级以上地方人民政府应当按照国家规定建立公安消防队、专职消防队，并按照国家标准配备消防装备，承担火灾扑救工作。 乡镇人民政府应当根据当地经济发展和消防工作的需要，建立专职消防队、志愿消防队，承担火灾扑救工作。

（续）

1998 年版	2008 年版
第二十八条 下列单位应当建立专职消防队，承担本单位的火灾扑救工作： （一）核电厂、大型发电厂、民用机场、大型港口； （二）生产、储存易燃易爆危险物品的大型企业； （三）储备可燃的重要物资的大型仓库、基地； （四）第一项、第二项、第三项规定以外的火灾危险性较大、距离当地公安消防队较远的其他大型企业； （五）距离当地公安消防队较远的列为全国重点文物保护单位的古建筑群的管理单位。	第三十七条 公安消防队、专职消防队依照国家规定承担重大灾害事故和其他以抢救人员生命为主的应急救援工作。
第二十九条 专职消防队的建立，应当符合国家有关规定，并报省级人民政府公安机关消防机构验收。	第三十八条 公安消防队、专职消防队应当充分发挥火灾扑救和应急救援专业力量的骨干作用；按照国家规定，组织实施专业技能训练，配备并维护保养装备器材，提高火灾扑救和应急救援的能力。
第三十条 机关、团体、企业、事业单位以及乡、村可以根据需要，建立由职工或者村民组成的义务消防队。	第三十九条 下列单位应当建立单位专职消防队，承担本单位的火灾扑救工作： （一）大型核设施单位、大型发电厂、民用机场、主要港口； （二）生产、储存易燃易爆危险品的大型企业； （三）储备可燃的重要物资的大型仓库、基地； （四）第一项、第二项、第三项规定以外的火灾危险性较大、距离公安消防队较远的其他大型企业； （五）距离公安消防队较远、被列为全国重点文物保护单位的古建筑群的管理单位。
第三十一条 公安消防机构应当对专职消防队、义务消防队进行业务指导，并有权指挥调动专职消防队参加火灾扑救工作。	第四十条 专职消防队的建立，应当符合国家有关规定，并报当地公安机关消防机构验收。 专职消防队的队员依法享受社会保险和福利待遇。
	第四十一条 机关、团体、企业、事业等单位以及村民委员会、居民委员会根据需要，建立志愿消防队等多种形式的消防组织，开展群众性自防自救工作。
	第四十二条 公安机关消防机构应当对专职消防队、志愿消防队等消防组织进行业务指导；根据扑救火灾的需要，可以调动指挥专职消防队参加火灾扑救工作。

(续)

1998 年版	2008 年版
第四章　灭火救援	第四章　灭火救援
	第四十三条　县级以上地方人民政府应当组织有关部门针对本行政区域内的火灾特点制定应急预案，建立应急反应和处置机制，为火灾扑救和应急救援工作提供人员、装备等保障。
第三十二条　任何人发现火灾时，都应当立即报警。任何单位、个人都应当无偿为报警提供便利，不得阻拦报警。严禁谎报火警。 　　公共场所发生火灾时，该公共场所的现场工作人员有组织、引导在场群众疏散的义务。 　　发生火灾的单位必须立即组织力量扑救火灾。邻近单位应当给予支援。 　　消防队接到火警后，必须立即赶赴火场，救助遇险人员，排除险情，扑灭火灾。	第四十四条　任何人发现火灾都应当立即报警。任何单位、个人都应当无偿为报警提供便利，不得阻拦报警。严禁谎报火警。 　　人员密集场所发生火灾，该场所的现场工作人员应当立即组织、引导在场人员疏散。 　　任何单位发生火灾，必须立即组织力量扑救。邻近单位应当给予支援。 　　消防队接到火警，必须立即赶赴火灾现场，救助遇险人员，排除险情，扑灭火灾。
第三十三条　公安消防机构在统一组织和指挥火灾的现场扑救时，火场总指挥员有权根据扑救火灾的需要，决定下列事项： 　　（一）使用各种水源； 　　（二）截断电力、可燃气体和液体的输送，限制用火用电； 　　（三）划定警戒区，实行局部交通管制； 　　（四）利用邻近建筑物和有关设施； 　　（五）为防止火灾蔓延，拆除或者破损毗邻火场的建筑物、构筑物； 　　（六）调动供水、供电、医疗救护、交通运输等有关单位协助灭火救助。 　　扑救特大火灾时，有关地方人民政府应当组织有关人员、调集所需物资支援灭火。	第四十五条　公安机关消防机构统一组织和指挥火灾现场扑救，应当优先保障遇险人员的生命安全。 　　火灾现场总指挥根据扑救火灾的需要，有权决定下列事项： 　　（一）使用各种水源； 　　（二）截断电力、可燃气体和可燃液体的输送，限制用火用电； 　　（三）划定警戒区，实行局部交通管制； 　　（四）利用邻近建筑物和有关设施； 　　（五）为了抢救人员和重要物资，防止火势蔓延，拆除或者破损毗邻火灾现场的建筑物、构筑物或者设施等； 　　（六）调动供水、供电、通信、医疗救护、交通运输、环境保护等有关单位协助灭火救援。 　　根据扑救火灾的紧急需要，有关地方人民政府应当组织人员、调集所需物资支援灭火。
第三十四条　公安消防队参加火灾以外的其他灾害或者事故的抢险救援工作，在有关地方人民政府的统一指挥下实施。	第四十六条　公安消防队、专职消防队参加火灾以外的其他重大火灾事故的应急救援工作，由县级以上人民政府统一领导。

(续)

1998 年版	2008 年版
第三十五条 消防车、消防艇前往执行火灾扑救任务或者执行其他灾害、事故的抢险救援任务时，不受行驶速度、行驶路线、行驶方向和指挥信号的限制，其他车辆、船舶以及行人必须让行，不得穿插、超越。交通管理指挥人员应当保证消防车、消防艇迅速通行。	第四十七条 消防车、消防艇前往执行火灾扑救或者应急救援任务，在确保安全的前提下，不受行驶速度、行驶路线、行驶方向和指挥信号的限制，其他车辆、船舶以及行人应当让行，不得穿插超越；收费公路免收车辆通行费、停车费。交通管理指挥人员应当保证消防车、消防艇迅速通行。 赶赴火灾现场或者应急救援现场的消防人员和调集的消防装备、物资，需要铁路、水路或者航空运输的，有关单位应当优先运输。
第三十六条 消防车、消防艇以及消防器材、装备和设施，不得用于与消防和抢险救援工作无关的事项。	第四十八条 消防车、消防艇以及消防器材、装备和设施，不得用于与消防和应急救援工作无关的事项。
第三十七条 公安消防队扑救火灾，不得向发生火灾的单位、个人收取任何费用。 对参加扑救外单位火灾的专职消防队、义务消防队所损耗的燃料、灭火剂和器材、装备等，依照规定予以补偿。	第四十九条 公安消防队、专职消防队扑救火灾、应急救援，不得收取任何费用。 单位专职消防队、志愿消防队参加扑救外单位火灾多损耗的燃料、灭火剂和器材、装备等，由火灾发生地的人民政府给予补偿。
第三十八条 对因参加扑救火灾受伤、致残或者死亡的人员，按照国家有关规定给予医疗、抚恤。	第五十条 对因参加扑救火灾或者应急救援受伤、致残或者死亡的人员，按照国家有关规定给予医疗、抚恤。
第三十九条 火灾扑灭后，公安消防机构有权根据需要封闭火灾现场，负责调查、认定火灾原因，核定火灾损失，查明火灾事故责任。 对于特大火灾事故，国务院或省级人民政府认为必要时，可以组织调查。 火灾扑灭后，起火单位应当按照公安消防机构的要求保护现场，接受事故调查，如实提供火灾事实的情况。	第五十一条 公安机关消防机构在火灾调查中有权根据需要封闭火灾现场，负责调查火灾原因，统计火灾损失。 火灾扑灭后，发生火灾的单位和相关人员应当按照公安机关消防机构的要求保护现场，接受事故调查，如实提供与火灾有关的情况。 公安机关消防机构根据火灾现场勘验、调查情况和有关的检验、鉴定意见，及时制作火灾事故认定书，作为处理火灾事故的证据。
	第五章 监督检查
	第五十二条 地方各级人民政府应当落实消防工作责任制，本级人民政府有关部门履行消防安全职责的情况进行监督检查。 县级以上地方人民政府有关部门应当根据本系统的特点，有针对性地开展消防安全检查，及时督促整改火灾隐患。

（续）

1998 年版	2008 年版
	第五十三条　公安机关消防机构应当对机关、团体、企业、事业等单位遵守消防法律、法规的情况依法进行监督检查。 　　公安派出所可以负责日常消防监督检查、开展消防宣传教育，具体办法由国务院公安部门规定。 　　公安机关消防机构、公安派出所的工作人员进行消防监督检查，应当出示证件。
	第五十四条　公安机关消防机构在消防监督检查中发现火灾隐患的，应当通知有关单位或者个人立即采取措施消除隐患；不及时消除隐患可能严重威胁公共安全的，公安机关消防机构应当依照规定对危险部位或者场所采取临时查封措施。
	第五十五条　公安机关消防机构在消防监督检查中发现城乡消防安全布局、公共消防设施不符合消防安全要求，或者发现本地区存在影响公共安全的重大火灾隐患的，应当由公安机关书面报告本级人民政府。 　　接到报告的人民政府应当及时核实情况，组织或者责成有关部门、单位采取措施，予以整改。
	第五十六条　公安机关消防机构及其工作人员应当按照法定的职权和程序进行消防设计审核、消防验收和消防安全检查，做到公正、严格、文明、高效。 　　公安机关消防机构及其工作人员进行消防设计审核、消防验收和消防安全检查等，不得收取费用，不得利用消防设计审核、消防验收和消防安全检查谋取利益。公安机关消防机构及其工作人员不得利用职务为用户、建设单位指定或者变相指定消防产品的品牌、销售单位或者消防技术服务机构、消防设施施工单位。
	第五十七条　公安机关消防机构及其工作人员执行职务，应当自觉接受社会和公民的监督。 　　任何单位和个人都有权利对公安机关消防机构及其工作人员在执法中的违法行为进行检举、控告。收到检举、控告的机关，应当按照职责及时查处。

(续)

1998年版	2008年版
第五章　法律责任	第六章　法律责任
第四十条　违反本法的规定，有下列行为之一的，责令限期改正；逾期不改正的，责令停止施工、停止使用或者停产停业，可以并处罚款： （一）建筑工程的消防设计未经公安消防机构审核或者经审核不合格，擅自施工的； （二）依法应当进行消防设计的建筑工程竣工时未经消防验收或者经验收不合格，擅自使用的； （三）公众聚集的场所未经消防安全检查或者经检查不合格，擅自使用或者开业的。 单位有前款行为的，依照前款的规定处罚，并对其直接负责的主管人员和其他直接责任人员处警告或者罚款。	第五十八条　违反本法规定，有下列行为之一的，责令停止施工、停止使用或者停产停业，并处三万元以上三十万元以下罚款： （一）依法应当经公安机关消防机构进行消防设计审核的建设工程，未经依法审核或者审核不合格，擅自施工的； （二）消防设计经公安机关消防机构依法抽查不合格，不停止施工的； （三）依法应当进行消防验收的建设工程，未经消防验收或者消防验收不合格，擅自投入使用的； （四）建设工程投入使用后经公安机关消防机构依法抽查不合格，不停止使用的； （五）公众聚集场所未经消防安全检查或者经检查不符合消防安全要求，擅自投入使用、营业的。 建设单位未依照本法规定将消防设计文件报公安机关消防机构备案，或者在竣工后未依照本法规定报公安机关消防机构备案的，责令限期改正，处五千元以下罚款。
第四十一条　违反本法的规定，擅自举办大型集会、焰火晚会、灯会等群众性活动，具有火灾危险的，公安消防机构应当责令当场改正；当场不能改正的，应当责令停止举办，可以并处罚款。 单位有前款行为的，依照前款的规定处罚，并对其直接负责的主管人员和其他直接责任人员处警告或者罚款。	
第四十二条　违反本法的规定，擅自降低消防技术标准施工、使用防火性能不符合国家标准或者行业标准的建筑构件和建筑材料或者不合格的装修、装饰材料施工的，责令限期改正；逾期不改正的，责令停止施工，可以并处罚款。 单位有前款行为的，依照前款的规定处罚，并对其直接负责的主管人员和其他直接责任人员处警告或者罚款。	第五十九条　违反本法规定，有下列行为之一的，责令改正或者停止施工，并处一万元以上十万元以下罚款： （一）建设单位要求建筑设计单位或者建筑施工企业降低消防技术标准设计、施工的； （二）建筑设计单位不按照消防技术标准强制性要求进行消防设计的； （三）建筑施工企业不按照消防设计文件和消防技术标准施工，降低施工质量的； （四）工程监理单位与建设单位或者建筑施工企业串通，弄虚作假，降低消防施工质量的。

(续)

1998年版	2008年版
第四十三条　机关、团体、企业、事业单位违反本法的规定，未履行消防安全职责的，责令限期改正；逾期不改正的，对其直接负责的主管人员和其他直接责任人员依法给予行政处分或者处警告。 营业性场所有下列行为之一的，责令限期改正；逾期不改正的，责令停产停业，可以并处罚款，并对其直接负责的主管人员和其他直接责任人员处罚款： （一）对火灾隐患不及时消除的； （二）不按照国家有关规定，配置消防设施和器材的； （三）不能保障疏散通道、安全出口畅通的。 在设有车间或者仓库的建筑物内设置员工集体宿舍的，依照第二款的规定处罚。	第六十条　单位违法本法规定，有下列行为之一的，责令改正，处五千元以上五万元以下罚款： （一）消防设施、器材或者消防安全标志的配置、设置不符合国家标准、行业标准，或者未保持完好有效的； （二）损坏、挪用或者擅自拆除、停用消防设施、器材的； （三）占用、堵塞、封闭疏散通道、安全出口或者有其他妨碍安全疏散行为的； （四）埋压、圈占、遮挡消火栓或者占用防火间距的； （五）占用、堵塞、封闭消防车通道，妨碍消防车通行的； （六）人员密集公共场所在门窗上设置影响逃生和灭火救援的障碍物的； （七）对火灾隐患经公安机关消防机构通知后不及时采取措施消除的。 个人有前款第二项、第三项、第四项、第五项行为之一的，处警告或者五百元以下罚款。 有本条第一款第三项、第四项、第五项、第六项行为，经责令改正拒不改正的，强制执行，所需费用由违法行为人承担。
	第六十一条　生产、储存、经营易燃易爆危险品的场所与居住场所设置在同一建筑物内，或者未与居住场所保持安全距离的，责令停产停业，并处五千元以上五万元以下罚款。 生产、储存、经营其他物品的场所与居住场所设置在同一建筑物内，不符合消防技术标准的，依照前款规定处罚。
	第六十二条　有下列行为之一的，按照《中华人民共和国治安管理处罚法》的规定处罚： （一）违反有关消防技术标准和危险化学品管理规定生产、储存、运输、销售、使用、销毁易燃易爆危险化学品的； （二）非法携带易燃易爆危险化学品进入公共场所或者乘坐公共交通工具的； （三）谎报火警的； （四）阻碍消防车、消防艇执行任务的； （五）阻碍公安机关消防机构的工作人员依法执行职务的。

（续）

1998 年版	2008 年版
	第六十三条　违反本法规定，有下列行为之一的，处警告或者五百元以下罚款；情节严重的，处五日以下拘留： （一）违反消防安全规定进入生产、储存易燃易爆危险品场所的； （二）违反规定使用明火作业或者在具有火灾、爆炸危险的场所吸烟、使用明火的。
	第六十四条　违反本法规定、有下列行为之一，尚不构成犯罪的，处十日以上十五日以下拘留，可以并处五百元以下罚款；情节较轻的，处警告或者五百元以下罚款： （一）指使或者强令他人违反消防安全规定，冒险作业的； （二）过失引起火灾的； （三）在火灾发生后阻拦报警，或者负有报告责任的人员不及时报警的； （四）扰乱火灾现场秩序，或者拒不执行火灾现场指挥员指挥，影响灭火救援的； （五）故意破坏或者伪造火灾现场的； （六）擅自拆封或者使用被公安机关消防机关查封的场所、部位的。
第四十四条　违反本法的规定，生产、销售未经依照产品质量法的规定确定的检验机构检验合格的消防产品的，责令停止违法行为，没收产品和违法所得，依照产品质量法的规定从重处罚。 　　维修、检测消防设施、器材的单位，违反消防安全技术规定，进行维修、检测的，责令限期改正，可以并处罚款，并对其直接负责的主管人员和其他直接责任人员处警告或者罚款。	第六十五条　违反本法规定，生产、销售不合格的消防产品或者国家明令淘汰的消防产品的，由产品质量监督部门或者工商行政管理部门按照《中华人民共和国产品质量法》的规定从重处罚。 　　人员密集场所使用不合格的消防产品或者国家明令淘汰的消防产品的，责令限期改正；逾期不改正的处五千元以上五万元以下罚款，并对其直接责任人员处五百元以上两千元以下罚款；情节严重的，责令停产停业。 　　公安机关消防机构对于本条第二款规定的情形，除依法对使用者予以处罚外，应当将发现不合格的消防产品和国家明令淘汰的消防产品的情况通报产品质量监督部门。产品质量监督部门、工商行政管理部门应当对生产者、销售者依法及时查处。
第四十五条　电器产品、燃气用具的安装或者线路、管路的敷设不符合消防安全技术规定的，责令限期改正；逾期不改正的，责令停止使用。	第六十六条　电器产品、燃气用具的安装、使用及其线路、管路的设计、敷设、维护保养、检测不符合消防技术标准和管理规定的，责令限期改正；逾期不改正的，责令停止使用，可以并处一千元以上五千元以下罚款。

(续)

1998 年版	2008 年版
第四十六条 违反本法的规定，生产、储存、运输、销售或者使用、销毁易燃易爆危险物品的，责令停止违法行为，可以处警告、罚款或者十五日以下拘留。 单位有前款行为的，责令停止违法行为，可以处警告或者罚款，并对其直接负责的主管人员和其他直接责任人员依照前款的规定处罚。	
第四十七条 违反本法的规定，有下列行为之一的，处警告、罚款或者十日以下拘留： （一）违反消防安全规定进入生产、储存易燃易爆危险物品场所的； （二）违法使用明火作业或者在具有火灾、爆炸危险的场所违反禁令，吸烟、使用明火的； （三）阻拦报火警或者谎报火警的； （四）故意阻碍消防车、消防艇赶赴火灾现场或者扰乱火灾现场秩序的； （五）拒不执行火场指挥员指挥，影响灭火救灾的； （六）过失引起火灾，尚未造成严重损失的。	
第四十八条 违反本法的规定，有下列行为之一的，处警告或者罚款： （一）指使或者强令他人违反消防安全规定，冒险作业，尚未造成严重后果的； （二）埋压、圈占消火栓或者占用防火间距、堵塞消防通道的，或者损坏和擅自挪用、拆除、停用消防设施、器材的； （三）有重大火灾隐患，经公安消防机构通知逾期不改正的。 单位有前款行为的，依照前款的规定处罚，并对其直接负责的主管人员和其他直接责任人员处警告或者罚款。 有第一款第二项所列行为的，还应当责令其限期恢复原状或者赔偿损失；对逾期不恢复原状的，应当强制拆除或者清除，所需费用由违法行为人承担。	第六十七条 机关、团体、企业、事业等单位违反本法第十六条、第十七条、第十八条、第二十一条第二款规定的，责令限期改正；逾期不改正的，对其直接负责的主管人员和其他直接责任人员依法给予处分或者给予警告处罚。
第四十九条 公共场所发生火灾时，该公共场所的现场工作人员不履行组织、引导在场群众疏散的义务，造成人身伤亡，尚不构成犯罪的，处十五日以下拘留。	第六十八条 人员密集场所发生火灾，该场所的现场工作人员不履行组织、引导在场人员疏散的义务，情节严重，尚不构成犯罪的，处五日以上十日以下拘留。

（续）

1998 年版	2008 年版
	第六十九条　消防安全评估、产品质量认证、消防设施检测等消防技术服务机构出具虚假文件的，责令改正，处五万元以上十万元以下罚款，并对直接负责的主管人员和其他直接责任人员处一万元以上五万元以下罚款；有违法所得的，并处没收违法所得；给他人造成损失的，依法承担赔偿责任；情节严重的，由原许可机关依法责令停止执业或者吊销相应资质、资格。 前款规定的机构出具失实文件，给他人造成损失的，依法承担赔偿责任；造成重大损失的，由原许可机关依法责令停止执业或者吊销相应资质、资格。
第五十条　火灾扑灭后，为隐瞒、掩饰起火原因、推卸责任，故意破坏现场或者伪造现场，尚不构成犯罪的，处警告、罚款或者十五日以下拘留。 单位有前款行为的，处警告或者罚款，并对其直接负责的主管人员和其他直接责任人员依照前款的规定处罚。	
第五十一条　对违反本法规定行为的处罚，由公安消防机构裁决。对给予拘留的处罚，由公安机关依照治安管理处罚条例的规定裁决。 责令停产停业，对经济和社会生活影响较大的，由公安消防机构报请当地人民政府依法决定，由公安消防机构执行。	第七十条　本法规定的行政处罚，除本法另有规定的外，由公安机关消防机构决定；其中拘留处罚由县级以上公安机关按照《中华人民共和国治安管理处罚法》的有关规定决定。 公安机关消防机构需要传唤消防安全违法行为人的，依照《中华人民共和国治安管理处罚法》的有关规定执行。 被责令停止施工、停止使用、停产停业的，应当在整改后向公安机关消防机构报告，经公安机关消防机构检查合格，方可恢复施工、使用、生产、经营。 当事人逾期不执行停产停业、停止使用、停止施工决定的，由做出决定的公安机关消防机构申请人民法院强制执行。 责令停产停业、停止使用，对经济和社会生活影响较大的，由公安机关消防机构做出决定前，应当提出处理意见，并由公安机关报请本级人民政府依法决定。本级人民政府组织公安机关等部门实施。

(续)

1998年版	2008年版
第五十二条　公安消防机构的工作人员在消防工作中滥用职权、玩忽职守、徇私舞弊，有下列行为之一，给国家和人民利益造成损失，尚不构成犯罪的，依法给予行政处分： （一）对不符合国家建筑工程消防技术标准的消防设计、建筑工程通过审核、验收的； （二）对应当依法审核、验收的消防设计、建筑工程，故意拖延，不予审核、验收的； （三）发现火灾隐患不及时通知有关单位或者个人改正的； （四）利用职务为用户指定消防产品的销售单位、品牌或者指定建筑消防设施施工单位的； （五）其他滥用职权、玩忽职守、徇私舞弊的行为。	第七十一条　公安机关消防机构的工作人员滥用职权、玩忽职守、徇私舞弊，有下列行为之一，尚不构成犯罪的，依法给予处分： （一）对不符合消防安全要求的消防设计文件、建设工程、场所准予审核合格、消防验收合格、消防安全检查合格的； （二）无故拖延消防设计审核、消防验收、消防安全检查，不在法定期限内履行审批职责的； （三）发现火灾隐患，不及时通知有关单位或者个人整改的； （四）利用职务为用户、建设单位指定或者变相指定消防产品的品牌、销售单位或者消防技术服务机构、消防设施施工单位的； （五）将消防车、消防艇以及消防器材、装备和设施用于与消防和应急救援无关的事项的； （六）其他滥用职权、玩忽职守、徇私舞弊的行为。 建设、产品质量监督、工商行政管理等其他有关行政主管部门的工作人员在消防工作中滥用职权、玩忽职守、徇私舞弊，尚不构成犯罪的，依法给予处分。
第五十三条　有违反本法行为，构成犯罪的，依法追究刑事责任。	第七十二条　违反本法规定，构成犯罪的，依法追究刑事责任。
第六章　附则	第七章　附则
	第七十三条　本法下列用语的含义： （一）消防设施，是指火灾自动报警系统、自动灭火系统、消火栓系统、防烟排烟系统以及应急广播和应急照明、安全疏散设施等。 （二）消防产品，是指专门用于火灾预防、灭火救援和火灾防护、避难、逃生的产品。 （三）公众聚集场所，是指宾馆、饭店、商场、集贸市场、客运车站候车室、客运码头候船厅、民用机场航站楼、体育场馆、会堂以及公共娱乐场所等。 （四）人员密集场所，是指公众聚集场所，医院的门诊楼、病房楼，学校的教学楼、图书馆、食堂和集体宿舍，养老院，福利院，托儿所，幼儿园，公共图书馆的阅览室，公共展览馆、博物馆的展示厅，劳动密集型企业的生产加工车间和员工集体宿舍，旅游、宗教活动场所等。
第五十四条　本法自1998年9月1日起施行。1984年5月11日第六届全国人民代表大会常务委员会第五次会议批准、1984年5月13日国务院公布的《中华人民共和国消防条例》同时废止。	第七十四条　本法自2009年5月1日起施行。

参考文献

[1] 张文显. 法理学 [M]. 北京：高等教育出版社，2011.
[2] 中华人民共和国公安部消防局. 中国消防手册：消防管理 [M]. 上海：上海科学技术出版社，2008.
[3] 公安部消防局，消防工程师资格考试命题研究组. 消防安全技术综合能力 [M]. 北京：机械工业出版社，2017.
[4] 公安部消防局，消防工程师资格考试命题研究组. 消防安全技术实务 [M]. 北京：机械工业出版社，2017.
[5] 公安部消防局，消防工程师资格考试命题研究组. 消防安全案例分析 [M]. 北京：机械工业出版社，2017.
[6] 法律出版社法规中心. 中华人民共和国消防法适用与实例 [M]. 北京：中国法律出版社，2013.
[7] 鄂文东，杨春梅. 消防民事争议案例研究 [M]. 北京：群众出版社，2011.
[8] 新消防法知识手册编写组. 最新《中华人民共和国消防法》119问 [M]. 北京：中国人民公安大学出版社，2008.
[9] 鄂文东，赵桂民. 消防刑事犯罪案例研究 [M]. 北京：群众出版社，中国人民公安大学出版社，2010.
[10] 中国法制出版社. 中华人民共和国消防法：案例应用版 [M]. 北京：中国法制出版社，2009.
[11] 李念慈，张明灿，万月明. 建筑消防工程技术 [M]. 北京：中国建材工业出版社，2006.
[12] 中国就业培训技术指导中心，中国安全生产协会. 安全评价常用法律法规 [M]. 北京：中国劳动社会保障出版社，2010.
[13] 苑书昕. 浅谈我国刑法中的"消防责任事故罪" [J]. 辽宁师专学报（社会科学版），2010（4）：137-138.
[14] 刘松. 新时期社会消防管理创新推广模式 [J]. 商品与质量：学术观察，2012（2）：271.
[15] 刑继成. 消防安全重点单位消防管理问题分析 [J]. 中国新技术新产品，2012（19）：240.
[16] 杨昌永. 消防安全责任主体及其责任研究 [J]. 法制与社会，2012（7）：277-279.
[17] 肖璐. 浅议微型企业消防管理工作的一些对策 [J]. 科技资讯，2012（6）：172.
[18] 刘爱英. 浅议构筑社会消防安全"防火墙"工程的必要性及措施 [J]. 中国科技财富，

2010（16）：95-97.
[19] 梁建帮. 浅谈新时期下的社会消防安全管理工作 [A]. 中国消防协会科学技术年会论文集. 北京：中国科学技术出版社，2012.
[20] 杜莹. 增强消防管理的实效性 [J]. 投资与合作（学术版），2012（4）：144.
[21] 杨欣. 消防安全培训知识读本 [M]. 北京：北京出版社，2011.
[22] 陈池，王鹤寿，陈晓阳，等. 在建工程施工期间的消防设施配置 [J]. 消防科学与技术，2008，27（4）：289-291.
[23] 曲毅，彭连臣. 谈如何做好大型建设工程施工现场消防安全管理工作 [J]. 工程建设与设计，2013（8）：177-178.